本专辑受华东政法大学『文化产业管理学科建设』项目资助出版

华东政法大学

主编／华东政法大学传播学院文化产业管理系

Cultural Industries Observation

文化产业观察

（第四辑）

知识产权出版社

全国百佳图书出版单位

图书在版编目（CIP）数据

文化产业观察. 第四辑／华东政法大学传播学院文化产业管理系主编.
—北京：知识产权出版社，2019.1

ISBN 978 - 7 - 5130 - 5998 - 5

Ⅰ. ①文… Ⅱ. ①华… Ⅲ. ①文化产业—研究—中国 Ⅳ. ①G124

中国版本图书馆 CIP 数据核字（2018）第 279031 号

责任编辑：齐梓伊　雷春丽　　　　　　　责任印制：孙婷婷
封面设计：刘　伟

文化产业观察（第四辑）

华东政法大学传播学院文化产业管理系　主编

出版发行：知识产权出版社有限责任公司	网　　址：http://www.ipph.cn
社　　址：北京市海淀区气象路 50 号院	邮　　编：100081
责编电话：010 - 82000860 转 8176	责编邮箱：qiziyi2004@qq.com
发行电话：010 - 82000860 转 8101/8102	发 行 传 真：010 - 82000893/82005070/82000270
印　　刷：北京建宏印刷有限公司	经　　销：各大网上书店、新华书店及相关专业书店
开　　本：720mm×1000mm　1/16	印　　张：21.25
版　　次：2019 年 1 月第 1 版	印　　次：2019 年 1 月第 1 次印刷
字　　数：285 千字	定　　价：65.00 元

ISBN 978 - 7 - 5130 - 5998 - 5

目 录

城市·建设发展

资源·开发利用

科技·产业运营

理论·模式探究

法制·权利保护

文化产业观察

Cultural Industries Observation Vol. 4 (第四辑)

城市·建设发展

… …

澳门城市品牌建设研究：
适度多元化、人文精神与创意传播

吴昊天[①]

【内容提要】澳门是我国的特别行政区，在我国"一国两制"的基本国策和"一带一路"倡议中具有重要作用。本文以"澳门城市品牌"为研究对象，从人的综合感知入手，通过文本挖掘技术获取澳门城市品牌的感知资料，对其城市品牌建设的问题进行不同维度的探讨与研究，试图全面认知澳门在城市品牌建设上的资源与现状。通过研究与分析，指出澳门在城市品牌建设中存在的问题，并提出促进适度多元化、增强人文精神与文化内涵、进行创意传播管理等建议与对策。

【关键词】澳门　城市品牌　人文精神

一、研究综述

在全球化的今天，具有国际影响力的城市已经成为国家软实力的一个重要衡量指标。城市品牌的建设则是建设具有国际影响力城市的重要载体之一，其不仅对拉动传统支柱产业、促进当地经济发展有重要作用，而且对提升所在城市、地区及国家的软实力更具有

---

① 吴昊天，澳门城市大学文化产业管理专业博士研究生。

战略意义。澳门是我国的特别行政区之一，也是一座中西方文化交融的城市，城市品牌建设的资源也是丰富而多彩，从历史、文化、政策、经济、旅游各个方面来看，澳门都具有较高的禀赋。近年来，澳门的定位为中西方文化荟萃的城市、博彩之都、世界旅游休闲中心、中国与葡语国家合作平台，"一带一路"节点城市等。但是近些年来，澳门给外界的印象更多地还是停留在博彩业的发展上，而其他城市品牌资源则相对开发利用不足。这促使本文对澳门的城市品牌建设进行探讨。在城市品牌的研究上，国外学者研究起步较早，Lewis Mumford、Clifford Geertz、Anthony Giddens、Burgess、Bennete、Crang、Mihalis Kavaratzis、Mihalis Kavaratzis、G J. Ashworth、Joao R Frejre、Simon Anholt、Dinnie 等对城市品牌进行了不同维度的研究。我国学者对于城市品牌的研究整体起步于 90 年代后期，学者杜青龙、张鸿雁、王玫、李成勋、张艺等对我国城市品牌的概念、建设、传播等问题进行了较为深入的研究，学者吴良镛、朱维铮、王笛、单世联、高小康等则从城市文化与城市品牌的角度进行了较多探讨，本文不再详细赘述。

目前，学界关于澳门城市品牌的研究起步较晚，数量也较少。学者李嘉曾在《澳门需要什么样的文化品牌?》一文中指出：文化品牌价值无限，澳门文化品牌前途无量，澳门发展自己的文化品牌十分必要，又极具可能。他通过考察澳门文化资源和文化市场的历史沿革与现状，认为澳门应该从文化商品市场、文化服务市场、文化资源市场三方面入手打造文化品牌。学者欧阳友权在《澳门文化资源品牌谋划》一文中认为：澳门在经济适度多元化过程中须打造文化品牌，利用深厚、多元的文化资源，提升文化产品附加值，与此同时应推出高端的、符合现代人消费的产品和服务。正像马克思所说："人们首先必须吃、喝、住、穿，然后才能从事政治、科学、艺术、宗教等"；而对澳门城市品牌建设的探讨应结合澳门实际情况，以"人"为中心，关注人们的生活和人们实在的感知。将城市品牌作为一种软实力的同时，还应重视其与硬实力之间的互动关系。

二、研究方法

文本挖掘技术是指从大量文本的集合 C 中发现隐含的模式 p 的一种技术。如果将 C 看作输入，将 p 看作输出，那么文本挖掘的过程就是从输入到输出的一个映射 ξ：C→p。①使用文本挖掘软件对文本化的材料进行组织、标引、检索、利用，是一种大资料的研究方法，其特点为海量性、客观性、智能型，可使定量研究与定性研究相结合。ROST 文本挖掘软件能够从大量的材料中归纳具有说服力的普遍性结论。ROST 文本挖掘技术可以对数据库文本进行词频、聚类、分类、情感分析、社会网络语义分析。文本挖掘技术方法分为三步：第一步是通过网络组建"澳门旅游攻略"为关键字，以 2012 年 1 月~2017 年 1 月为时间段在去哪儿网、马蜂窝等重要旅游门户网站进行文本的收集与筛选，本文共筛选 116 篇有效文本。第二步是将"澳门旅游攻略数据库"导入 ROST 内容挖掘软件进行分析。开始分词分析、词频分析、受众感知分析等。第三步是运用 EXCEL 对所得资料进行处理分析，得出澳门城市品牌的受众感知情况。

三、基于文本挖掘技术的澳门城市品牌感知情况分析

本本通过将"澳门旅游攻略"数据库导入 ROST 文本挖掘软

---

① Quek C Y, Mitchell T. Classification of world wide web documents, Senior Honors Thesis, (1997).

件，并进行文本挖掘，通过 ROST 文本挖掘软件的分词功能和关键字语频率分析两个模块，过滤与澳门城市品牌无关的词语，合并同义词、近义词（如妈阁、妈祖阁、妈阁庙）、删除语气词、助词等。最后选取高频特征文本中出现频率最高的前 60 个关键字。制成澳门城市品牌高频率特征词与词频（表1）。

表1　样本高频特征词与词频表（前60位）

序号	名称	词频	序号	名称	词频	序号	名称	词频
1	澳门	3338	21	官也街	181	41	景点	124
2	酒店	1359	22	大楼	180	42	晚上	116
3	威尼斯人	923	23	妈祖阁	179	43	蛋挞	116
4	博物馆	496	24	龙环葡韵	177	44	机场	113
5	教堂	379	25	新葡京	171	45	餐厅	113
6	大三巴	364	26	香港	169	46	美食	112
7	赌场	348	27	大运河	153	47	葡京	111
8	免费穿梭巴士（发财车）	323	28	味道	152	48	特色	109
9	建筑	270	29	文化	151	49	民政总署	106
10	公交车	257	30	拱北	150	50	方便	102
11	码头	253	31	旁边	147	51	主教座堂	102
12	议事亭前地	250	32	好吃	142	52	中国	101
13	购物	238	33	葡萄牙	138	53	游客	101
14	娱乐场	236	34	港澳	138	54	黑沙滩	100
15	珠海	210	35	半岛	137	55	路环	98
16	银河	210	36	广场	135	56	公交	96
17	炮台（大炮台）	197	37	郑家大屋	129	57	拍照	92
18	马路	193	38	渔人码头	129	58	旅游	90
19	历史	189	39	过关	128	59	广州	90
20	中心	183	40	氹仔	126	60	朋友	89

资料来源：根据文本挖掘结果自行整理。

　　高频词汇呈现以下特征：词汇主要集中于酒店、美食、中西建筑、历史街区、旅游基础设施、感知等几大方面。

　　其中词频排名前 200 的词汇中，与博彩相关文本的出现频次4547 次，占总量约 24%，美食相关的文本出现频次 852 次，占总量约 5%，节庆活动相关文本出现 60 次，占总量约 0.3%，游客感知方面文本出现 4092 次，占总量约 21%，中西建筑方面文本出现3226 次，占总量约 17%，其他方面文本出现 6138 次，占总量约32%，其中其他方面主要包含如历史名人、地名、路名、历史街区、旅游基础设施、货币等。

（一）博彩

　　在与博彩相关的高频词汇中，提取排名前 20 位，其中包含酒店、酒店内部名称及附属相关设施。酒店作为总称，总频率达 3338 次，而威尼斯人、银河、新葡京、金沙、渔人码头、巴黎人、十六浦、新濠天地、美高梅、永利的文本频率较大，在附属设施方面，如免费穿梭巴士（发财车）等频率较高，酒店附属设施方面，如大运河、贡朵拉街等同属威尼斯人酒店，出现频率分别为 153 次、19 次如表 2 所示。

表 2　博彩相关文本词频表

序号	名称	词频	序号	名称	词频
1	酒店	3338	11	葡京	111
2	威尼斯人	923	12	巴黎人	89
3	赌场	348	13	十六浦	73
4	免费穿梭巴士	323	14	新濠天地	64
5	娱乐场	236	15	博彩	54
6	银河	210	16	美高梅	52
7	新葡京	171	17	发财	47
8	大运河	153	18	永利	41
9	金沙	137	19	娱乐	41
10	渔人码头	129	20	拉斯维加斯	31

资料来源：根据调查结果自行整理。

（二）美食

与美食相关的文本中，因澳门美食的种类较多，且分布较广，本研究将样本适度扩大，以便更好地认识澳门美食的文本挖掘情况，故提取前30位的美食相关文本，如表3所示。在相关文本总体分布中大概可以分为美食感知、美食品牌、美食地点三个大类。其中味道等美食感知类文本出现频率较高，也说明澳门美食的饮食体验较好。在美食名称中既有美食的统称，也有美食的代表性品牌，如蛋挞的出现频次为116次，而安德鲁蛋挞与玛嘉烈蛋挞文本出现频次分别为88次和42次，说明这两家美食品牌在澳门蛋挞品牌中受众较多，知名度较广。在美食相关的文本方面，蛋挞、雪糕、义顺牛奶、葡国餐、榴梿、凉茶等频次较高。在美食地点方面具有代表性的则为三盏灯小吃街，值得注意的前30位文本中米其林的词频出现也高达8次，因米其林对美食的整体评价标准较高，可靠度较高。而澳门米其林餐厅则较为具有地方特色，与在中国内地米其林餐厅开设时间较晚，且整体数量较少的情况相比，具有一定优势。澳门的第一家米其林餐厅开设于2008年，近年来发展迅速，其名单对于城市美食品牌的研究不可忽视。

表3　美食相关文本词频表

序号	名称	词频	序号	名称	词频	序号	名称	词频
1	味道	152	11	玛嘉烈	42	21	奶茶	19
2	好吃	142	12	葡国餐	39	22	猪扒包	17
3	蛋挞	116	13	榴梿	38	23	甜品	15
4	餐厅	113	14	凉茶	33	24	三盏灯小吃街	15
5	安德鲁	88	15	莫义记	32	25	水蟹粥	12
6	雪糕	59	16	陈光记	32	26	葡萄酒	12
7	义顺牛奶	48	17	烧味	27	27	竹升面	9
8	咖啡	46	18	芒果	25	28	米其林	8
9	小吃	43	19	杏仁饼	22	29	红茶	6
10	黄枝记双皮奶	43	20	海鲜	22	30	碗仔翅	6

资料来源：根据调查结果自行整理。

（三）感知

在感知方面，因感知整体种类较多。故在游客感知的相关文本中，本研究提取前40位的感知相关的文本整理成表格，如表4所示。在游客感知方面涉及领域最广，涉及衣食住行各个方面；且感知方面的整体评价较好，以中性评价和积极评价为主，积极评价中如历史、著名、特色、方便、友好、著名、漂亮、繁华、实在等的出现频率较高；中性评价中传统、第一次、不大、错过、排队等出现频率较高；消极评价整体较少，且排名较后，但也出现如可惜、拥挤等评价。一般认为软实力是一种可以感知的潜在的隐性力量，在本次文本挖掘中，感知方面文本则是这样一种可以感知的潜在的隐性力量的典型体现之一。

表4　感知相关文本词频表

序号	名称	词频	序号	名称	词频	序号	名称	词频	序号	名称	词频
1	历史	189	11	第一次	71	21	不大	41	31	人流	33
2	著名	149	12	可惜	65	22	享受	39	32	环境	31
3	过关	128	13	漂亮	51	23	出名	39	33	很快	31
4	特色	109	14	奢华	50	24	安静	39	34	新鲜	27
5	方便	102	15	古老	45	25	适合	37	35	舒服	26
6	拍照	92	16	传统	45	26	好好	36	36	热情	25
7	友好	89	17	开放	44	27	最好	35	37	干净	25
8	排队	84	18	繁华	44	28	自由	34	38	休闲	24
9	著名	73	19	实在	43	29	人多	34	39	精致	24
10	艺术	73	20	绿色	43	30	错过	34	40	划算	24

资料来源：本研究根据调查结果自行整理。

（四）中西建筑

建筑设计、建筑风格是一种重要的软实力，也是一座城市不可忽视的重要品牌资源。而在澳门建筑的文本挖掘上，因建筑内含范围较广，在其之前与博彩、美食相关的词频中也有大量建筑的文本，故本项分类中主要以中西历史建筑为主，具体指的就是与旅游相关的历史文化建筑与建筑集群。在中西建筑的相关文本中，本研究提取前40位的感知相关文本，整理成表格，如表5所示，在中西建筑方面，大致可以分为旅游展示服务类建筑、教堂庙宇、历史街区三个部分。在旅游展示类建筑中，排名较高的包括博物馆、澳门塔、何东图书馆等。在教堂庙宇方面，如大三巴、教堂、妈祖阁，主教座堂、玫瑰圣母堂、圣若瑟修院、板樟堂、圣安多尼排名较高。而在历史街区方面，如议事亭前地、郑家大屋、民政总署、东望洋、仁慈堂、卢家大屋、历史城区、恋爱巷、俊秀里、福隆新街等排名较高。

表5 中西建筑相关文本词频表

序号	名称	词频	序号	名称	词频	序号	名称	词频	序号	名称	词频
1	博物馆	496	11	主教座堂	102	21	小巷	47	31	历史城区	32
2	教堂	379	12	澳门塔	88	22	关闸	46	32	恋爱巷	30
3	大三巴	364	13	岗顶剧院	79	23	青年旅舍	43	33	港务局大楼	30
4	建筑	270	14	东望洋	75	24	卢家大屋	41	34	二龙喉公园	30
5	议事亭前地	250	15	玫瑰圣母堂	72	25	仁慈堂	38	35	俊秀里	25
6	大炮台	197	16	主教山	67	26	圣老楞佐教堂	37	36	板樟堂（圣母玫瑰堂）	23
7	官也街	181	17	坟场	67	27	东方基金会	37	37	圣安多尼教堂	23
8	妈祖阁	179	18	圣若瑟修院	65	28	大桥	36	38	白鸽巢公园	21
9	郑家大屋	129	19	亚婆井前地	55	29	喷水池	34	39	圣方各济堂	12
10	民政总署	106	20	何东图书馆	47	30	金殿	34	40	福隆新街	12

资料来源：本研究根据调查结果自行整理。

（五）其他

其他方面主要包括人物、节庆活动、景色、时间、地名、交通、电影、政策、货币、动植物等方面，这些都是软实力和城市品牌的具体体现。

在人物方面，因人物出现频数较多，本研究选取排名前40位的文本，如表6所示。在人物文本中既有统称，也有专称，统称中，游客、朋友、司机、人员、人民、小伙伴、老板、居民、阿姨、孩子、当地人、老公、船夫、土豪、行人、老人、女儿、老外、客人、服务员、游人、房东、教士、大哥、店员、商人、官员、华人、传教士、情侣出现频率较多；专称中圣母、妈祖、耶稣、贾梅士、周润发、马礼逊、汤唯出现频次较高。其中与旅游酒店高度相关的词汇出现频次较高，游客、司机、老板、保安、服务员分别出现101次、50次、37次、16次、11次。与教堂庙宇相关的人物出现也较多，如圣母、妈祖、耶稣、教士、传教士、马礼逊、天后分别出现75次、50次、38次、9次、7次、6次、5次。值得注意的是，其中船夫文本出现频次为17次，这可能与澳门的渔业、造船业传统有关；周润发、汤唯作为电影明星也分别出现6次与5次，本文认为这与其拍摄的电影《澳门风云》《北京遇上西雅图之不二情书》有关。

表6　人物相关文本频次表

序号	名称	词频	序号	名称	词频	序号	名称	词频	序号	名称	词频
1	游客	101	6	妈祖	50	11	阿姨	29	16	船夫	17
2	朋友	89	7	小伙伴	44	12	孩子	28	17	保安	16
3	圣母	75	8	耶稣	38	13	当地人	21	18	老公	14
4	司机	50	9	老板	37	14	人民	19	19	土豪	13
5	人员	50	10	居民	36	15	同学	17	20	行人	13

序号	名称	词频	序号	名称	词频	序号	名称	词频	序号	名称	词频
21	老人	12	26	游人	10	31	店员	8	36	周润发	6
22	女儿	11	27	房东	10	32	商人	7	37	马礼逊	6
23	老外	11	28	教士	9	33	官员	7	38	天后	5
24	客人	11	29	贾梅士	8	34	华人	7	39	汤唯	5
25	服务员	11	30	大哥	8	35	传教士	7	40	情侣	5

资料来源：本研究根据调查结果自行整理。

在地区与城市方面，本研究提取了前30位的文本，如表7所示，其中既有国家、地区也有城市、街区。如中国、葡萄牙、意大利、日本、法国、新加坡、马来西亚、菲律宾、巴西、印度、越南等分别出现频次为101次、34次、30次、26次、20次、17次、14次、5次、5次、5次、5次；澳门、珠海、香港、广州、横琴、深圳、蛇口、拉斯维加斯、上海、南京、郑州、北京、罗马等文本出现频次为3338次、210次、169次、90次、75次、49次、41次、31次、23次、17次、15次、14次、5次；在联系分析上，珠海、香港、广州、深圳与澳门山水相连，联系频次较多，故出现频率较高，而其中横琴与蛇口是深圳与珠海两地的重要口岸和重点发展区域，也是实现"一国两制"的重要基础，故出现频次较高。而拉斯维加斯则在城市产业结构、城市建筑形态上与澳门相似且联系较多，游客也经常把二者进行对比与联系。意大利与法国的出现频次较高，本文认为澳门作为区域性的交通中心，与其联系密切之外，还因澳门的威尼斯人与巴黎人都是体量较大、知名度较高的旅游景点与娱乐消费中心，更多地让游客感受异国风情于文化。而日本、新加坡、马来西亚、菲律宾、印度、巴西、越南除与澳门在历史、经济的联系密切之外，也同样因澳门与上述国家类似，是一个不同国家、不同民族、不同文化和谐相处、交流、互相学习、共同发展的城市。在软实力理论中，则体现在不同的群体对这个地区的一种认同。

表7　地区与城市相关文本词频表

序号	名称	词频	序号	名称	词频	序号	名称	词频
1	澳门	3338	11	拉斯维加斯	31	21	南京	17
2	珠海	210	12	亚洲	31	22	郑州	15
3	香港	169	13	意大利	30	23	马来西亚	14
4	港澳	138	14	内地	29	24	北京	14
5	中国	101	15	日本	26	25	美国	11
6	广州	90	16	上海	23	26	菲律宾	5
7	深圳	75	17	葡国	23	27	罗马	5
8	横琴	49	18	法国	20	28	巴西	5
9	蛇口	41	19	台湾	18	29	印度	5
10	葡萄牙	34	20	新加坡	17	30	越南	5

资料来源：本研究根据调查结果自行整理。

在时间方面的文本中，涵盖月、日、时方面。其中十月在所有的月份出现频次较高，主要因为受到内地"十一"国庆黄金周影响，游客较多；周末、周六、星期一、周日出现频次分别为13次、12次、12次和10次。可见，在一周中，周六、周日、周一游客较多；晚上、下午、早上、中午、白天、上午的出现频次分别为116次、85次、59次、45次、32次和19次，下午的出现词频最多，可见在一天中下午与晚上的游客较多。而在其他时间中还有半天与假期，本文认为这与游客在澳门逗留时间较短相关。

表8　时间相关文本词频表

序号	名称	词频	序号	名称	词频	序号	名称	词频
1	晚上	116	6	上午	19	11	假期	12
2	下午	85	7	半天	17	12	星期一	12
3	早上	59	8	十一	15	13	周日	10
4	中午	45	9	周末	13			
5	白天	32	10	周六	12			

在交通方面，因免费穿梭巴士（发财车）已在博彩相关中进行讨论，故不再纳入本讨论的范畴，本研究选取交通相关前 14 位的文本，整理并制成表格，如表 9 所示，其中公交车、大巴、飞机、的士、船为主要交通方式，其相关词频为 353 次、59 次、31 次、31 次、253 次；除此之外大桥、电梯、轻轨的、出现频率为 36 次、23 次、21 次，本文认为大桥一词的多次出现可能与澳门本身已建成和在建中的大桥（如港珠澳大桥）相关，而轻轨一词的多次出现则与澳门的轻轨计划相关。

表 9　交通相关文本词频表

序号	名称	词频	序号	名称	词频
1	公交车	353	8	大桥	36
2	码头	253	9	飞机	31
3	马路	193	10	的士	31
4	拱北	150	11	班车	24
5	交通	71	12	线路	23
6	步行	61	13	电梯	23
7	大巴	59	14	轻轨	21

在政策方面的文本挖掘中，相关文本出现的频率较低，本文认为这可能与数据库本身的性质相关。但政策方面与澳门城市品牌的相关关系研究不容忽视，因此有必要采取其他方法对政策领域的品牌进行补充探讨。如表 10 所示，在文本挖掘中，与政策相关的文本共有 3 个，分别为一国两制、社会主义和资本主义，频率分别为 9 次、5 次、5 次。如表 11 所示，在电影方面，文本共 3 个，为《澳门风云》《不二情书》《伊莎贝拉》，相关文本出现词频为 11 次、7 次、6 次，虽然出现频次整体较少，但影视作品作为旅游动机牵引力，其影响不可小觑。如表 12 所示，在语言方面，英语、粤语、普通话、葡语的出现频次为 21 次、19 次、16 次、7 次，本

文认为英语的频率较高的主要原因跟数据库本身的性质相关。如表 13 所示，在货币方面，澳门币、港币、人民币，出现频率为 77 次、77 次、25 次。

表 10   政策相关文本词频表

序号	名称	词频
1	一国两制	9
2	社会主义	5
3	资本主义	5

表 11   电影相关文本词频表

序号	名称	词频
1	澳门风云	11
2	不二情书	7
3	伊莎贝拉	6

表 12   语言相关文本词频表

序号	名称	词频
1	英语	21
2	粤语	19
3	普通话	16
4	葡语	7

表 13   货币相关文本词频表

序号	名称	词频
1	澳门币	77
2	港币	77
3	人民币	25

四、讨论与建议

（一）讨论

1. 产业结构单一，影响城市品牌建设

一个地方的城市品牌的建设应与自身的相关支柱产业发展相结合，城市品牌的建设需要有相关产业基础做支撑。没有坚实的产业基础，一个城市就不能用产业带动城市品牌的形成，从而建设具有战略意义的城市品牌，进而带动各产业的融合发展。澳门在自然资源上较为匮乏，经济发展必须依靠第三产业，其中博彩业是澳门的支柱产业。在工业方面，历史上澳门的火柴业、爆竹业、神香业、造船业等产业已经衰败，而在 20 世纪八九十年代的制衣业、纺织业、玩具业、电子工业等产业也已纷纷转移。在回归之后，澳门实行赌场开放，经济发展迅速，开始由以制造业为支柱转向以博彩业为支柱产业。而目前，澳门的生产总值与税收收入超过一半以上来源于博彩业，由此可见，澳门的经济发展受到各种条件的限制，一直以来都是侧重于单一经济发展。尽管政府提出发展会展业与文化创意产业以促进经济适度多元化，但通过本次文本挖掘研究表明，目前游客对于澳门会展业与澳门文化创意产业的感知度较低。这种经济结构为澳门社会经济体系带来了一定程度的不稳定的风险，在很大程度上对澳门城市品牌的建设造成影响。

2. 城市品牌文化内涵彰显不足

城市的文化是城市的灵魂，城市品牌的建设需要将城市文化融入其中，需要突出文化的内涵与主题。澳门在城市品牌的建设过程中，一直以"中西文化、多元文化"作为招牌，但其中"中西文化、多元文化"的内涵却没有在城市品牌的建设中得到突出的发展与延展，

也尚未形成澳门城市品牌的传播营销的整体形象系统，更没有将中西文化、多元文化贯穿渗透到澳门的城市文化、旅游、城市公共艺术、城市规划中去，对中西文化的深度挖掘不够，澳门人文精神的宣传也较为不足，这造成了游客印象中的澳门是一个"文化沙漠"的形象。在对澳门中西文化资源的研究与开发过程中，对中西文化的深度探寻以及对人文精神的深度挖掘与包装不够，无法提升澳门中西文化多元文化重镇的高度。而澳门的历史文化内涵与其他产业在发展上也没有形成合力，很多资源亟待整合与统筹，这也在一定程度上阻碍了城市品牌的发展与建设。目前在来澳门的游客中也存在着逗留时间较短，购物娱乐为主，文化氛围不够的现象，在旅游中对文化系统、全面的了解与认知不够，对澳门文化多是一知半解，这在很大程度上阻碍了澳门历史文化内涵的进一步传播与推广。

3. 传播力度较小，品牌合力需要加强

澳门城市品牌的传播力度不够，目前也尚未形成全民参与的良好氛围。澳门目前使用的城市品牌传播手段虽然较多且较为丰富，如主要为平面媒体、电影电视、网络与新媒体、节庆展会等，但是在品牌传播的过程中，品牌传播的合力不足。目标市场细分不够精准是城市品牌在传播中出现的一个普遍问题。城市品牌的塑造具有多层次和多样性，不仅包括口号、视觉识别符号等，同时包含城市品牌建设。如城市旅游纪念品、官方网站、公交站牌、城市商业街群等需要进行统一整合。城市品牌需要明确传播对象，明确传播对象同于细分城市品牌的市场；也只有明确传播对象，才能更好地让传播形成合力，让受众更好地感受澳门城市品牌的真正内涵。

（二）建议与对策

1. 促进经济适度多元化

城市品牌作为软实力建设的重要载体，无论何时何地，都不能

17

忽视其产业基础。澳门在建设世界旅游休闲中心的过程中，需要调整经济结构，寻找新的经济增长点。发展文化市场是重要途径，特区政府也已经把发展文化创意产业与会展业等新兴产业作为重要的施政目标。澳门城市大学李嘉曾教授认为："澳门发展文化产业，之所以可能，是因为澳门作为中西文荟萃继承之地，兴办文化产业得天独厚。而澳门城市品牌可从文化商品市场、文化服务市场、文化资源市场三个方面进行打造。"① 在文化商品市场方面，澳门可以在图书、报纸、期刊、音像、软件、美术、文物、邮卡币、花卉、宠物、娱乐用品等十多个子系统市场进行创意开发。澳门在文化服务市场方面，可在演出市场、娱乐市场、展览市场、会议市场、旅游市场、影像市场、电影市场、广播市场、电视市场、网络市场、教育市场、信息市场、广告市场、设计市场等领域进行开发。在文化资源市场方面，澳门的人文资源市场和文化资本市场得天独厚，澳门在近代历史发展过程中的特殊经历积淀了丰富的人文资源，正是进行城市品牌建设的基础。目前，澳门还可与珠海及其他地区共同建设文化创意产业集群，因为产业集群将形成产业品牌，进而形成一个城市的城市品牌。澳门也应抓住文化产业品牌机遇，利用自己政策、产业、文化优势，大力发展文化创意产业集群，形成产业积聚效应，形成一批知名的文创企业，在这些企业品牌在对外的传播中，以企业品牌带动了澳门城市品牌的发展。因此，澳门应建立一批知名度高、实力强、影响力大的文创品牌，带动澳门城市品牌的发展。

2. 突出人文精神与文化内涵

人文精神与文化内涵是城市品牌建设的重要内容与资源，正像美国城市学学者 Lewis Mumford 指出："城市不只是建筑物的群集，它更是各种密切相关并经常相互影响的各种功能的复合体——它不但是权力的集中，更是文化的归极。"澳门历史文化底蕴深厚，是东西方文明碰撞的前哨阵地，并且在历史上曾出现过形形色色的第

---

① 李嘉曾：《澳门历史文化求索》，澳门学者同盟 2016 版，第 66 页。

一。在历史上，东西方文明在澳门既有冲突又有交融，既有政治军事、科学技术的交流，又有学术思想、文化教育的交流。在政治军事上，澳门是外国人在中国的第一个自由居留地，是西方国家在中国第一个海上贸易地，是与敌对的外国第一次在中国交战的战场，还是中国志士第一次刺杀国外统治者首领的案发地；在科学技术方面，是中国第一个洋枪洋炮的购入地，中国第一家西式医院的建造地，第一本外国人绘制中国地图集的诞生地；在思想文化上面，澳门是中国第一座西式教堂的建造地，是罗马教廷在中国成立的第一个教区，是中国第一所近代大学的创办地，是中国第一个留学生的派出地，是中国领土上第一份西文报纸的出版地，还是大批西方文献的首次传入地，更是"西学东渐""东学西渐"的重要发生地。澳门应该深挖政治、经济、文化、科学领域的重要事件、重要人物，如利玛窦、沙勿略、罗明坚、金尼阁、罗耀拉、郑玛诺、郑观应、孙中山、叶挺、冼星海等，进行"实景＋虚拟"的多方面叙述。可将相关名人故居、历史遗迹的保护予以修正与更新，并把这些资源故事化，锁定目标定位群体，进行创意传播，着重于突出澳门城市品牌的人文精神与文化内涵。

3. 进行创意传播管理（CCM）

本文认为传播力是软实力和城市品牌建设的关节之所在。创意传播管理是由北京大学陈刚教授提出的，它是一种基于数码生活空间、个人化的生活者、生活的服务者的传播方式。创意传播管理将消费受众作为传统营销传播的基石，而在数字生活空间中，他们既是消费者，又是传播者，也是接受者。创意传播是根据生活服务者的策略依托互联网技术，将沟通元的各种表现形式，利用相关传播资源展现，启动生活者在分享、互动和协同创意中创造交流、创造话题、创意内容，进而创造传播效果的营销传播模式。创意传播管理理论在澳门城市品牌建设与传播的中具有借鉴意义。

（1）找准沟通元（Meme）。

沟通元（Meme）是基于一个可复制的共同价值要素，是一种文化传播的基因，是创意传播的核心要素，是实现创意传播的元点，是基于内容的文化单元，即凝聚了生活者最感兴趣的内容和最容易引起讨论和关注的话题，一旦投入数位生活空间，就会迅速引起关注，激发生活者热烈的分享、讨论和参与。

寻找沟通元是一个低成本不断试错的过程。沟通元需要不断地持续挖掘和更新。澳门城市品牌传播应准确定位沟通元，挖掘澳门文化的基因，并不断更新内容，在此基础上加强整合。澳门的相关政府、企业等机构可以利用新媒体平台（如微信、微博、支付宝、今日头条、实时视频、直播等）进行准确的目标定位，并设立专门机构或专门人员鼓励全民制造沟通元，进行更为精准的文化生产，在此基础上加强整合，实现跨地区、跨行业的创意传播协同，帮助构建澳门城市品牌。

（2）创造冲动，开展大资料营销。

在准确定位生产沟通元的基础上，开展大资料多渠道精准营销。搭建网络营销平台，加强网络传播，与阿里、腾讯、合一、新浪微博、YY 直播、斗鱼直播等知名互联网平台建立合作，开发"粉丝经济""流量经济"。实行联合营销以获得规模效应。对人格显性化的召唤将成为当下中国新媒体的风口，澳门城市品牌资源可利用当下较受关注的"直播""大资料营销""信息流"等新传播手段，打开澳门视窗，让澳门历史文化资源"红"起来，如对澳门文创人员与产品、澳门节庆会展活动、澳门美食、澳门历史文化遗产与非物质文化遗产进行直播等创意传播等。对目标客户群体进行精准传播进而进行产品推广，建立"网红""自媒体""KOL"三位一体的"澳门城市文化 IP"，创造冲动，形成核心竞争力。

（3）触发超级平台，实现协同创意。

北京大学陈刚教授认为："一切媒体都是社会化媒体；创造互动。"澳门在城市品牌的传播上要了解社会化媒体的特点，把媒体广告作为触发创意传播的引爆点。强化广告的创意，学习挖掘沟通元，向互联网文化学习，做到欢乐但不低俗。而更重要的是努力创造新的互联网文化和内容；澳门在城市品牌的传播中还可以制作和发布创意内容，如"澳门故事""澳门美食""中西建筑""历史名人""生活方式""中葡合作""一国两制"等，同时加大数量和灵活性，根据话题的需要，还可以多制作广告作品，根据需要确定话题性广告发布时间长短；在传播过程中还要抓住大公共传播平台，如 CCTV、facebook、各大卫视、院线电影，新媒体影视、户外广告、今日头条 APP、twitter，乐视 TV、人民日报等。可利用这些平台，让关注澳门的用户与潜在使用者就每一主题（如中西文化交融、中西方美食、文化创意、恋爱、历史文化遗产等）通过微信、微博、今日头条、游记、facebook、支付宝、直播等进行互动交流与协同创意。顺其自然地传播、分享、转发、再创造、再传播等。其目标是实现广泛传播，并帮助构建澳门城市品牌。

参考文献：

1. Quek C Y, Mitchell T. Classification of world wide web documents ［M］. Senior Honors Thesis，1997.

2. 基思·丹尼. 城市品牌 ［M］. 东北财经大学出版社，2014.

3. 陈刚. 创意传播管理：数字时代的营销革命 ［M］. 机械工业出版社，2012.

4. 李嘉曾. 澳门历史文化求索 ［M］. 澳门学者同盟，2016.

5. 恩格斯. 在马克思墓前的讲话 ［J］. 内蒙古师范大学学报：哲学社会科学版，1983（3）.

6. 陈刚. 数字服务化是工业革命之后最重大的一次革命 ［J］. 世界知识，2016（10）.

7. 王伟，杨婷，罗磊. 大型城市事件对城市品牌影响效用的测度与挖掘——以上海世博会为例 ［J］. 城市发展研究，2014（7）.

8. 李萍，陈田，王甫园. 基于文本挖掘的城市旅游社区形象感知研究——以北京市为例 ［J］. 地理研究，2017（6）.

基于 GIS 的文化遗址园区空间分布规划研究

——以西安市为例

方永恒　许　莹　高　菁①

【内容摘要】地理信息系统（GIS）强大的数据处理与分析功能可以将文化遗址园区所具备的空间分布特征直观展现出来。利用 GIS 空间分析技术，分析西安市行政区域内文化遗址园区的空间服务能力、人口密度和空间分布方向等空间分布特征。结果表明，西安市文化遗址园区在三环以内密集分布，在以半径 500 米为范围的缓冲区中存在 34.8% 重叠；西安市文化遗址园区的数量与人口密度呈正相关关系；西安市不同行政区域中文化遗址园区分布方向显著不同。本文据此提出应依据空间分布特征对文化遗址园区进行科学规划，并根据文化遗址园区群的分布方向，进行区域内和区域间的相关产业规划布局。

【关键词】GIS　文化遗址　空间分布

随着社会经济和科学技术的发展，人们对文化生活的关注与日俱增，加之政府调整产业结构，将经济增长点由第一、二产业逐步向第三产业转变，由此文化产业迎来了蓬勃发展的良机。文化遗址园区作为文化产业的组成部分，其重要性也逐渐显现，各类文化遗址园区的开发建设逐渐增多。

---

① 方永恒、许莹、高菁，西安建筑科技大学管理学院研究生。

在对文化遗址园区的规划研究中，有学者通过潜力模型分析方法研究文化新区步行网络系统的可达性，或利用特性分析法对文化遗址园区进行分析，给出规划建议；也有学者通过研究文化遗址中的建筑效能和文化遗址情感的可视化，说明文化遗址园区规划的建筑结构和需要考虑的人文因素；还有学者运用文化空间理论来说明文化遗址园区的开发。虽然这些方法都可在一定程度上说明园区的规划建设，但却将各园区作为独立的个体进行分析，没有研究园区间的地理要素关系，可视化的图形展示不足，不能直观地呈现园区的空间特征。而地理信息系统（Geographic Information System，GIS）作为强大的地理信息处理工具，不仅能够分析、处理数据信息，还可以将分析结果形成视觉图形，增加直观性。

文化遗址园区的地理空间分布具有一定的空间特征，如方位性、聚集性和关联性等，对文化遗址园区产业的布局以及规划建设，甚至对文化产业的形成、发展等都有重要的作用和影响。利用GIS研究分析并认知其地理空间特征，对进行文化遗址园区的科学化规划布局和调整，从而带动文化产业的发展具有重要的实践意义。

西安市作为历史悠久的文化古都，具有先天的文化遗址开发的优势资源。近年来，国家大力开发文化产业，规划并建设了许多新的文化遗址园区，然而有些园区建成后的结果并没有达到预期效果，虽然其中有各种原因，但与这类园区的前期规划中对其空间特征认识不足不无关联。因此，分析和研究西安市文化遗址园区的空间特征成为对其进行科学规划和开发利用的重要环节。

一、研究方法与数据处理

地理信息系统（Geographic Information System，简称GIS）中的空间分析法是指通过研究客观事物的地理空间构成和结构，以及它们之间的关系和影响，揭示空间数据库中隐含的信息和空间事物之间的相互关系。本研究运用 ArcGIS10.2.2 对西安市文化遗址园区的空间分布特征进行分析，对西安市文化遗址园区的空间服务能力范围、与人口的关系及空间分布方向进行研究，从而得出其空间分布特征以及影响园区规划的因素。

数据选取上，以西安市文化遗址点和博物馆作为文化遗址园区，记录其经纬度作为点，属性包括产业类型和服务距离，分别用于园区空间分布和服务能力分析；以西安市行政区划和西安市环城道路线分别作为研究范围，研究文化遗址园区的区域服务能力及不同区域的分布方向；将人口数据用于分析文化遗址园区与人口密度关系。

数据采集完成后，按照需要与 GIS 分析要求进行数据组织，包括数据导入、地理配准（针对图像）、表格坐标数据生成点位图层以及投影转换、数据拼接和符号设置等，形成适合 GIS 表达和应用分析需要的数据集。

二、基于 GIS 的文化遗址园区空间分析模型与方法

（一）分析模型构建

1. 空间服务能力

空间服务能力是指一个地理事物对其他事物的影响、被影响的状况，可表现为空间吸引范围。例如，公园吸引就近人群，并且吸引有一定的距离，这个吸引距离甚至可以用引力模型表述。

按照空间服务能力含义，可以建立相应的分析计算模型，用服务区面积与某种面积之比表达，见式（1）。

$$S = \frac{\sum a_i}{A} \tag{1}$$

其中，a_i 为第 i 点的产业服务区面积，A 为某种总面积，S 为面积比率。

对于服务面积，有两种结果，一种是空间统计面积，即每个点位的服务面积之和；另一种是空间覆盖面积，即所有服务区占据的实际空间面积，对于重叠的面积不重复计算。这样，相应的服务能力计算也有两种类型，一种是关于区域的，另一种是关于覆盖情况的。前者可以分别用统计面积和覆盖面积与区域面积计算，后者用覆盖面积和统计面积计算。除此之外，还可以进行分析服务区重叠情况，即识别重叠区和重叠次数。

对于文化遗址，一般以遗址为核心作为发展产业群的基础，以吸引距离为半径，计算其面积生成服务区。生成的服务区之间可能有重叠，另外还存在服务区之外的空白区。对于重叠区，是多个点位的重叠服务区域。显然，重叠越多，获得的服务也越多。但另一方面，在服务区之外的空白区域，就不能获得服务。这样，可以通过服务区面积与区域面积之比，计算区域获得产业服务的能力，分析园区的空间服务能力，作为区域产业布局评价、调整的依据。

2. 人口密度

人口密度对文化产业的发展水平存在一定影响力，通常来说，人口密度大时，文化产业发展水平往往较高。文化遗址园区最终的服务对象为人群，因此必须要考虑服务范围对人群的吸引状况，可以使用人口点位数据插值生成人口分布图。

在人口分布图的基础上，利用上述的服务区进行一定范围的人口提取和统计。统计分析以服务区的人口总数与该区域的人口总数相除，通过计算比值确定服务能力，可以利用地理空间区域统计公式进行人口统计，见式（2）。

$$P = \sum \sum R_{ij} \qquad (2)$$

其中，R_{ij} 为区域内的单元格，P 为区域人口数量。

在文化遗址园区的规划应用中，可以此作为新建文化遗址园区的地理空间布局的参考指标，也可以作为对现有园区的评价指标，人口密度大但文化遗址园区数量较少时可以增加园区规划，并且避免在人口密度小的地区过多规划文化遗址园区，造成资源浪费，从而提高规划效率。

3. 空间分布方向

空间分布方向是用来度量一组数据的方向和分布特征的。将点位数据从地理空间统计角度出发，识别一组数据的方向以及分布趋势，并通过对地理空间状况的度量，揭示其分布特征，以说明这组数据是否具有某些方向特性。空间分布方向主要是通过标准差椭圆显示。对于该标准差椭圆，可以通过计算平均中心获取椭圆圆心确定椭圆形态，再计算旋转角度确定椭圆方向，最后计算 X、Y 轴标准差获取椭圆方程，公式见式（3）。

$$X\begin{cases} SDE_x = \sqrt{\dfrac{\sum_{i=1}^{n} (x_i - \overline{X})^2}{n}} \\ SDE_x = \sqrt{\dfrac{\sum_{i=1}^{n} (x_i - \overline{X})^2}{n}} \end{cases} \qquad (3)$$

其中 x_i 和 y_i 是要素 i 的坐标，$(\overline{X}, \overline{Y})$ 表示要素的平均中心，n 等于要素总数。

旋转角的计算方法见式（4）。

$$\begin{cases} \tan\theta = \dfrac{A + B}{C} \\ A = (\sum_{i=1}^{n} \tilde{x}_i^2 - \sum_{i=1}^{n} \tilde{y}_i^2) \\ B = \sqrt{(\sum_{i=1}^{n} \tilde{x}_i^2 - \sum_{i=1}^{n} \tilde{y}_i^2)^2 + 4(\sum_{i=1}^{n} \tilde{x}_i^2)^2} \\ C = 2\sum_{i=1}^{n} \tilde{x}_i \, \tilde{y}_i \end{cases} \qquad (4)$$

X 轴和 Y 轴的标准差见式（5）。

$$\begin{cases} \sigma_x = \sqrt{2}\sqrt{\dfrac{\sum_{i=1}^{n}\ (\tilde{x}_i\cos\theta - \tilde{y}_i\sin\theta)^2}{n}} \\[3mm] \sigma_y = \sqrt{2}\sqrt{\dfrac{\sum_{i=1}^{n}\ (\tilde{x}_i\sin\theta - \tilde{y}_i\cos\theta)^2}{n}} \end{cases} \qquad (5)$$

其中 $\tilde{x}_i$，$\tilde{y}_i$ 是平均中心和 x，y 坐标的差。

分析结果可以展现出各区域之内的点位分布状况，用以分析特定区域内文化遗址园区的规划，依据其分布方向进行开发建设；也可以分析与文化遗址园区发展相关的其他产业规划布局，依据文化遗址园区的分布方向确定相关产业的建设，以达到实现产业间良性循环、相互促进的目标。

（二）结果与分析

依据上述模型，对西安市文化遗址园区空间分布进行验算分析。一方面，通过这些指标，确定现状的合理性；另一方面，可以按照经验设计点位进行指标分析，与合理指标比较，判断规划的合理性，再进行调整、计算和评价。

1. 空间服务能力

文化遗址园区的空间服务能力主要从空间覆盖服务角度考虑。显然，文化遗址园区点位的多少以及聚集的空间位置和范围等，都是服务能力的重要指标。

（1）点位空间分布的区域服务状况分析。

本次共采集文化遗址园区点位 186 个，通过统计计数，以环城路和二环路、三环路为分析目标，依次统计遗址点位的分布状况，如表 1 所示。

从表 1 中可以看出，位于主城区有 25 个遗址点，占总体数量的 13.5%；二环内有 51 个点，占 27.6%；三环以内有 127 个点，占 68.6%。在三环之外有 58 个点，占 31.4%。由此可见，西安市遗址点主要分布在三环以内。此外，环城路与二环之间有 26 个点，占 14.1% ；二环与三环之间有 76 个点，占 41.1% 。说明在三环以内的点中，大部分位于三环与二环之间。

表1　遗址点分布数量与西安市城区及二环路、三环路关系

	总数/个	比重/%	环路间遗址数/个	比重/%
环城路内	25	13.5	–	–
环城与二环间	–	–	26	14.1
二环路内	51	27.6	–	–
二、三环路间	–	–	76	41.1
三环路内	127	68.6	–	–
三环路外	58	31.4	–	–

（2）点位的服务覆盖范围分析。

对于西安市文化遗址园区的分析，可从周边服务问题入手，研究其产业发展和带动能力。在 GIS 中，以文化遗址园区点位为中心，500 米为半径进行缓冲分析，确定园区周边范围，如图 1 所示。

从图 1 可看到，缓冲区间存在重叠区域，重叠大小与文化遗址园区分布的密集程度有关，密集度高的重叠度大，密集度低的重叠度小。按照公式（1），以 500 米的缓冲距离为范围，文化遗址园区的服务面积理论上达到 175.84 平方千米，而实际只有 114.424 平方千米，重叠率为 34.8% 。其中重叠面积最大为 11.86 平方千米，处于二环与三环之间；第二大重叠面积在环城路内，为 8.314 平方千米。在规划中，可以考虑将重叠度大的区域作为文化遗址园区服务的中心区域。

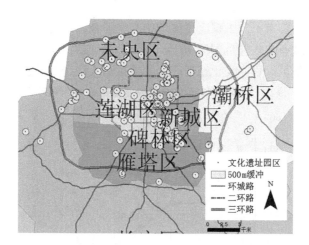

图 1 西安市文化遗址园区 500 米周边范围

2. 人口密度

将西安市人口分布数据导入 GIS 中，依照公式（2），选择点密度工具，以自然间断点分级法将人口密度分为 11 类，显示出人口密度的分布特点，结合文化遗址园区点位分布，得到图 2。

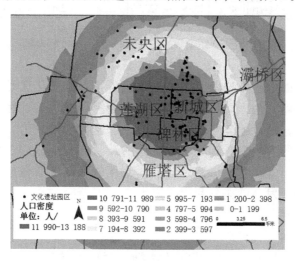

图 2 文化遗址园区与人口密度

　　统计西安市不同人口密度区域中文化遗址园区的数量，人口密度最大的区域有文化遗址园区 46 个，第二大区域有 25 个。通过统计结果与图 2 都可以看出文化遗址园区的数量与人口密度呈正相关关系。

表 2　西安市 2015 年文化遗址园区接待人数排名

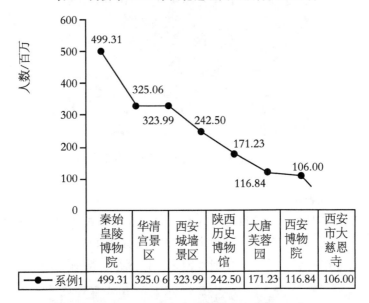

	秦始皇陵博物院	华清宫景区	西安城墙景区	陕西历史博物馆	大唐芙蓉园	西安博物院	西安市大慈恩寺
系例1	499.31	325.0 6	323.99	242.50	171.23	116.84	106.00

　　此外，通过陕西省统计局发布的数据，得到 2015 年各文化遗址园区接待游客的人数。取前 7 位排名，顺序见表 2。从表 2 可知，除秦始皇陵博物院及华清宫景区外，其余文化遗址园区均位于三环以内，为人口稠密区域。由于大部分文化遗址园区服务于周边人口，结合图 2 与表 2 可知，人口密度大的地方，文化遗址园区接待的人数多。因此，在文化遗址园区的规划中，应考虑到人口密度因素，在人口密度较大，文化遗址园区数量较多的区域进行规划开发，以充分利用人口优势。

　　3．空间分布方向

　　将西安市文化遗址园区点位数据按行政区域分类统计，得到各区域文化遗址园区分布的数量，选取数量较多的碑林区、新城区、莲湖区、雁塔区、未央区、长安区、灞桥区、临潼区作为研究区域。其中碑林区、新城区、莲湖区面积较小，合并为一体，称为城三区。将研究区域中的点位数据输入 GIS 中，选择计算工具中的分布方向，便可依照公式（3）、（4）、（5）得出其分布方向，该分布方向是一个标准差的椭圆形面积，其各属性数据如表 3 所示。

从表 3 中可以看出，除灞桥区外，在研究区域内，标准差椭圆中文化遗址园区密度均大于各研究区域内的密度。椭圆方向也各不相同，这与各区域内文化遗址园区的点位分布状态关系密切。需要说明的是表格中的扁率，扁率是指椭圆中长轴与短轴的比率，其中长轴表示文化遗址园区分布的方向，短轴表示文化遗址园区分布的范围，长短轴的值差距越大（扁率越大），表示其分布的方向性越明显；短半轴越短，文化遗址园区的向心力越明显，反之，离散程度越大。从数值上说，当扁率为 1 时，长短轴完全相等，成为一个圆，则没有任何方向特征；当扁率小于 1 时，说明文化遗址园区呈现竖直分布状态，数值越小，椭圆形态越扁平；当扁率大于 1 时，则呈现水平分布方向，数值越大，椭圆形态越扁平。因此，从表 3 中可知城三区、长安区、灞桥区呈竖直向分布，长安区、灞桥区较为扁平，城三区数值为 0.77，近于 1，趋于圆形分布，空间分布特征不明显。其他区域则呈水平方向分布，其中临潼区（扁率为 4.79）分布形态最为扁平。

表 3　西安市主要行政区文化遗址园区分布方向属性值

	区域面积/km²	数量/个	区域中密度/（个·km⁻²）	椭圆面积/km²	数量/个	椭圆中密度/（个·km⁻²）	椭圆主轴方向/°	X轴/km	Y轴/km	X、Y轴比
城三区	91	70	0.77	33	35	1.07	122°16′09″	3.74	2.78	0.74
雁塔区	152	22	0.14	51	14	0.27	83°50′49″	2.70	6.01	2.23
未央区	262	45	0.17	77	32	0.41	89°48′27″	3.27	7.51	2.30
长安区	1583	9	0.01	443	8	0.02	142°44′17″	21.56	6.54	0.30
灞桥区	322	8	0.02	105	2	0.02	171°29′37″	9.83	3.41	0.35
临潼区	898	19	0.02	22	11	0.51	64°41′41″	1.20	5.75	4.79
西安市	10108	185	0.02	799	140	0.18	64°46′17″	11.55	22.04	1.91

　　文化遗址园区空间具体分布形态可以通过 GIS 显示，图 3 显示了不同区域中文化遗址园区分布的标准差椭圆形态。通过直观观察，可以看到在不同区域中，文化遗址园区的分布有着显著的差异，这种分布形态上的差异为后续的区域内规划设计提供了基础。

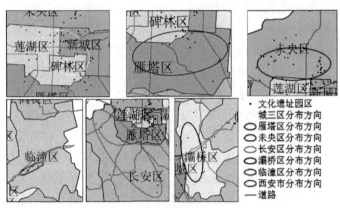

图 3　西安市主要区域文化遗址空间分布方向

　　图 4 则显示了西安市文化遗址园区空间分布方向与各研究区域空间分布方向的叠加，从图 4 可以看到各研究区域空间分布方向的位置关系，这种位置关系为以文化遗址园区为基础设计的行政区间文化产业区域规划布局提供了基础依据。

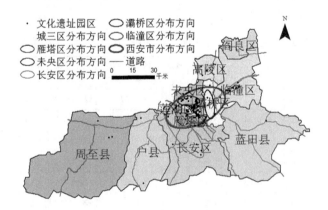

图 4　西安市及各研究区域文化遗址园区分布方向

三、结论与建议

利用 GIS 对西安市文化遗址园区空间分布进行研究后，发现西安市文化遗址园区在三环以内密集分布，其空间服务能力与分布位置有关；文化遗址园区分布状况与形态和人口密度呈现正相关关系；不同区域中文化遗址园区分布方向显著不同。这些特征都会对西安市文化遗址园区的规划建设产生影响。而文化遗产的保护、利用和开发，是文化遗址园区规划建设考虑的重要方面，更是文化产业布局和发展的一个方向，基于前面文化遗址园区呈现出的空间分布特征，提出以下规划建议：

（1）依据空间服务能力进行文化遗址园区规划建设。以文化遗址园区的服务区为基础，计算不同的园区空间服务能力，再按照不同的空间服务能力，设计与规划文化遗址园区布局。同时，还可以依据服务能力的重叠度，提高园区规划效率，在满足各园区功能的同时，避免无效或低效的建设。

（2）依据人口分布密度确定文化遗址园区规划建设。由于文化遗址园区的分布状况与人口密度呈现出正相关关系，因此在人口密集区进行文化遗址园区的规划则更加科学。同时利用人口密集的特点充分发挥文化遗址园区的人文效应，为文化遗址园区带来更多的良性循环。

（3）依据区域文化遗址园区分布方向分片区规划建设。西安市不同区域内的文化遗址园区分布方向都不同，这些分布方向可以作为文化遗址园区建设分区的依据。不单是进行区域内部的规划设计，还可以进行跨区域的文化产业宏观规划。不仅带动文化遗址园区发展，还可融合其他相关产业，形成一个互有关联的文化产业体系，使文化遗址园区的产业效益得到最大限度发挥。

（4）依据文化遗址分布方向确定区域优先规划建设。依据文化遗址园区的分布方向不仅可以进行分区域规划设计，还可以结合文化遗址园区分布的密集度确定优先规划。优先发展分布方向集中、密集度大的文化遗址园区，充分利用文化遗址资源，既减少建设难度，还节约开发成本，提高规划的效率。此外，可以通过研究文化遗址园区的分布方向，寻找其分布规律，为尚未发现的文化遗址的挖掘提供有效信息。

参考文献：

1. 韩顺法，陶卓民，肖泽磊. 我国区域文化创意指数的测度及经济增长效应 ［J］. 经济地理，2012，32（4）：96 – 102.

2. 吴党社，石凤，李聪颖. 扶风旅游文化产业新区步行网络系统研究 ［J］. 西安建筑科技大学学报（自然科学版），2014（6）：876 – 881.

3. 陈稳亮. 基于特性分析的大遗址保护规划策略研究 ［J］. 城市问题，2012（6）：41 – 46.

4. Kristian F，Marco Z，Keomaa. Heritage buildings and energy performance：Mapping with GIS tools ［J］. Energy & Buildings，2012（48）：137 – 145.

5. JANG，MUN Hyun. Three – dimensional visualization of an emotional map with geographical information systems：a case study of historical and cultural heritage in the Yeongsan River Basin，Korea ［J］. International Journal of Geographical Information Science，2012，26（8）：1393 – 1413.

6. 朴松爱，樊友猛. 文化空间理论与大遗址旅游资源保护开发——以曲阜片区大遗址为例 ［J］. 旅游学刊，2012（4）：39 – 47.

7. 马冬雪，江芸，朱明勇. 基于 GIS 的中国体育非物质文化遗产空间分布研究 ［J］. 体育科学，2015（6）：19 – 24.

8. 吴承忠，李雪飞. 文化创意产业集聚区发展中的问题及其解决措施 [J]. 城市问题，2013（10）：46 – 50，67.

9. RICH R C. Neglected issues in the study of urban service distribution：a research agenda [J]. Urban Studies，1979（16）：143 – 156.

10. Kunzmann K R. Planning for spatial equity in europe [J]. International Planning Studies，1998（1）：101 – 121.

11. 李山，王铮，钟章奇. 旅游空间相互作用的引力模型及其应用 [J]. 地理学报，2012（4）：526 – 544.

12. 李涛，陶卓民，李在军. 基于 GIS 技术的江苏省乡村旅游景点类型与时空特征研究 [J]. 经济地理，2014（11）：179 – 184.

基于文化辐射的上海新城文化空间研究

——以上海保利大剧院为案例

顾诗琦①

【内容提要】 集展示、教育、游憩、消费等功能于一体的文化空间随着城市扩张落地郊区。新城作为城市战略重点，更是涌现了一批大型文化空间，却呈现出前期建设极热，后期经营困难的错位。文章聚焦上海郊区新城语境下的文化空间，探讨新城文化空间的文化辐射力问题，并借鉴传统工程设施的评价模型，选取强度、耦合、距离、势能四个维度观察研究案例，以期为郊区新城的政府和空间机构提供建设思路。

【关键词】 文化空间 文化辐射 郊区新城 上海保利大剧院

文化消费空间、文化艺术聚集区、文化休闲空间等在沪逐渐兴起，但上海的文化供给并不平衡。市中心文化产业集聚，已形成良好的市场经营体系，而郊区的文化服务起步未久，尚处于受政府扶持阶段，缺乏市场刺激和对郊区人群的特定考虑。新时代的中国对美好生活有着新的期待，精神食粮已成为必不可缺的生活要素。同时，《上海市城市总体规划（2016～2040）》明确了市郊新城的地位，中心区的文化服务正逐渐向外围溢出，如何适应郊区新城的特点，打造优质的文化空间成了新命题。

---

① 顾诗琦，同济大学文化产业管理专业研究生。

一、文化空间的概念及评价体系

"文化空间"是人文社科术语，不同视角下存在着诸多不同的概念表述。向云驹认为，文化空间的本原意义是指"一个具有文化意义或性质的物理空间、场所、地点"[①]。人类学视角中，它是非物质文化遗产的一种基本类型。城市研究视角中，它是"城市空间架构的维度和高级表现形式"；[②] 刘扬和徐泽认为它具有文化记载、传播、生产和消费的功能，是市民普遍认同的公共空间和场所[③]。

文化空间是文化的具象体现，传递和传播文化意义是其核心职能，因此，能否吸引人阅读空间精神，并将文化传播出去是评价文化空间的关键。

王鹤从社会功能入手，选取了参与性、驻留性、交往性、文化性四个方面，制定了关系到文化发展的城市公共空间评价指标。[④] 童真则基于使用者感受，将空间的公共文化价值具体化，建立量化的公共价值评价体系。[⑤] 美国城市研究所从文化活力（cultural vitality）的角度，针对城市艺术文化系统开展了系统性评价工程研究（ACIP），主要指标为存在、参与、影响、支持这四个维度。[⑥] 陈通

[①] 向云驹："论'文化空间'"，载《中央民族大学学报（哲学社会科学版）》2008年第3期，第81~88页。

[②] 陈宇光："城市文化空间的三维向度"，载《华东理工大学学报》2008年第2期，第91~94页。

[③] 刘扬、徐泽："浅谈城市文化空间规划"，见《2013中国城市规划年会论文集》，第13页。

[④] 王鹤："建构关系文化发展的城市公共空间评价指标体系"，载《科技展望》2016年第28期，第292页。

[⑤] 童真："基于使用者感受的城市空间公共价值评价体系研究"，华南理工大学硕士学位论文，2011年。

[⑥] Jackson M R, Cultural Vitality in Communities: Interpretation and Indicators, in: The Urban Institute, 2006.

基于 ACIP 的工程评价基础，从文化强度、文化耦合、文化距离、文化势能四个维度评价空间（见图 1），并从项目主体、网络、受众三个层次拓展了 ACIP 理论，最终形成"四维度、三层次"的评价模型。①

　　文化空间的建设不仅需要考虑硬件设施的运营情况，更要兼顾该空间对公众的文化影响效益，而基于文化辐射的空间研究尚属新领域。陈通的评价模型虽然基于工程管理评价体系，但对空间文化辐射的研究有参考意义。因此，本文借鉴陈通对公共文化项目辐射的"四维度、三层次"评价模型，选取强度、耦合、距离、势能作为空间文化辐射的观察维度。

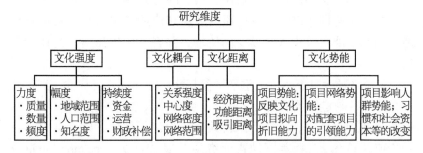

图 1　陈通 公共文化项目文化辐射的四维度评价体系

　　文化强度是一个空间文化辐射的整体能力表征。通过观察空间设施的质量、投资方资本和经营状况，能够体现该空间供给文化的能力。

　　文化耦合体现了空间在区域内与同类空间的契合度。耦合度高的文化空间聚落能改善文化氛围，联结形成文化服务网，扩大文化辐射广度。

　　文化距离包含经济成本、功能偏好、符号认同度等意义，能观察空间与影响人群的贴近程度，在考虑特殊区域人群时有很大的参考价值。

---

　　① 陈通："公共文化项目文化辐射的'四维度、三层次'评价"，载《天津大学学报》2015 年第 1 期，第 22～25 页。

文化势能指文化空间带动区域文化发展的能力，表现在文化设施的集聚、影响人群的习惯改变、社会资本运作变更等方面。以上四个维度创新了对文化空间的观察，着重于对文化辐射效力的衡量，既是对文化空间管理的理论发展，又能为类似空间提供经验参考。

二、新城中的文化空间案例：上海保利大剧院

新城的概念始于上海"十五"计划，而"上海2040"规划进一步明确嘉定、松江、青浦等五区的地位①。郊区新城一直立于规划高地，建设资本雄厚，政策扶持力度大，而其自身用地宽裕，区位条件较独立，近年来迅速产出了一批文化空间。坐落于嘉定新城核心区的上海保利大剧院就是郊区新城文化空间的典型代表。

上海保利大剧院由著名建筑师安藤忠雄担纲设计，兼顾先锋建筑空间与环境美学精神，是不折不扣的顶级艺术交流空间，并且，嘉定保利由北京保利剧院管理有限公司全权管理、全资投资，对文化空间的市场运作具有参考价值。

（一）文化强度

剧院是典型的文化置换器，将无形的艺术凝结为有形的文化商品。既然是商品，就要求剧院提供稳定的演出供应、强大的采购资金、优质的演出资源等内容。

1. 垂直院线的艺术资源

北京保利剧院管理有限公司已形成产业链布局，具有良好的口

---

① 《上海市城市总体规划（2016～2040）》，第17页。

碑和业内影响力，剧院资产超过 300 亿元。^① 依托集团背景和上海活跃的艺术市场，保利剧院实行垂直管理模式，与全国所有姊妹剧院共享艺术资源，同时，联合院线为演出单位提供了巡演便利，因此十分受优秀艺术团体的青睐，得以低价打包采买演出。笔者采访上海保利剧院节目部主管获悉，剧院鼓励员工在集团院线内免费观演，并重视员工的剧评交流。

2. 高频保质的演出安排

上海保利剧院每年以演出季的形式打包宣传，尽可能地增加每场演出的曝光度。2016 年，剧院演出 260 余场，接待观众 20 多万人，平均每 3 天就有一场演出，成为西上海地区最大文化热点。^② 剧院邀请世界知名乐团登台，大师级指挥家执棒，还有傅聪、李云迪、杨丽萍等各领域艺术家献艺，部分演出票房过硬。为保证节目质量，保利剧院也注重与姊妹剧院的经营交流，它采取规范、系统的质检考核制度，业绩突出者在院线内交流成功经验；业绩不佳者，则由管理公司协助调查，输送管理经验。

总体上而言，保利剧院的节目采买得当，评价机制较完备，用优质的演出内容支撑起文化强度。

(二) 文化耦合

文化耦合指文化空间的文化辐射与文化系统的匹配关系^③，考察上海保利剧院与周边文化空间的耦合关系，在宏观上看重能否与新城大环境协调共处。

---

① "保利剧院公司 2016 年度营销工作会议成功召开"，https：//sanwen8. cn/p/ 555Cmvs. html，访问时间 2016 年 11 月 28 日。

② 唐奇云："整合全市资源以大数据记录市民需求'文化上海云'堪比'文化淘宝'"，资料来源：http：//www. cnr. cn/shanghai/shzx/ms/20170206/t20170206 _ 523560337. shtml，访问时间 2017 年 5 月 10 日。

③ 陈通："公共文化项目文化辐射的'四维度、三层次'评价"，载《天津大学学报》2015 年第 1 期，第 22～25 页。

1. 年轻的城市气质

上海保利剧院毗邻远香湖景观空间、图书馆——文化馆公益教育空间以及多个购物广场，上述空间自成审美系统，满足公众的文化艺术需求、基础教育需求、休憩游览需求以及商业消费需求，空间节奏松弛有度。核心区的超前规划吸引了大批周末郊游的游客。

但建城十余年，新城人口导入吃力，产业不配套成为一大问题。新城主要产业是高端制造业，居住主体为中青年人才工作族群，因此，新城文化定位应当是活力、创意、快节奏的青年文化。但新城的规划更像一座景观花园，一入夜就成了意兴阑珊的空城，愿意寻求夜生活的青年住户无处可去，人气稀疏导致保利剧院的观众匆匆离开，商业消费减少，在近年更是形成恶性循环。

2. 捆绑式云端服务

郊区新城是尖端科技成果的试验田，上海保利剧院抓住了这次尝试机会。剧院免费出让部分演出席位给"文化嘉定云"公共文化数字服务平台，成为首个云端曝光的经营性文化空间。公众通过"云"可以了解其他文化空间的活动，功能便捷，尤其受青年人青睐。预约模式和线下服务结合，一个空间带动另一个空间，一场活动宣传另一场活动，使保利剧院有效提高了文化辐射面。

文化耦合不是设施越多越好，而是空间的文化内容能符合区域的文化气质，满足新城的独立需求，提供有层次、有节奏的功能选择。"互联网＋公共服务"使文化空间的进一步功能得以匹配提供新路径，上海保利剧院的做法也值得其他文化空间效仿。上海保利大剧院与嘉定公共文化服务体系的耦合度高。

（三）文化距离

距离指两者在时间和空间上相差的长度。对于文化空间，文化距离体现为公众进入空间的意愿强烈程度、对内容的认同度。保利剧院在消弭文化距离这一点上多管齐下。

1. 经济距离

郊区居民的收入与消费水平和上海主城区存在差距，文化消费观念还处在培养引导阶段。为融入本土居民，除常规经营指标，保利剧院的管理公司还考核公益场票价、公益与商业演出比，以适应郊区需求。剧院每月举办一场公益场演出，票价低至 30 元、50 元、80 元；与沪上其他大型剧院相比，嘉定保利的演出起价低、溢价少。

2. 吸引距离

剧院是雅文化的典型表征，特别是软性服务和硬件设施皆属一流的上海保利剧院，更具有较高的符号价值，其潜在受众广阔，包含了全市，甚至长三角的居民。但新城在地缘上相对独立，吸引距离被拉大。从嘉定新城到主城区和邻近商务区，驱车需要 20 分钟以上，到上海市区更需要近 1 小时。居高的交通成本和拥堵的公交体验降低了其对郊区和市区两方的吸引力。为进一步贴合受众，保利剧院附近共有 8 条公交线路，并设置短驳车，分送至市区地铁站与嘉定老城区；为方便自驾观众，剧院地下停车库面向公众免费开放，不仅服务观演者，还积极为周边区域输送人气。

(四) 文化势能

上海保利大剧院与事业单位多有合作，开展艺术活动还影响了嘉定居民的教育、休闲方式。

1. 同步培育市场，提高居民艺术水平

嘉定保利为培育适合自己的市场尝试诸多举措。剧院努力拓宽演出、艺术知识等内容传递渠道，包括新媒体客端、灯箱路牌，宣传路径多样；设置低价票和"云"公益票，成功将体验者孵化为消

费者；此外，"名家大师零距离""艺术课堂进社区"等活动也为嘉定人搭建认识艺术、学习艺术、喜爱艺术的桥梁。

舞台剧、音乐会、艺术讲座等高雅活动在嘉定高频率地被曝光，使殿堂艺术首次在嘉定变得唾手可得。保利剧院的市场培育模式已然改变了嘉定民众的休闲方式，如今戏剧表演艺术对嘉定人而言已不再陌生。

2. 聚焦教育事业，培养艺术后备人才

"教化"是嘉定的历史名片，教化之气使然，嘉定人重视教育投入。保利剧院作为区教育基地，积极举办学生专场演出，提升学生艺术兴趣和鉴赏能力。此外，剧院与上海爱乐合唱团联合组建"童声合唱团"，为嘉定的课外教育开辟了专业的新平台。

空间的文化势能体现在社会的方方面面。嘉定保利的建成使戏剧信息充分曝光，使嘉定学生增添素质教育支持，使嘉定声乐教育步入专业领域，更重要的是，这一优秀的文化空间使戏剧艺术以尤为亲近、可爱的形象走入郊区，培养了嘉定人的艺术之心。

三、新城文化空间的现存问题

通过从上述四个维度观察上海保利大剧院，我们汲取到经营性文化空间的管理经验，同时也反映出郊区新城在扩大文化辐射力时存在的诸多问题。

（一）文化消费外溢

郊区新城的定位是打造城市副中心，独立满足郊区居民的需求，然而分析嘉定新城的空间案例后发现，新城的文化强度与市中心相比呈现弱势。嘉定民众文化消费意识不足，更倾向公益文化服务。"文化嘉定云"显示，区公益性文化活动平均上座率突破84%，场所设施利用率突破90%，而作为经营性消费空间的保利大剧院平均上座率为67%，与沪上专业剧场的平均上座率74.66%相比，远低于业内同行水平①。除消费观念影响外，新城的各文化空间在地缘上较孤立，没有配套的后勤保障，而市区能一次性满足文化、购物、娱乐等多项需求，郊区居民自然更倾向于到文化商品多样、配套服务到位的市区消费。可见除了内容质量，餐饮、休闲、购物等后勤表现也是考察空间文化强度的重要因素。

（二）成本意识缺乏

文化空间肩负公益科普使命，但除保利大剧院外，嘉定新城难再找出一个经营性的文化机构。调查发现，各新城文化空间采用"政府主导"模式，重点文化项目的建设和管理资金主要以公共财政或国资企业为支持，缺乏产业经营动力，不受市场经济和公众的监督，空间产生的文化效益难以评估，地方财政压力较大。保利剧院的演出也多由政府购入公益票，邀请居民低价欣赏。这固然降低了民众的体验成本，但加大了地方财政压力，并且，公益服务难以将文化资源转化为文化产品，反之向市民传递了"文化廉价"的信号，长久依赖公共财政支撑文化势能的培养，不利于建设自给自足的文化市场，颇似饮鸩止渴、揠苗助长，无形中削弱了空间对区域的深层文化影响力。

（三）城市气质耦合度低

新城的公共文化设施代表着地区的艺术水准和形象气质，透过空间建筑形式能够重塑地方特质，使区域的文化符号更为突出，但也容易造成"千城一面"，缺乏对本土文化和消费观念的调查与理

---

① 童薇菁："2016 上海专业剧场商演数据出炉"，http：//www.sh.chinanews.com.cn/whty/2017 - 04 - 05/20933.shtml，访问时间 2017 年 5 月 9 日。

解。前卫的建筑形态进一步吸引了大量空间"浅阅读者"，例如，保利大剧院和远香湖外景优雅，但因周边人气不足，夜间演出收益不佳；嘉定图书馆优美的形态吸引大量市民参观，观光行为严重破坏阅读秩序；台北风情街主打文创购物，但郊区的消费观念尚保守，导致商场经营惨淡。当前，新城盲目追求前卫理念，疏于匹配郊区本土气质，使空间阅读行为大众化、肤浅化，降低了空间的文化辐射力。

四、嘉定新城现代文化空间的建设思路

上海保利大剧院作为上海乃至全国一流的公共文化空间，推动了嘉定居民的艺术文化素养，将高雅艺术引入居民日常生活，文化影响力强，对嘉定新城的文化空间管理具有借鉴意义。本文根据剧院的文化辐射分析，提出对嘉定新城的新一批文化空间建设思路包括以下几个方面。

（一）增加文化强度：助力空间结网，考核软性绩效

郊区新城的文化空间星罗棋布，用地富余但缺乏内在联系。单个空间的宣传范围有限，文化辐射力度低。保利剧院的垂直院线式经营有效促进机构间的资源交换，互相把关内容质量。以此为经验，嘉定文广和政府应起牵头作用，助力新城各公共文化空间合作，形成交流网络，出台联合宣传、资源共享、相互把关的日常机制，共同提高新城地区文化空间的强度。

各文化空间应制定符合自身特点的考核绩效指标，除常规经营指标，如财报、顾客满意度之外，还须考核公益活动比例和本土非物质文化资源利用率，以适应郊区低文化消费、高文化资源的特点。要考核这种难以量化的"软性绩效"，我认为，一是观察机构

的公益项目支出，二是观察基于非物质文化资源的活动数量及参与人数，从文化辐射入手，发扬本区非物质文化遗产，形成不可取代的文化产业。

（二）提高文化耦合：完善数字服务，细化空间层级

"文化嘉定云"的出现为公共文化服务体系的建设带来新思路。它能联动宣传嘉定新城的各大文化空间，有效整合全区的空间资源，盘活场地利用，为民众带来了便捷的文化体验。因此，建设新型文化空间，应配合完善互联网服务经验，覆盖更多文化空间，不仅是封闭的空间建筑，开阔的景观空间亦值得被收录、开发。但是，嘉定新城的各大文化空间之间缺乏游憩、消费的平行动线，游客的驻足时间短，削弱了空间影响力。因此，嘉定新城的空间规划要注意细化层级、互补功能，形成张弛有度的空间布局，提升文化空间与新城大环境、文化空间与文化空间的耦合度。

（三）拉近文化距离：把握市场动态，完善后勤服务

文化空间因其特殊的文化属性，难以用数据简单概括。上海保利大剧院的销售经验表明，嘉定人对文化服务有需求和热情，但消费行为更加谨慎，故应当基于数据分析和实证调研的双重保障，制定合理票价，并策划郊区消费者喜爱的文化活动，拉近新型文化空间与郊区民众之间的功能距离。同时，嘉定新城的地理位置独立，与老城区和市中心都存在一定距离，在科普艺术、传播文化的建设初期，应当完善空间周围的公共交通设施，降低公众享受文化服务的经济成本、时间成本，增加文化新手的体验机会，将嘉定郊区大量不熟悉文化服务的一次性体验者，孵化为长久的文化消费者。

（四）加强文化势能：聚焦文化教育，同步培育市场

年轻一代的艺术兴趣、文化素养决定了未来文化产业的走向，文化空间是年轻人的启蒙导师，应聚焦文化教育事业，与当地政

府、教育主管部门合作，为孩童和学生带去更多的文化熏陶。而成年消费者的文化兴趣、获得文化产品的难易程度，则决定了文化经济的体量，应在经营空间自身的同时，放眼社会宣传，采取多种形式培育市场。公共文化空间的管理策略要兼顾不同年龄层，加强对不同群体的文化影响，加强文化势能。

五、结　论

本文将传统工程设施的评价模型应用于新兴文化空间的研究观察，选取郊区新城中较为典型的文化空间——上海保利大剧院作为案例，多角度总结了郊区新城在营建文化空间时的困惑。文化空间的职能是满足人民的精神需求，从文化辐射的角度营建郊区新城的文化空间，不仅是其功能所在，也是上海城市规划所需。强大的文化辐射力需要优秀的文化空间内容，作为产业来经营的文化空间能有效反映市场动作，势必成为我国未来文化空间的主要方向。当然，文化辐射的效力也需要城市规划者细化新城的空间层次，完善市政配套设施，避免因地缘孤立稀释了文化效应，政府应鼓励建设经营性的现代文化空间，授权社会机构管理空间。

参考文献：

1. 向云驹. 论"文化空间"[J]. 中央民族大学学报（哲学社会科学版），2008（3）.

2. 陈宇光. 城市文化空间的三维向度 [J]. 华东理工大学学报（社会科学版），2008（2）.

3. 刘扬，徐泽. 浅谈城市文化空间规划 [A] // 中国城市规划学会. 城市时代，协同规划——2013 中国城市规划年会论文集（02 - 城市设计与详细规划）[C]. 2013.

4. 王鹤，孔德静，徐嵩. 建构关系文化发展的城市公共空间评价指标体系 [J]. 科技展望，2016（28）：292.

5. 童真. 基于使用者感受的城市空间公共价值评价体系研究 [D]. 华南理工大学，2011.

6. 陈通，廖青虎. 公共文化项目辐射的"四维度、三层次"评价 [J]. 天津大学学报（社会科学版），2015（1）：22~25.

7. 央广网. 整合全市资源以大数据记录市民需求"文化上海云"堪比"文化淘宝" [J/OL]. [2017 - 04 - 27]. http：//www. cnr. cn/shanghai/shzx/ms/20170206/t20170206_523560337.

文化消费语境下城市消费空间发展路径探究

——以上海 K11 艺术购物中心为例

陈玉玲①

【摘要】21 世纪是一个物质充盈的时代，一个技术高速发展的新纪元，一个知识主导的文化社会。在文化消费日益突出的当今社会，人类对社会的期待愈来愈多，同时对社会进步表达的创意层出不穷。消费是经济行为的重要环节，本文简析产品升级、消费升级的文化消费社会，再通过解析文化消费语境下城市消费空间的消费特征，以及对上海 K11 艺术购物中心所营造的空间消费的发展路径进行解读。本文旨在为城市空间投资者、空间建设者提供借鉴意义，以便明确地利用好文化资本，营造出更多符合人们所需的消费空间，带动消费升级，促进城市经济发展。

【关键词】文化消费 消费空间 符号化 体验性

一、文化消费与消费空间

在物质充盈的社会中，人们的消费模式、消费观也变得日新月异，21 世纪是一个消费的社会，消费的内容可谓是应有尽有，根据

---

① 陈玉玲，华东政法大学传播学院文化产业管理专业研究生。

马斯洛需求理论来解析，人们在物质方面已经得到了极大的满足，转而追求高层次的精神需求。精神消费的比例愈来愈高，文化含量较重，"为你读诗"公众号的高阅读量，以及文化分量较重的电视节目"朗诵者""中国诗词会"的盛行就是精神消费的见证之一。简而言之，人们处于文化消费时代。何为文化消费？文化消费语境下社会又如何？20世纪50年代与60年代初，西方出现了文化消费（culture consumption），这个时期的欧洲与美国社会拥有充足的劳动力，人们已经从"需要"的观念跳到了"欲望"的想法中，电视、冰箱、汽车、吸尘器、出国度假等都逐渐成为常见的消费品。此后，劳动者开始使用这个消费模式，以表明他们的身份感与认同感。智库百科将文化消费的概念定义为：满足人们精神需求的消费内容，主要是文化产品或服务。实质上，文化消费是产品升级背景下，精神消费与物质消费的综合形式的融合，构成了整个社会的消费升级。消费升级潜移默化地改变着社会消费形式：首先是消费行为不再单一强调价格，更强调以品质、效率和体验等多元化消费为主；其次，消费需求由基本型和炫耀型，转变为体验型和精神需求型；此外，消费关系时代取代了简单的交易时代，进入服务经济社会，产品交易之外的用户体验、情感沟通更为重要。日本学者三浦展著有《第四消费时代》，在书中其提到：当今社会是消费个人化、风格化、异质化风生水起的第三消费时代。社会学家将文化消费视为一种社会行为，受到社会脉络与社会关系的影响。[1] 而"消费不只是一种消耗行为，它代表一种社会表达方式，一种认同方式，人们在任意消费过程中获得的一种意义性追求，获得一种认同感，获得一种社会性。"[2] 人们不再是简单地出于需求而进行消费，而是通过消费表明人与人之间的差异。产品就是表达此类差异的符号象征，基于符号学理论视角，基于人们的心理价值的消费的"炫耀性

---

① 赵春华：《时尚传播》，中国纺织出版社 2014 年版，第 197 页。
② 同上。

消费"被鲍德里亚提出,亦称为符号消费(symbolic consumption)。

空间作为物质载体,一方面是消费主体,另一方面也是消费对象,即"消费空间泛指为人们日常消费活动提供的各种空间、场所,它是商品或服务的生产者和消费者之间的桥梁和纽带。消费空间的构成要素包括空间内部的商品、服务以及空间本身。"①"无论城市化过程可能蕴含着什么,它都意味着创造生产、循环、交换和消费的物质基础设施。"②同时,空间亦是一个传播的地理媒介。北京作为政治经济文化中心,其标志建筑为天安门与故宫。被誉为"第三世界首都"的广州是中国对外贸易大港,标志建筑为小蛮腰。上海是中国的经济中心,全球著名的金融中心,一座东方明珠作为标志矗立于黄浦江畔。"人们在认识城市的时候,那些具有代表性的景观、建筑、雕塑等往往具有认知上的优先权。"注入文化元素的消费空间的辨识度更明显,更易突显空间独树一帜的形象。

二、城市消费空间的特点

消费行为的产生源于一定的地标空间,而空间具有"反作用",使消费者产生新的消费行为。斯特凡·阿尔在《商场城市》艺术中深入浅出提出自己的洞见,商场于城市,如乔木于森林,商场作为城市基本构成单位之一。城市的消费空间是以物质消费为主的商业空间价值随着社会消费升级发生了嬗变。所以消费空间的定位不是传统意义上的购买物质商品的场所,而是演化为具有多功能的复合型场域,是休闲娱乐空间,也是旅游观赏空间,也是人们展示生活

---

① 王宁:《消费社会学:一个分析的视角》,社会科学文献出版社 2001 年版,第 238 页。

② David Havaid: the urbanization of capital. Oxfod: Basil Blackwell Ltd, 1985, pp. 79 ~ 129.

方式的城市交往空间，故消费空间所体现的特点包括以下几个
方面。

（一）符号化

80后与90后的年轻群体作为新的消费主力，其消费诉求较多
倾向于兴趣爱好等，已由简单的商品消费渐渐过渡到为情感消费埋
单，情感消费的主要体现为符号消费。消费多元化以及品质化成为
主流，作为一个综合的消费场域，需要引进众多的品牌。城市空间
消费无形之中将人们进行了分类，而分类的标准之一是品牌。一座
商场的营业，必定需要众多品牌的入驻，而品牌是吸引人流的关键
因素之一。商场的内容充实着品牌，继而形成了商场亦作为一个品
牌而存在，同时也是一个具有高度识别性的标志建筑。这个品牌由
商场的外观直觉形象以及LOGO的视觉形象组成，还包括人们对商
场感知、感受的评价构成，以及商场举办活动的社会影响构成。所
形成的形象可作为商品，商品具有使用价值和服务价值，而优质品
牌将赋予商品附加值（value added）。作为符号消费的品牌消费具
有强大的吸引力，品牌消费的首要特征是定位合适的目标顾客群
体。世界上第一个购物中心即美国明尼苏达州的南谷购物中心
（Southdale Center）由奥地利建筑师维克多·格伦（Victor Gruen）
设计，这个购物中心对当时的社会产生了巨大的影响，为此人们提
出了"格伦效应"，具体而言，是指行走在"曲折蜿蜒"商场的消
费者，被场景、布局等所吸引，进而产生消费行为。

时尚型购物中心成为消费者主要青睐的消费场所，城市提供各
式各样的消费空间，目标顾客在空间中寻找适合的购物品牌。其实
是在寻找自己的身份认同的物质，同时，也在发现符合自己身份定
位的新消费产品。财富不再是社交货币的肤浅性象征，现今社会，
"时尚消费"才是人们渴望拥有的"社交货币"。时尚就是符号消
费的体现之一，时尚是一个具有美好期待与想象的名词，当代的时
尚可以与多个名词息息相关：潮流、前卫、艺术、有趣、冷酷、原

创、性感、奇怪。时尚的表达载体更是不胜枚举，一种时尚的编码
不同，解码也不同，就产生了风格各异的时尚。所以，不同的时尚
风格将吸引不同的消费群体。

（二）视觉化

目前，社会处于一个信息存量巨大的"赫兹"空间，而信息传
递的最大的依赖路径为媒介，媒介的传播以及信息接受者主要依靠
视觉。正如列奥纳多·达·芬奇曾提到："距离感官最近的感觉反
应最迅速，这就是视觉，所有感觉的首领。"视觉的巨大作用是作
为人类重要的器官用来感觉与联结世界的窗户，充满了艺术与技术
的元素构建了一个异彩纷呈的世界。

符号可多变，时尚可传播。[1] 时尚传播通过对产品和品牌形象
的艺术化表现，引起受众的情感关注，制造视觉冲击、创造情感，
说服观众对其品牌产生好感，最后形成消费。换言之，时尚传播始
于审美，从于品牌，止于消费。[2] 从经营者视角而言，"实质上，时
尚传播是艺术化传播，主要的目的是进行商业盈利。"而消费者认
为高品质的生活态度的主要体现方式是时尚，对文化消费产生影响
的主要因素为经济收入、消费理念、闲暇时间，以及非消费者角度
的社会文化产品与服务的数量与质量，文化消费政策和文化消费的
环境。

城市规划者与设计师从城市的建设与城市 GDP 考虑，认为将建
筑的地标作为认识城市的封面，商场作为重要的建筑物之一，同样
需要"履行"这个任务。商场外观就是介绍消费空间的扉页，映入
眼帘的外观给人的首要印象就是商场的风格，从里到外地打造和经
营这个风格，对建筑外观的审美能够吸引人驻足门户，各种时尚与
艺术风格品牌店面的入驻则作为内涵。

---

① 赵春华：《时尚传播》，中国纺织出版社 2014 年版，第 198～135 页。
② 何春晖："城市品牌时尚传播解构——以杭州十大趋势、十大现象发布为例"，载
《品牌研究》2016 年第 6 期。

（三）体验性

由于差异化、多元化、复杂化的消费者需求的存在，以及在琳琅满目的商品加持下，人们的选择产生了变化。人们出于个性的满足的快乐消费心理，及对精神愉悦高度追求的认同性消费心理，便得人们的消费形式更加多元化。美国市场营销专家菲利普·科特勒对社会消费行为进行了总结性分类，即：量是消费是第一阶段，质是消费是第二阶段，而感性消费作为第三阶段。如今，在文化消费社会中，人们追求的是质和感性消费，而体验是最佳消费体现。[①]体验，指的是每个人以个性化的方式参与其中，并且体验价值不随着体验工作结束而结束。体验是具有时间限制的独特的心理感觉，体验性消费的最终结果是获得一种经历，体验的形式更多地表现于商品与服务上。空间作为体验的载体，由不同商品、设计元素、商品元素所组成的空间呈现就是一种视觉体验。较物质性消费而言，体验性消费比物质性消费所获得快乐感更多，物质消费确实让人们得到一定程度的满足，但是随着物质愈来愈丰富后，人们的满足趋于饱和，当面对跨期选择时，带来延迟性满足的体验性消费会使人们更易获得愉悦心情。精神消费是对体验价值的认可，以及对身份认同感所体现出的心理价值的找寻，所以体验性消费也是一种认同性消费。

在充斥着信息流的注意力经济时代，消费者的注意力成为稀缺资源，是盈利点所在。注意力与时间相关，可以演化为时间消费，而时间消费主要类型表现为：（1）培训、读书等知识输入为主的学习型；（2）美容院、健身会所等体验型；（3）电影、游戏等娱乐型；（4）咖啡店、餐厅等社交型。大悦城地产总经理说："商场将商品与品类做到了极致，顾客消费的是钱，购物中心消费的是时

---

① B. 约瑟夫·派恩，詹姆斯·H. 吉尔摩：《体验经济》，毕崇毅译，机械工业出版社 2012 年版，第 1～130 页。

间，其他的都是连带消费，而体验是使顾客停留时间延长的最佳方式。"① "70% 光临购物中心的消费者的直接目的不是购物，但会有80% 的人会产生购物行为。"清单式的目的性消费向探索式的体验性消费转变，人们的消费观念由重视功能主义变为与审美并重，人们寻求个性化商品。体验主要是与人们的视觉、触觉、味觉息息相关，主要的发展模式有 M－O－S－T（Movie、Outdoor、Sport、Tourism）与 SOLOMO（Social、local、Mobile）。文化消费空间是一个场景升级的场所，与此匹配，空间内容更迭，亦须升级。文化、时尚之间产生了关联，显然就表明人们在空间中消费之时，更加注重场景美学和更加注重品质的体验。

三、上海 K11 艺术购物中心之发展路径探究

上海 K11 艺术购物中心的地理坐标是淮海路，是一个"高颜值"、既吸睛又吸金的时尚艺术购物商场。地理位置优越，处于上海市中心最繁华商业街之一，这条商业街被誉为摩登与时尚兼具的情调街。同时，它的三大核心元素是"艺术、人文、自然"，艺术是商场的 DNA，人文是商场的附加值。其是"博物馆零售（Museum Ratail）"模式的艺术空间式的购物商场，既是满足基本需要的餐饮中心和满足时尚追求的购物中心，也是艺术体验的美术馆，为大众提供多元且独特的消费体验。市场定位为激活当地文化底蕴，突出国际化的艺术氛围，艺术与商业的高度切合。看似高档的业态经营以及布局设计，实质上任何消费者可根据需求进行消费。将艺术与商业的结合，上海 K11 成为一个具有可看性、可逛性

---

① "商业地产观察：大悦城、德吉广场运营经验：购物中心的'生路'在这里"，http://www.sohu.com/a/168818076_660438，2017 年 8 月 26 日访问。

的集休闲、娱乐、社交等功能为一体的"小而美"场域。艺术购物中心，以艺术之名，吸引顾客的注意力，以至于滞留空间的时间得到延长，从而为形成消费提供机会。基于地理区位的风格，K11 的定位必须要把时尚放在首位，时尚之处不仅是体现与外观，同时品牌店面的产品以及宣传形式亦须涵盖时尚元素，展览的形式需更加贴切时尚。消费的目标群体是 25 岁至 45 岁之间的人群，他们年轻且具有一定的消费能力，这类群体是以穿衣风格、饮食习惯、社交习惯等表示自己的个性，K11 所采取的措施为营造他们所认可的，具有认同感的空间，当人置身于 K11 消费之时便可以在无声之中体现了他们的个性。

（一）高分视觉享受 = 精致的外观 + 多元的品牌内涵

K11 的外观及内部设计皆弥漫出一股浓浓的艺术气息，城市消费空间作为"第三空间"，最大的受益方为使用者。K11 消费空间具有多样化的商品、多元化的业态以及多样化的艺术创意形式。在空间所产生的活动是人们关注的重点，[①] 消费系列活动指的是"消费主体在特定时空范围内历史性地连续、交错从事多种消费活动，并且这些活动之间具有深层次关联，形成了固定搭配，使不同主体处于不同动因而产生的消费活动带有共同的行为特征，隐含着组织性和系统性。"消费者在商场动线行走，产生最多的是视觉消费，视觉观赏的最佳方式借助媒介辅助传达，品牌店面的物品陈设、颜色搭配、宣传标语等的设计都是需要经营者精心安排与打造。

购物中心大楼是垂直绿化墙，打造了 33 米全球最大的人工瀑布。充分体现了"自然"主题，远远望去犹如排列整齐的绿植景观，同时设计一只平面钢板镂空切割的金色蝴蝶，根据变化的灯光，其可幻化出不同的色彩。K11 在中庭利用钢管、不锈钢、三角玻璃材料建成的玻璃树，使地下空间可以自然采光，同时设置有自

---

① 韩晶：《城市消费空间》，东南大学出版社 2014 年版，第 99～107 页。

动扶梯，当阳光照耀，地下空间落下光影，行走在该楼层中仿佛置身于森林。K11利用动线空间以及公共区域举办过枫叶展、麦田展、MT展等，将商业与艺术完美地融合起来。

这个艺术购物中心的业态分布占比为：时装配饰占42%、美容护理占12%、生活配套占10%、餐饮占36%，分别位于不同楼层。不同楼层内摆放有14组来自国内外当代艺术家的艺术作品，餐饮品牌有来自意大利、日本、泰国、西班牙、美国等的品牌，消费者可品尝到异国风味；商场B2云集众多创意品牌，MOUSSY、ECCO、MRKT、ABC Cooking Studio，Art Store等；B3的设计定位为免费的艺术展览厅，占地3000平方米。各类型的艺术品将不定期地在这里展出，最典型以及最具影响力展是莫奈作品展（据不完全统计，参观人次超30万人次）；B2层是创意休闲以及休闲轻食；1F、2F主要以国际一线零售品牌为主（Max Mara、Chloe、Bally、Burberry），3F的主打特色为美食（如极食、港丽、新元素等），品牌的组合是为了营造一个与周边高级白领相符合的氛围。K11的总体面积现对于其他的商场较小，引入的品牌需要遵循"小而精"原则。位于6F至9F是色彩斑斓"童话"停车场，楼顶是诗情画意的空中花园，值得一提的是B1层有专门的休息阅读区，商场中设置有懒人沙发、小板凳、木质长凳的休息区。总结而言，综合业态及布局如表1所示。

表1　K11艺术购物中心分布图

区域	主题	主要商户
B3	3000平方米艺术展示空间	ACADEMY系列讲座、2014年4~6月莫奈展
B2	创意休闲 .时尚配饰、餐饮、生活、美容护理	18家精品零售、7家休闲餐饮、12家创意休闲服务 代表品牌： ECCO、MIXTRA、ABC料理工作室、食之秘、Collect point、On&on、W. doubleudot、lapalette

续表

区域	主题	主要商户
B1	都市丽人 . 时尚配饰、餐饮、生活、美容护理	5家高档品牌零售、2家休闲餐饮 代表品牌： P-PLUS、COCCNELLE 可奇奈尔 MIXTER 美思嘉
1F	国际名品 . 奢侈品零售、餐饮	7家高档品牌零售、2家休闲餐饮 代表品牌： DOLCE&GABBANA、Bally、Max Mara、Burberry
2F	国际名品 . 奢侈品零售、钟表眼镜、餐饮	7家高档品牌零售 代表品牌： Burberry、Max Mara、COVE
3F （目的性消费为主）	饮食餐饮 . 生活创意、餐饮、美容护肤	6家特色美食、2家休闲服务 代表品牌： 港丽餐厅、合点寿司、极食餐厅
4F/5F （复式双层）	饮食餐饮 . 正餐、特色餐饮	6家特色美食： 代表品牌：Elementfresh、HOME、super star seafood restaurant、铭品番茄

（二）"艺术"营造＝"独特"且"新"文化消费品牌＋高品质不定期艺术产品展览

众所周知，创意是打造时尚品牌的基本构成元素。K11 的创意无处不在，时尚无处不显。具有代表性的就是其具有倡导生活方式的自营特色品牌 LOL（Love Original Life）和 K11 Design Store 。此外，奢侈品牌博柏利（Burberry）店面实现"K11 化"，其在具有伦敦摄政街的旗舰店风格之外，推出与 K11 艺术气质风格相符合的定制特定款的经营模式。麦丝玛拉（Max Mara）进驻 K11 之后，除经营品牌旗下所有产品外，还特意为 K11 设计新店面形象，推出精美婚纱系列，同样也增加独有的定制系列。麦丝玛拉在意大利的一个小镇还经营着一家当代艺术馆，这与 K11 艺术购物中心的经营理念不谋而合，产品完美符合经营特色。

由于快闪店的消费形式的风靡，及共享经济模式的如日中天，K11 也分一杯盈利之羹。Taschen 德国科隆艺术书籍出版社开设的快闪书店于 2016 年 10 月 29 日首次亮相上海 K11，活动时间持续至 11 月 18 日。2017 年 4 月 23 日至 5 月 7 日，K11 的 B3 进驻一家由亚朵与上海三联书店合作形成的"流动图书馆"，提倡有人文、温暖、有趣、在路上的生活方式的亚朵是全国首家人文精品酒店品牌，其主要特色为阅读与摄影。移动借书，移动阅读，移动归还，在亚朵酒店都设置站点，这家为期两周的活动中，每天会更新 100 本图书，消费者在扫码借阅之后可在任意酒店站点处归还。

锁定消费目标之后，要进行需求的多元组合，以便创造更大影响力来增加营收。根据边际新鲜感理论，人们不喜欢面对一"层"不变，空间消费需引入新鲜元素，营造创新氛围，以保持空间的吸引力。K11 的品牌入驻一直处于"未完成时"状态，不断发现与其经营理念契合的新品牌，不断为艺术购物中心输入新鲜感，不断为购物中心引进新的文化消费热点，不断满足人们的需求。比利时巧克力品牌 Pierre Marcolini 首次进军中国就选择落户 K11，店面的"巧克力工厂"，可以带给消费者香醇味蕾体验。来自台湾，旨在集"艺术、设计、生活"于一体的阁林书店随后也入驻于此，更多艺术、设计类的图书将为 K11 所营造的文艺气息的氛围加分。K11 出现了国内著名香氛品牌集合店"气味图书馆"的身影，在这里将不定期举办沙龙活动，以期用香气为消费者带来愉悦体验。

K11 的艺术展示空间将艺术主题定位聚焦于当代艺术家的作品，也包括尚未具有名气的青年艺术家。这使得其展出艺术作品没有距离感，是大众消费的水准。在 B3 艺术展示空间进行的展览有 2014 年的莫奈艺术展，2015 年的超现实艺术大展《跨界大师·鬼才达利》，还有《我们》等这些著名艺术展，吸引了众多消费者。

外地游客也纷纷慕名前来观展，这些展览不是免费的，而是采取收费的模式。因 K11 艺术购物中心的"艺术"经营理念定位明确，同时艺术品质有所保障，所陈列的展品为艺术感十足的作品，这才使得其收费运营模式得以成功。

（三）优势消费体验＝"技术＋文化"之"都市农庄"＋"开心农场"

基于 K11 优越的地理位置，消费者的定位为高档白领人士，人们在这里消费，无疑表明这里符合他们的人设身份，他们认同这里的消费品牌，同时也拥护这些品牌。消费者可以出于目的性原因或在购物之余到地下 3 楼的艺术展示空间欣赏艺术作品，行走到地下 2 楼的 ABC Cooking 学习烘焙，或者是选择上一堂素描课或是陶艺课。K11 最具特色的体验消费位于 3F。3F 的都市农庄的一隅被设计成生态互动体验种植区，实景化的"开心农场"，可以圈养"小香猪""小奶牛"等小动物，体验农业乐趣。消费者可以体验种植乐趣，在这里可以采用高科技方法进行各种蔬果植物的种植。

商业定位元素之一是科技、智能元素，K11 是第一个全层设置免费网络的消费空间，充分满足具有分享欲望的消费者的需求。①开幕展的一件艺术作品"人造地球"，任何消费者可以与艺术作品进行拍照，成为艺术品的一部分，形成独一无二的艺术品。商场内所有试衣镜均印有日系杂志封面风格的镜框，消费者可以进行自由拍照，附上上传到社交网络的凭证便可获取合作品牌 Coll ectPoint 的优惠券。这种满足人们爱美心理、娱乐心理的形式实质上是免费文化中"礼物经济"行为的体现，②即彼此间免费为对方做事。商场免费为消费者提供拍照美景和提供优惠券，消费者只需上传图片至社交网站。表面是拍照上传网络换取优惠券，实则上传网络所产

---

① 微瑞思创："大数据发现商业消费有价值的数据"，http：//www.useit.com.cn/thread-12692-1-1.html，2018 年 8 月 30 日访问。
② ［美］克里斯·安德森：《免费文化》，蒋旭峰、冯斌等译。中信出版社 2009 年版，第 68 页。

生的传播力度使品牌力扩散加强，是省下广告费、宣传费的营销手段，同时美学场景经过社交平台分享之后可以起到汇聚人流量作用。促进本想消费的顾客进行购物，激发潜在顾客进行消费。网络无处不在，技术无时不显。K11 餐厅可适用远程预约系统，顾客可根据等待时间进行购物，各楼层内部艺术作品以及艺术家信息数字化，通过扫描二维码便可获取相关信息。

四、结　语

在消费升级，消费模式转变的消费主义社会中，Shopping Center 变成 Life style Center，体验是核心要素，空间是体验的载体，融入文化的空间质量更是步步精心，文化不仅指文化资源，文化产品，也是一种品质化生活方式。本文旨在解码上海 K11 艺术购物中心的发展路径，其作为一个将艺术与商业从内到外地进行完美融合，实现商业空间转向消费空间转型的成功案例。精致的"外观＋多元"的品牌内涵组成的高分视觉享受、"独特"且"新"文化消费品牌＋高品质不定期艺术产品展览的浓郁艺术氛围以及新颖独特的"技术＋文化"之"都市农庄"＋"开心农场"的优势体验消费，使其在众多消费空间中独占一定市场份额，文章中只是分析了其部分发展路径，并没有完全剖析其成功经验。同时由于 K11 实际空间有限，发展受限的弊端也没有进行阐述。但 K11 的经营模式可供营造其他消费空间借鉴，对于促进消费空间建设以及经济发展具有积极作用。

参考文献：

1. 袁艳 . 传播学研究的空间想象力［J］. 新闻与传播研究，2006（1）.

2. 亨利·列斐伏尔. 空间的生产（节译）[J]. 晓默，译. 建筑师，2005（5）.

3. 潘忠党. 阈限性与城市空间的潜能 [J]. 开放时代，2015（3）.

4. 胡潇. 空间现象的文化解读 [J]. 学术研究，2014（9）.

5. 唐小林. 符号媒介论 [J]. 符号与传媒，2015（11）.

6. Sharon Zukin. 包亚明. 城市文化 [M]. 上海：上海教育出版社，2006.

7. 爱德华·W. 索亚. 重描城市空间的地理性历史 [M]. 经济地理，2006.

8. 王宁. 消费社会学：一个分析的视角 [M]. 北京：社会科学文献出版社，2001.

9. 提勃尔·西托夫斯基. 无快乐的经济学——人类获得满足的心理学 [M]. 高永平，译. 北京：中国人民大学出版社，2008.

10. 让·波得里亚. 消费社会 [M]. 刘成富，全志钢，译. 南京：南京大学出社，2006.

11. 托马斯·达文波特，约翰·贝克. 注意力经济 [M]. 王传红，陈彬，康家伟，译. 北京：中信出版社，2003.

12. 朱凌飞. 视觉文化、媒体景观与后情感社会的人类学反思 [J]. 现代传播（中国传媒大学学报），2017（5）.

13. 马歇尔·伯曼. 一切坚固的东西都烟消云散了：现代性体验 [M]. 徐大建，等，译. 北京：商务印书馆，2013.

14. 涂有朋. 社会身份理论概述 [J]. 延边党校学报，2009（5）.

15. 露丝·陶斯. A textbook of Culture Economics [M]. 意娜，吴维忆，苏锑平，译. 北京：高等教育出版社，2010.

16. 三浦展. 第四消费时代 [M]. 北京：东方出版社，2014.

17. 理查德·豪厄尔斯. 视觉文化 [M]. 葛红兵，等，译. 南京：译林出版社，2014.

青岛海泉湾度假区海洋温泉
文化旅游发展的 SWOT 分析

王前前①

【内容提要】本文分析了青岛海泉湾度假区海洋温泉文化旅游发展所面临的优势、劣势、机遇和威胁。发展的优势有四点，包括地理区位优势、资源优势、产品设计上的优势、专属服务。劣势则包括旅游客源市场单一、品牌效应不足、温泉旅游淡旺季明显、缺乏高质量的复合型人才等。外部机会包括国民经济增长使得居民收入增加、政府注重产业扶持、私家车数量普及使居民的出行更加方便、充足的法定休假等。外部威胁主要有价格上不利、市场竞争激烈、生态环境遭到破坏等。与此同时，文章还提出了海洋温泉发展文化旅游的相关策略，以期促进海洋温泉的发展。

【关键词】青岛海洋温泉　文化旅游　SWOT 分析　发展策略

21 世纪的旅游将是以安康、娱乐为主要目的的集度假、休闲、养生为一体的文化旅游。温泉旅行正是一种将温泉养生与休闲度假完美联结的新的旅游形式，它不仅是一种物质享受，而且是一种精神享受。它丰富和扩展了旅游产业的内涵和外延，蕴藏着极高的经济价值和社会文化价值。青岛海泉湾度假区海洋温泉作为一个文化企业虽然有了初步的发展，但是其发展动力不足，在很多方面存在

---

① 王前前，华东政法大学传播学院文化产业管理专业研究生。

着一些问题。本文通过 SWOT 分析法研究探讨了青岛海泉湾海洋温泉发展文化旅游所面临的优势、劣势、机遇和威胁，并在此基础上提出了相关的对策与提议，以期促进青岛海泉湾度假区海洋温泉文化旅游的发展。

一、青岛海泉湾度假区海洋温泉简介

（一）地理位置

青岛海泉湾度假区海洋温泉位于山东省青岛市即墨区鳌山卫镇鳌山湾滨海大道的东侧，它位于青岛海泉湾度假区内，整个度假区包括维景国际大酒店、海洋温泉、海鲜大世界、奥特莱斯商业街和天创大剧院五大模块，是一个较为大型的文化企业集团，由国资委直接领导。其距青岛市中心40公里，交通设施齐备，出行极其方便。

（二）投资和布局

青岛海泉湾度假区海洋温泉总投资额为 3.4 亿元，建筑面积为3 万余平方米，兼具娱乐与养生功能。它不仅在室内设有温泉，室外也有所设置。室内共有 58 个温泉池，它们大小不均，形状各不相同；室外有 7 个温泉池，都是露天的，旁边有小草棚，亲近自然，可以嗅到海风的味道，令人精神愉悦。

目前来说，青岛海泉湾度假区海洋温泉是全国最大的海洋温泉，海洋主题是它的最独特之处。青岛海泉湾海洋温泉是由六个部门组成的，包括前厅部、温泉部、餐娱部、保健部四个主要部门和工程部、财务部等后勤部门。前厅部负责接待引领客人；温泉部为客人在沐浴温泉期间提供最基本的服务；餐娱部，顾名思义，以餐饮和娱乐为主，其中海乐园餐厅是一家以养生为主的餐厅，游艺娱乐城里面有台球、乒乓球、高尔夫等球类活动，还有多台可以供儿童玩耍的游戏机；保健部是以美疗和理疗为主，其中有数十名技术娴熟的专业技师，推出了许多不同款式的美疗和理疗产品，另外保健部还设立了 30 间不同风格的贵宾房，主要有海景房，赏月房、高级套房等。

二、青岛海泉湾度假区海洋温泉的发展现状

青岛海泉湾海洋温泉自 2011 年 11 月 30 日开始对外试营业，几年来吸引了不少游客，其独特的海洋主题无疑使它成为发展前景最好的温泉。它的发展带动了整个度假区的发展，为青岛海泉湾维景国际大酒店增加了不少客源。更重要的是，它还促进了度假村周边的开发发展，为周边地区增加了收入。这种积极的连带效应使得周边村庄发展越来越好，而且将进一步提升青岛市的形象，提高它的魅力指数，增加旅游数量。

但另一方面，其发展前景虽好，却也存在着发展动力不足的难题。首先，其修建成本高昂，投资较大，盈利需要一个长期的、缓慢的过程。其次，青岛海泉湾度假区的知名度不高，而且对外宣传力度不够，没有打造出属于自己的文化品牌。所以，海洋温泉要认识到问题所在，积极解决问题，使自己朝着正确的方向更好地发展。

三、青岛海泉湾度假区海洋温泉
发展文化旅游的 SWOT 分析

所谓 SWOT 分析，是指用来确定企业的内部竞争优势、竞争劣势、外部机遇与外部威胁，从而将企业的战略与企业内部资源、企

业外部环境相结合起来的一种科学的分析方法，又可以称为"态势分析法"。本文运用 SWOT 分析法，对青岛海泉湾度假区海洋温泉文化旅游的发展作了较为全面的调查和分析研究，并且根据分析结果提出了相应的发展对策。

（一）优势（Strengths）

1. 突出的地理区位优势

青岛海泉湾度假区海洋温泉位于山东半岛南部，其东南部濒临黄海，背靠崂山，同时环绕鳌山湾，有着适合休闲度假的优良条件。此外，青岛是我国沿海开放城市，是一个美丽的滨海小城，而且是全国经济强市之一，其东北与韩国、日本隔海相望，具有广阔的经济辐射腹地。它有着发达的水、陆、空交通网络体系，水陆交通便利，四通八达，无论是自驾游还是别的出游方式，都非常便利，这种优越的地理位置，为青岛海泉湾海洋温泉的发展创造了有利条件。

另外，青岛海泉湾度假区位于北纬 37 度，属于温带季风气候，又位于海边，气候比较湿润，所以又具有海洋性气候的特点，因此四季比较温暖舒适，是休闲度假的首选之地，其游客数量逐年增加，成为享誉中外的度假胜地。

2. 资源优势

青岛海泉湾海洋温泉是我国唯一的海洋溴盐温泉，其泉水清澈透明，富含偏硅酸、溴、钠、氟、锶、锂、钙、镁、锰等 30 多种对人体有益的微量元素和矿物质。溴盐温泉资源在全世界都是很稀缺的，对各种身体疾病有良好的疗效，并能养颜护肤，强身健体。

3. 产品设计上的优势

青岛海泉湾海洋温泉对于产品的设计开发进行了周密的分析和

个性化设计，推出了多种颇具特色的时尚理疗产品，例如，青岛啤酒浴、即墨老酒浴、花草茶浴、中药浴、黑泥浴、生姜浴、牛奶浴、豆浆浴、水上娱乐项目等，不仅充分满足了不同消费者各个方面的消费需求，而且又别具一格、独树一帜。

与此同时，海洋温泉还设立了与海洋疗养相对应的特色餐厅——海乐园餐厅。餐厅聘有十几位手艺精湛的厨师，每天都会推出几款不同的特色养生餐，色香味搭配，营养又美味。海洋温泉首次将餐饮与温泉疗养相结合，为宾客提供了全面、细致、周到的服务。

4. 专属服务

青岛海泉湾海洋温泉拥有 8 间特色云 SPA 美疗房，30 间具有独立温泉泡池的全海景贵宾房，旨在为 VIP 客户提供尊贵、优质、高雅的服务。全海景贵宾房分为中式房、日式房、泰式房、巴厘岛式房和地中海式房 5 种风格，每间均有独立温泉泡池、洗手间及淋浴室，有超大屏液晶电视、空调等。此外，海洋温泉还特别聘请了几位来自巴厘岛的专业美疗师，采用国际领先技术，配合国外进口的护理精油，为宾客提供全面的理疗服务，如巴厘岛精油舒缓按摩、中式极致精油推拿、泰式正统舒展按摩、全息舒畅经络理疗等。

（二）劣势（Weaknesses）

1. 海洋温泉旅游客源市场单一

从整体上来说，海洋温泉存在着客源不足、客源市场较小的问题。一方面，温泉旅游是一种比较高端的旅游方式，在费用上可能会偏高，这一点就可能会限制消费者群体范围；另一方面，温泉旅游是一种休闲享受型的旅游，游客们来此主要是以放松心情、缓解压力为主要目的，他们通常不会走很远的路程，花费很长的时间去泡温泉。所以来青岛海泉湾海洋温泉旅游的大多数是青岛本地人，外地来的游客数量较少。据不完全统计，青岛海泉湾海洋温泉自2011 年底营业以来，平均每年接待游客 120 万人，其中青岛本地人大约 100 万人，山东省其他市区 10 万人，外省 5 万人，韩国游客 5万人，这样的客源未免显得过于单一。

2. 海洋温泉的品牌效应不足

青岛海泉湾海洋温泉虽然设施比较齐全，而且档次也较高，但是由于开发时间较晚，管理体制不健全，对外宣传力度不够，尚未形成自己的品牌。如位于辽宁省的鞍山汤岗子温泉，在国内外享有很高的声誉，它所拥有的两大地热资源和博大精深的中医技术尤其出名，是我国最著名的温泉之一，具有独一无二的温泉文化。它现在已经是国家 AAA 级旅游区，是全国著名的四大康复理疗中心之一。它于 1949 年成立了汤岗子温泉疗养院，充分挖掘自己的发展潜力，不断提高疗养院的社会效益和经济效益。它在国内也建立了多处医疗保健中心，采取投资合作的方式开发温泉资源，联合打造汤岗子温泉品牌，对疗养院产生了积极的影响。汤岗子温泉利用自身优势打造出了其独特的品牌，青岛海泉湾海洋温泉相比其他温泉来说，最大的优势便是其海洋主题特色，所以它应致力于打造自己的海洋文化品牌，使其海洋特色文化品牌享誉世界。

3. 旅游淡旺季明显

对于温泉旅游来说，淡旺季区分比较明显。青岛属于温带季风气候，夏季普遍高温，因此游客一般都会选择在冬春季节或者秋季前来沐浴温泉。明显的淡旺季区分，是温泉旅游面临的不可避免的难题。

4. 缺乏高素质的复合型人才

温泉旅游需要一批了解旅游知识、健康休闲知识和温泉相关知识的全面综合型人才。在青岛海泉湾海洋温泉，管理人员大多都是酒店管理和旅游管理出身，无论是在高层、中层还是基层，都缺乏温泉旅游管理方面的人才。对此，海洋温泉应该加大人员培训力度，尽快培养出一批适应温泉旅游发展的人才。另外，各大院校应整合现有的师资力量，尽快开设与温泉旅游相关的专业，培养一批专业人员，为青岛海泉湾海洋温泉旅游的发展提供可靠的软件保障。

（三）机会（opportunities）

1. 国民经济增长，居民收入增加

青岛市是我国重要的沿海开放城市，是国家计划单列市之一。改革开放后尤其是近几年来，青岛市的经济增长速度非常快，这使得市民收入大大增加，生活水平有了很大的提高。对于以休闲娱乐、舒缓心情为主的温泉旅游来说，这无疑是一个再好不过的机会了。

2. 政府注重产业扶持

山东省政府发出了大力发展旅游经济的号召，并明确表示支持青岛市打造温泉旅游名城；青岛市委、市政府也明确提出要重点发展旅游产业；即墨当地政府也明确提出应该大力发展包括文化产业在内的第三产业，推动温泉旅游向生态化方向发展，这将大大推动青岛海泉湾海洋温泉旅游的发展。

3. 私家车逐渐普及，居民出行更加方便

近年来，经济的增长、居民收入的增加以及汽车销售厂家的一系列优惠活动都使得拥有私家车的居民越来越多，甚至在乡村地区，小汽车都随处可见。青岛海泉湾度假区海洋温泉位于青岛即墨市鳌山湾滨海大道东侧，陆地交通便利，这对于有私家车的游客来说是非常方便快捷的。这会大大增加来海洋温泉旅游的人数，是海洋温泉发展的一个潜在机会。

4. 充足的法定休假

温泉旅游是一种以休闲娱乐为主题的旅游方式，小康社会为温泉旅游的发展创造了必不可少的条件。自从有了"春节""五一""十一"等假期，我国全年的节假日共有 114 天，这就为人们出行旅游提供了基础。青岛海泉湾海洋温泉旅游的经营已经证实，比较短的节假日是温泉旅游的高发时节。温泉旅游在一定程度上相比其他旅游来说所需要的时间较少，周末两天的时间就已经足够了，而且温泉旅游几乎不需要提前策划安排，这也大大节省了游客的时间，因而很多人在周末或节假日都会选择温泉旅游。海洋温泉在节假日期间营业人数往往爆满，营业收入也会急剧增加。

（四）威胁（threats）

1. 价格上面临威胁

青岛海泉湾度假区海洋温泉门票价格为 198 元一位，加上用餐费用，每人至少 250 元，这样的价格原本不算贵，因为度假区是五星级的设施，无论是硬性设备还是服务都是极好的。但是距离青岛海泉湾海洋温泉不远处的温泉镇对其构成了很大的威胁。即墨市温泉镇位于青岛海泉湾海洋温泉北部，因域内多温泉而得名，温泉镇地热资源十分丰富，所以域内经营有很多家温泉，而且它们的经营范围主要以泡温泉为主，相对海泉湾海洋温泉来说比较单一，所以价格相对也便宜很多，大多数集中在 50 元左右，来这里的人泡完温泉即会离开，所以也不会有附加的消费。对于部分消费者而言，他们大多数都会选择来此消费。所以温泉镇是青岛海泉湾海洋温泉发展文化旅游的一大威胁。

2. 市场竞争激烈

目前，全国很多省市都把温泉旅游作为重点投资建设项目。就山东省来说，各个城市也都在积极发展温泉旅游，如烟台市有着良好的资源禀赋，其中牟平养心苑温泉被誉为"国内第一深海温泉"，比较出名的还有栖霞艾山温泉、招远温泉等。可以说，青岛海泉湾度假区海洋温泉面临来自周边地区温泉的激烈的竞争压力。

3. 生态环境破坏日益严重

温泉旅游资源是一种不可再生性的资源，不仅非常稀缺，同时极易被污染和破坏。在我国，对于温泉旅游方面的法制建设还很欠缺，这严重影响了温泉文化旅游的有效发展。因此，我国应大力完善相关法律措施，出台相应的规章政策，保护和促进温泉旅游朝着健康、可持续的方向发展。

四、青岛海泉湾海洋温泉文化旅游的发展战略

（一）大力发掘海洋温泉文化，促进青岛海泉湾海洋温泉文化旅游建设

温泉文化的最高层次是养生保健，它体现了当今社会人们越来越重视健康，所以，温泉文化应该在保证宾客身心健康愉悦的基础上进行。但现如今，温泉旅游发展越来越迅速，因此同质化比较严重，对温泉的单纯消费已经远远满足不了温泉旅游的发展需求，所以，我们要加大对温泉旅游地的探索，积极挖掘温泉旅游资源，将文化转化为生产力，以文化取胜。

青岛海泉湾海洋温泉最大的优势在于它位于海泉湾度假区内，区内同时还有五星级大酒店、高端商业街、大剧院和海鲜馆，所以深度挖掘文化资源，同时也可以带动这些区域的发展，从而可以赋予温泉旅游产品更多的文化内涵。

（二）打造海洋温泉独特的文化品牌，增加品牌效应

一个企业或者一个产业要想发展壮大，要想走向成功，塑造自己的品牌是首要的，也是极其重要的一点。青岛海泉湾海洋温泉与其他温泉相比最大的特色在于，它是以体验特色海洋文化为主题进行运营的温泉，这也将成为青岛海泉湾海洋温泉建设旅游文化的最好出发点，也是其树立自己的文化品牌的关键所在。

（三）海洋温泉应加大对商务旅游的开发

现如今，我们可以看到许多商务会议、大中型会议都选择在环境舒适的度假区召开举行，而且这种现象越来越普遍，这对于温泉旅游来说是一大机遇，各大温泉旅游区应努力抓住这一机遇，挖掘相关资源，大力开发商务旅游，把商务旅游作为温泉旅游的重要发展方向。

青岛海泉湾海洋温泉是国资委直接领导下的企业，度假区酒店经常会接待各种各样的大、中、小型会议。海洋温泉应依靠这一市场优势，利用景区良好的自然环境和先进的会议设施，不断完善相关功能，使青岛海泉湾度假区具备开展商务会议旅游的优越条件。

（四）加强温泉专业人才的培养，提高服务质量

提高工作人员的服务质量和水平是促进温泉旅游有效发展的重要手段。现阶段，对温泉旅游专业人员的培养，绝大多数都是依靠企业独自培养的方式，其专业素质不能完全满足消费者的需求。因此，为了提高人才素质水平，海洋温泉应扩大培养、选拔数量，加强培训力度，以此提高工作人员的服务水平。例如，可以借鉴其他温泉旅游地区的发展策略，或者从温泉旅游业比较发达的国家和地区引进高级管理人才。

（五）加强网络营销，拓宽销售渠道

现如今，自助游是最为普遍的一种旅游方式。在这个科技网络如此发达便捷的时代，游客们会利用网络来获取自助游所需要的信息。而海泉湾度假区海洋温泉的营销方式主要属于线下模式，线上销售很少。因此，青岛海泉湾海洋温泉应尽快建立起专门的官方旅游网站，进行网络营销，加强宣传。同时通过第三方旅游网站来进一步拓宽销售的渠道，如携程旅游、去哪儿网、同程旅游等，海洋温泉可以在这些网站上着重宣传自己，提高知名度。

五、结　语

文化旅游是人们在精神文化生活日益繁荣的当下，为了寻求文化享受和精神享受而出现的一种不同于以往旅游方式的新型旅游。总体而言，青岛海泉湾海洋温泉发展文化旅游已经取得一定的成果，得到了初步的发展，但是其存在的问题也是不容忽视的，与预期的成功还有相当长的一段距离，发展之路还很漫长。通过 SWOT 分析，我们可以充分认识海洋温泉目前存在的不足，从而使其克服缺陷，规避威胁，同时它应该合理利用和发挥自己的优势，抓住机遇，积极迎接各种挑战，不断发展和完善海洋温泉的内部结构和机制。在今后的发展道路上，海洋温泉应继续致力于文化品牌的建设，增加自己的品牌效应，争取建立自己独一无二的文化品牌，引领海洋温泉走向健康、可持续发展的道路，从而进一步推动青岛海泉湾度假区海洋温泉文化旅游的发展。

参考文献：

1. 轩福华 . 青岛海洋旅游开发对策 ［J］. 黑龙江对外经贸，

2008（9）.

2. 柳敏. 烟台发展温泉旅游的优势及对策 [J]. 经济论坛，2007（9）.

3. 陈胜科. 灰汤温泉旅游的 SWOT 分析及发展对策研究 [J]. 企业技术开发，2013（19）.

4. 辽宁省人民政府发展研究中心课题组. 鞍山市发展健康产业的调查与思考 [J]. 辽宁经济，2013（4）.

5. 毛惠媛，刘心. 基于 SWOT 分析的辽宁省温泉旅游发展对策 [J]. 经济研究导刊，2014（24）.

6. 莫金莲. 闲暇教育与中职语文课程教学 [J]. 作文教学研究，2013（5）.

7. 曾彦斐. 温泉旅游体验的影响因素分析 [J]. 教师博览：科研版，2013（1）.

8. 高璐，刘玲. 浅析我国温泉旅游度假区的发展 [J]. 职业时空，2008（1）.

9. 朱跃东. 温泉旅游管理实务 [M]. 北京：中国旅游出版社，2007.

10. 田玉堂. 温泉酒店文化与管理实务 [M]. 北京：中国旅游出版社，2006.

文化产业观察
Cultural Industries Observation Vol. 4（第4辑）

资源·开发利用

…… ……

粉丝经济角度下的百事可乐
怀旧广告营销分析

李　伦①

【内容摘要】 近些年，每逢新年，百事集团都会推出"把乐带回家"系列微电影广告，主打温情牌。笔者观察到，百事2016年《把乐带回家之猴王世家》和2017年《家有儿女百事可乐》两部广告除了温情，更具怀旧风格。从怀旧文化的三个方面，即文化工业、消费主义、心理体验，对两则广告进行了怀旧分析。分析得出，两则广告在"新年命题广告大战"中脱颖而出得益于百事对于粉丝经济的灵活运用，即利用粉丝情感进行怀旧营销，利用怀旧壮大百事的粉丝社群。

【关键词】 粉丝经济　百事可乐　怀旧广告

一、百事可乐两则怀旧广告概述

2011年12月21日，百事2012年贺岁微电影广告《把乐带回家》在北京举行首映典礼，标志着"把乐带回家"系列微电影广告诞生。此后，每逢新年，百事集团都会推出"把乐带回家"系列微

---

①　李伦，华东政法大学传播学院文化产业管理专业研究生。

电影广告为品牌推广宣传。2016 年，百事凭借农历猴年和央视版《西游记》开播 30 年的契机，推出《把乐带回家之猴王世家》，讲述了章家几代人演绎猴王的故事——一家猴戏千家乐，四代猴王百年传，从"活猴章"到"赛活猴"，从"南猴王"到"美猴王"。当影片播放到 3 分 30 秒的时候，《西游记》的片头曲《云宫讯音》响起，同时画面切换到六小龄童演绎的美猴王形象以及《西游记》片段，便立刻勾起了人们有《西游记》陪伴的那段记忆，令人怀旧。2017 年，百事可乐推出《把乐带回家之家有儿女百事可乐》，该片由曾经在电视荧幕上风靡一时的情景喜剧《家有儿女》的五位原班人马（宋丹丹、高亚麟、杨紫、张一山、尤浩然）和林更新演出，广告风格完全复制当年情景喜剧模式，围绕除夕夜的一位"不速之客"展开故事情节。有网友评论："《家有儿女》原班人马重聚，百事可乐今年又是一波回忆杀。"确实，伴随着熟悉的音乐，影片播放到刘梅进屋随手把包挂在椅子靠背上时，立刻将人们的回忆带到了《家有儿女》的片段，让观众以为在观看《家有儿女》续集。两部影片都充分勾起了《西游记》和《家有儿女》粉丝观众的记忆，怀念起曾经观看两部电视剧的欢乐时光，这反映出百事可乐开始借助怀旧来展开广告营销，其实支持怀旧营销的就是粉丝经济，这两则广告已经不是单纯的商业微电影广告，更是一种大众文化现象。

二、何为怀旧与百事的怀旧

通过两则广告概述，我们能判断出它们都运用了过去发生的事件来进行微电影广告的创作，观众观看广告过程中，广告中的怀旧元素发生作用，潜移默化地让观众追忆起怀旧元素事件本身；观看结束后，会感叹广告策划的用心，从而达到了粉丝经济所要达到的效果，此类手法也会在业内被奉为成功案例。我们对两则广告进行拆分，可以得出：微电影是形式、怀旧是内涵、广告是目的，因而在笔者看来，与其说它们是微电影广告，倒不如说是怀旧广告。怀旧作为内涵，本章有必要对怀旧以及百事的怀旧做一论述。

（一）何为怀旧

怀旧，又称怀乡、乡愁等，即对家乡的思念，渴望回到家乡却又回不成的那种内心痛苦。这是怀旧最原始的意义。发展到现当代社会，怀旧显然不单是指乡愁了，它经历了一个流变的过程。20世纪90年代，中国社会刮起阵阵"怀旧风"，最终演化成一股澎湃的"怀旧潮"，席卷当代都市社会诸多领域。既然作为全社会领域的重大文化事件，怀旧在理论层面上自然被定义为怀旧文化。有关怀旧文化的定义，学者周平提到："现代意义上所谓的怀旧文化，应该是指伴随着工业文明的大规模挺进，消费社会的理念深入人心，在特殊时空背景（尤其是全球化浪潮的席卷）下，由某些特殊事件（如世纪末）所引发的怀旧情绪、思维与行为方式的整合。"[1] 该定义的关键词是：文化工业、消费主义、心理体验，三者共同构成了怀旧文化。从这个层面上来看，把怀旧或怀旧文化简单地理解为对勾起回忆或是记忆，即心理体验，就显得有失偏颇。因此，对百事可乐怀旧广告的怀旧元素也不单单观众与《西游记》和《家有儿女》的欢乐记忆，这是因为这两则广告是消费社会下的产物，运用了当代的媒介技术进行传播。

消费怀旧时代的来临，反映出怀旧成了一种需求，且是一种文化需求。学者戴锦华在《隐形书写——90年代中国文化研究》一书中提到："怀旧的涌现作为一种文化需求，它试图提供的不仅是在日渐多元、残酷的现实面前的规避与想象的庇护空间，而且更重

---

[1]　周平："解读怀旧文化"，载《理论月刊》2007年第8期，第54页。

要的是一种建构。"① 笔者认为，这是对于有敏锐观察力的知识分子而言的，因为他们对这个社会和他们身边发生时代变迁观察入微，感悟至深，但对于文化工业下的消费大众来说，怀旧作为文化需求并不会强烈到如此地步，这恰恰是尼尔·波兹曼在《娱乐至死》中所表达的人们会渐渐爱上工业技术带来的娱乐和文化，不再思考。怀旧作为一种文化需求，也有可能是被外在激发的，激发的条件便是前面提到的文化工业和消费主义，而心理体验则是一种内在情结或是情怀，是一种主观感受。百事可乐的这两则怀旧广告正是具备了怀旧文化的三大关键条件，将《西游记》和《家有儿女》的粉丝观众群的眼球拉到了百事品牌上，成功地演绎了两场温情戏。

（二）百事的怀旧

百事的怀旧营销离不开两大外在条件：一是现代传媒，文化工业社会中的复制技术进步。本雅明在《机械复制时代的艺术作品》中提到："技术复制可以突出那些肉眼不能看见但镜头可以捕捉的原作部分，而且镜头可以挑选其拍摄角度；此外，照相摄影还可以通过放大或慢摄等方法摄下那些肉眼未能看见的形象。这是其一。其二，技术复制能把原作的摹本带到原作本身无法达到的境界，首先，不管它是以照片的形式出现，还是以留声机的唱片的形式出现，它都使得原作随时为人所欣赏。大教堂挪了位置是为了在爱好者的工作室能被欣赏；在音乐厅或露天里演奏的合唱作品，在卧室里也能听见。"② 毫无疑问，现代传媒技术的发展早已超越了本雅明所提到的复制技术，并且足以让百事可乐能够将《西游记》的序曲及片段剪辑复制到《猴王世家》，在新的片子里给观众以"旧"的视觉记忆和听觉记忆双方面的唤醒。在《家有儿女百事

---

① 戴锦华：《隐形书写——90 年代中国文化研究》，江苏人民出版社 1999 年版，第112 页。

② ［德］瓦尔特·本雅明：《机械复制时代的艺术作品》，王才勇译，中国城市出版社2001 年版，第8－9 页。

可乐》中，虽然没有截取复制以前的视频片段或是音乐，但是作为"续集"，是一部全新的创作，其沿用的依旧是《家有儿女》情景喜剧的拍摄模式，也就是对拍摄模式的技术复制，加上后期的剪辑制作，再到互联网广告播出，传播范围广泛，可见现代传媒技术在整个过程中起到了举足轻重的作用。

二是消费主义，娱乐至死时代的感官体验。怀旧文本（该文本是指用来囊括各种类型文化产品的集合名词，包括节目、影片、唱片、书籍、卡通、影像、杂志、报纸等文化产业所生产的各种产品①）的畅销，迎合观众的口味、兴趣以及心理价值取向是其成功的关键，这更是对《西游记》和《家有儿女》粉丝们的一次温情怀旧营销。2016年是猴年，提到"猴"，大多数的中国人自然会联想到86版的《西游记》，联想到美猴王，联想到美猴王形象的演绎者——六小龄童。百事抓住契机，想粉丝们所想，以微电影广告的形式将粉丝们的诸多联想或是集体记忆呈现出来，怀旧的阀门打开，记忆汹涌而出，心理需求得到了满足，这对百事的品牌形象塑造极其重要。2004年，《家有儿女》播出，风靡一时。12年后，那个五口之家重聚，爸爸妈妈老了，孩子们长大了。他们重聚到一起，喜剧场景重现，欢乐再次带给了屏幕前的粉丝观众，这就达到了百事可乐"把乐带回家"系列广告的卖点——把乐带给观众，而且这乐里还掺杂着怀旧和温情，观众们的感官体验也因此十分强烈。

三是一种人的意识行为或心理现象，也即体验活动。② 怀旧行为或怀旧活动的本质是人的精神活动，而怀旧实体，此处即两则广告，则是物质性，两者不能混为一谈。怀旧的主体，即人，也就是怀旧行为的发起者，可以理解为怀旧实体触发主体进行联想和回忆。很显然，《把乐带回家之猴王世家》与《家有儿女百事可乐》

---

① 　[英]大卫·赫斯蒙德夫：《文化产业（第三版）》，张菲娜译，中国人民大学出版社2016年版，第2页。

② 　赵静蓉：《怀旧——永恒的文化乡愁》，商务印书馆2009年版，第31页。

这两则广告借助"旧人""旧事"触发了深深烙在《西游记》与《家有儿女》两部电视剧的观众内心深处的记忆。这一点便是前面提到的怀旧文化的第三个关键点——心理体验。

三、粉丝经济与百事怀旧

前面提到，百事这两则广告：微电影是形式、怀旧是内涵、广告是目的，而这微电影、怀旧、广告三者均离不开人，也就是粉丝：两部电视剧的粉丝、百事的粉丝、两者兼具的粉丝及潜在的粉丝。粉丝经济的运用是百事可乐怀旧广告取得有效的市场反应的理论基础。作为市场主体，百事的最终目的不是让各粉丝群体沉迷在怀旧中，而是将所有人的注意力吸引到百事品牌上。因此，两则广告的收尾画面上，百事可乐出现在镜头里，摆放的位置都十分显眼，影片中的主人翁，开始作为观众的怀旧事件，最后成为广告代言人，说出百事精心设计的台词："祝您百事可乐"，并亲口喝下百事可乐。至此，观众们的思绪从沉浸在先前的怀旧中被拉出，脑中尽是百事可乐。

（一）利用粉丝情感进行怀旧营销

商人追求的是利益最大化，只要有利可图，他们就乐意为之。百事，可谓精明的商家，所关心的是如何打好怀旧这张牌，扩大百事品牌的影响力，提高产品销量，赚取市场利益。《把乐带回家之猴王世家》最大的卖点在于情怀，这则广告也被称为情怀营销广告，也即情怀只是营销的幌子罢了。在这里，百事并非无意识、无时机地卖情怀来博取粉丝情感。《猴王世家》选择了六小龄童及其家庭，讲述了一个关于传承和坚守的动人故事。毫无疑问，这是整部片子的情怀所在。"把乐带回家"系列广告的品牌主张则是"把快乐一代一代传递下去，是为了更多人把乐带回家"，成功地用情怀包装了百事的品牌。在时机方面，可以说是天赐良机，"'六小龄童无缘央视春晚'的风波在除夕前被推上舆论的风口浪尖，再次让百事可乐成为全国瞩目的焦点。在不少观众看来，六小龄童版的孙悟空理应成为猴年必不可少的元素，而六小龄童无缘春晚，一度让'期待猴王在第一时间敲响新年时钟，高喊俺老孙来也'的大众顿觉央视的冷漠。一时间，春晚的冷漠和百事可乐的热情形成了鲜明对比，原本已经过了推广周期的《把乐带回家之猴王世家》微电影又火热起来，迎合了大众对猴王情感的百事可乐，成为本次营销事件的最大赢家"。① 这则广告在《公关世界》中被誉为 2016 年跨年广告的情怀之首。

借助《把乐带回家之猴王世家》的成功，2017 年春节前夕，百事继续推出微电影广告《家有儿女百事可乐》，同样取得了很大的成功。这部微电影时长相较于只有 5 分钟 59 秒的《猴王世家》，其长达 15 分钟。《家有儿女百事可乐》这部影片的情怀在于"过年，就应该家人团聚欢乐的时刻"。这对于在外工作漂泊的游子来说，无疑是一磅重大情感炸弹，怀乡之情涌上心头。当画面切换到一家人吃年夜饭的场景，举起百事可乐，说出"祝大家百事可乐"，百事的"狐狸尾巴"暴露无遗，但我们无法否认其所产生的情感共鸣，而情感共鸣本身就是一种消费目的。此类贩卖情怀的广告，对于粉丝受众而言，并不会以一部真正的电影去要求它的逻辑、剧情、表演等，他们寻找到一个情绪的宣泄口、一部回忆的时光机，那就足够了。通过上述分析，可见百事这两则广告充分利用了粉丝受众的情感进行了两场成功的怀旧营销，这也是百事为什么能够在"新年命题广告大战"中脱颖而出的重要原因。

---

① 张倩："情怀营销广告，哪个更打动你"，载《公关世界》2016 年第 4 期，第 10－11 页。

（二）利用怀旧壮大百事粉丝社群

百事的销售群体是年轻富有激情的一族，主要有三种：学生、白领和层次较高的自由职业者，如广告人、自由撰稿人。消费群体集中在"小于16岁"和"16-30岁"这两个年龄段。百事可乐的目标消费人群则是13-19岁的青少年群体，次级消费人群是20-29岁的青年群体，他们追求"新鲜、刺激、求异、独树一帜"。因此，对于百事的广告首先考虑的便是自己的目标消费人群和次级目标消费人群，考虑他们的兴趣爱好、情感价值等，从而量身打造。对于两部电视剧的受众而言，《西游记》和《家有儿女》的受众绝大部分是70后、80后以及90后，这两部剧已经深深烙在他们心中，他们或在工作或在读书，每逢新春佳节，都会回到自己的家乡，自己的家，一家人其乐融融。在过年氛围愈来愈浓时，这两部被情怀和温情包裹着的怀旧广告自然能激发回忆，使人怀旧。因此，百事的销售群体和两部电视剧的受众群体是处于相同的年龄段的，这两则广告则成了连接的桥梁。正如百事集团饮料类的高级品牌总监叶莉所说："我们一直希望找到一个大众共鸣点，让不管是70后、80后、90后看了都会有共鸣。"这些群体也是有真正购买力的群体。

粉丝意味着注意力，百事在无硝烟的拼创意比情怀的广告大战中，不断打出怀旧牌，逐步把粉丝转换成消费者，并通过创意微电影怀旧广告，建立品牌忠诚度的培养。粉丝经济则是一种情感经济，美国学者亨利·詹金斯在《融合文化》一书中将情感经济定义为"营销理论的一种新构型"，它"试图将消费者决策的情感基础理解为观看和购买决定的推动力"。简而言之，粉丝经济是利用情感来建立品牌的拜物教。①

---

① 冯嘉安："吃瓜经济学：从情怀营销、粉丝营销到恶搞营销"，载《新周刊》2016年第22期，第48-49页。

四、结　语

百事可乐"把乐带回家"系列广告实际上都是走情感路线，但是并非所有的都具备怀旧元素，而《把乐带回家之猴王世家》与《家有儿女百事可乐》则具备了怀旧文化所具备的特征，这在第二章进行了详细的分析。这两则怀旧广告的成功营销则在于百事对于粉丝经济的运用，着重体现在两点，一是利用粉丝情感进行怀旧营销，二是利用怀旧壮大粉丝社群。简单地说，这两则广告是披着怀旧的外衣进行的市场营销事件。还需要注意的一点是，《把乐带回家之猴王世家》复制了《西游记》里面的美猴王形象和原视频片段，而《家有儿女百事可乐》则是一个全新的创作，仅是在拍摄模式上复制了以前的情景喜剧模式；两则广告并没有选择单一的方式，而是进行了新的内容突破，实现共鸣，从这个层面来说，怀旧也是一种建构。

参考文献：

1．周平．解读怀旧文化［J］．理论月刊，2007（8）．

2．戴锦华．隐形书写：90年代中国文化研究［M］．南京：江苏人民出版社，1999．

3．［德］瓦尔特·本雅明．机械复制时代的艺术作品［M］．王才勇，译．北京：中国城市出版社，2001．

4．［英］大卫·赫斯蒙德夫．文化产业：第三版［M］．张菲娜，译．北京：中国人民大学出版社，2016．

5．赵静蓉．怀旧：永恒的文化乡愁［M］．北京：商务印书馆，2009．

6. 张倩 . 情怀营销广告，哪个更打动你 ［J］. 公关世界，2016（4）.

7. 冯嘉安 . 吃瓜经济学：从情怀营销、粉丝营销到恶搞营销 ［J］. 新周刊，2016（22）.

8. ［美］亨利·詹金斯 . 融合文化：新媒体和旧媒体的冲突地带 ［M］. 杜永明，译 . 北京：商务印书馆，2012.

推动戏曲艺术产业化发展的对策研究

邱益倩[①]

【内容摘要】戏曲艺术作为一种非物质文化遗产，是我国历史传承下来的文化记忆。这也是一种文化现象，一种"文化产业"初见端倪的艺术形态，造星机制、粉丝经济、知识产权、文化消费等概念都与之密切相关。这些历史经验使得现代戏曲艺术的产业化开发与运作极具先天优势。本文将从艺术与经济互动发展的视角切入，在梳理相关理论的基础上，简述戏曲艺术产业化的现状和问题。最后从政府、社会、媒体、需求方、供给方的主体层面提出推动戏曲艺术产业化发展的对策。本文并未以某一特定戏曲为例，以期找出我国各地方戏曲艺术产业化现状与对策的共性。

【关键词】艺术生产 艺术消费 戏曲艺术产业化 现状与对策

一、问题提出

由于戏曲演出成本高、专业性强且受众少，在全球化和现代化的冲击下，戏曲艺术生存与发展都面临着困境。然而，这也正

---

① 邱益倩，华东政法大学传播学院文化产业管理专业研究生。

是戏曲艺术以新型生存形态活化和流变的契机。何况历史证明我
国戏曲艺术的产业化开发与运作本就极具先天优势。我们所提倡
的要大力发展的戏曲文化创意产业就是指各区域按产业化模式，
融合艺术、科技、创意等元素以及深入挖掘戏曲艺术的产业属
性，对地方戏曲艺术资源进行整合重组，进而提供戏曲文化创意
产品和服务的活动。其中提到的戏曲艺术资源是介于公共产品和
私人产品之间的准公共产品，具有有限的非排他性和有限的非竞
争性。这种有限的非排他性会使得消费者产生"搭便车行为"。如
此，便不利于戏曲艺术资源的进一步开发运营。那该如何避免"搭
便车行为"，以及如何实现区域文化软实力的提高和经济发展等正
外部性？本文认为，我们通过合理开发戏曲艺术资源和加强其产业
化运作的途径，可以提高优质戏曲创意产品的供给率、满足各类消
费者的异质化消费偏好和多样化审美需求。那么，什么是戏曲艺术
产业化？我们又该如何推动戏曲艺术的产业化发展？下文中，笔者
将通过梳理相关理论来界定戏曲艺术产业化的概念，同时在简述国
内外戏曲艺术产业化的发展现状和问题的基础上，从主体角度提出
可行的解决思路。

二、理论依据

有关艺术产业化的理论依据可以追溯到马克思的艺术生产理
论。他指出，作为一种精神生产和物质生产实践活动，艺术生产有
其特殊性，需要同时受到基本经济规律和艺术生产规律的支配作
用。本雅明在其研究基础上，从科技的角度探求了艺术与技术的关
系，提出了"机械复制"造就了"艺术复制"，而这也是当时艺术
生产的主要特点。可以说，这些理论也为文化资本理论的研究奠定
了基础。另外，虽然由于介于特定的时代背景，阿多诺的文化工业

理论有其激进之处，但其批判思维，包括下文分析文化消费中提到的社会控制论、文化商品具有的意识形态性等观点，都为艺术产业化的研究提供了新视角。

（一）文化资本和价值理论

索罗斯比通过价值理论和进一步丰富发展由布迪厄最先提出的"文化资本"概念，联结了文化与经济的关系。按照文化资本理论，戏曲艺术产业化的基本逻辑在于，将戏曲资源转化为文化资本，通过生产、流通、消费等领域，创造文化和经济价值，产生社会和经济效益。其中只有产生价值增量效应的那部分戏曲文化资源，才能成为文化资本，进行产业化的运作和经营。在这个过程中，我们还应重视版权经济。因为，在文化资源与文化资本之间，版权经济能起到促进文化生产力、优化文化艺术资源配置以及调整产业经济结构的作用。作为一种非物质文化遗产，戏曲艺术具有审美价值、社会价值、历史价值、象征价值等文化价值。从文化遗产经济学的视角看，戏曲艺术具有稀缺性、公共性、外部性等经济特性和多面立体的经济价值。这种经济价值是潜在的，不受特定地区空间所束，也不局限于单一的产业领域。戏曲艺术的经济价值主要包括直接经济价值和间接经济价值，以及地方戏曲所在区域文化软实力提升的综合经济价值。

（二）戏曲艺术产业化

"产业化"的概念与产业革命的发生发展息息相关，而艺术产业化的出现，则意味着文化意义的变革和社会结构的变迁。以此类推，戏曲艺术产业化是戏曲艺术资源通过市场化、产业化的运作方式，受市场基本经济规律和戏曲艺术生产规律支配，不断演变出新型的戏曲艺术形态和戏曲艺术生产，改变戏曲艺术的生产和消费，也将有利于整合戏曲艺术资源、延长戏曲产业链、完善戏曲产业结构、促进戏曲艺术产业融合和产业集聚发生发展的一种相对变化的现象。戏曲艺术资源的产业化开发和运作是以文化资本理论为依据的，主要包括生产导向型的戏曲产品供给机制和消费导向型的戏曲产品需求机制两种模式。从另一方面来看，戏曲艺术产业化也是一种对戏曲艺术进行生产性保护的方式。产业化的运作可以促进戏曲文化更大范围的传播。作为一种有独特标识性的文化象征，戏曲艺术的产业化运作更能增强中华文化认同感和促进中外文化的友好交流。

(三) 文化消费

国内外关于文化消费的理论主要是从社会学、经济学、心理学角度进行研究的。学者艾伦·皮考克在表演艺术的经济学领域，通过实证研究向鲍莫尔的"成本病"提出挑战。他认为，生产者可以通过融入创意和科技等元素的途径来降低艺术生产成本；另外，通过提升消费意愿也能改善供给和需求失衡的状况。他指出，艺术教育在某种程度上要高于艺术生产，所以通过制定与艺术教育相关的公共政策能够激发多元化的艺术需求，也能促进生产者进行高品质的艺术创作。再者，根据经济学家们基于文化资本理论所提出的习惯形成理论和消费中学习理论，作为一种"逐渐养成的嗜好"，戏曲艺术的产品和服务一旦被消费者进行多次消费，消费者就会形成消费习惯，进而逐步提高对戏曲艺术消费的品位和意愿。这些体验可以叠加成文化存量，在多次的消费过程中，文化存量总会在先前的基础上得到进一步的提升，消费者对戏曲艺术的消费能力也将得到提高。因此，戏曲要加速其产业化的进程就必须充分了解和尊重消费者偏好。虽然受经济文化等多种因素的影响，消费者对于戏曲艺术消费的需求各异，但文化产业本就是可以不断制造欲求和满足欲求，通过商品来形塑欲求，进而塑造消费者的。

三、戏曲艺术产业化的现状分析

在戏曲艺术产业化的进程中，已然出现了戏曲艺术产业融合与产业集聚现象。戏曲艺术产业融合促进了新型戏曲艺术形态的产生，延长了戏曲艺术产业链。再加上产业集聚可以发挥其独特的经济效应，包括分工与协作效应、产业升级效应等。因此，戏曲艺术的产业融合和集聚都是实现和促进戏曲艺术产业化的有效途径。下面我们将分别从戏曲产业链、戏曲产业融合和戏曲产业集聚角度来简述我国戏曲产业化的现状。

（一）戏曲艺术产业链

在戏曲艺术的整个产业链中，处于上游环节的是对戏曲专业从业人员的教育培养和筹资，位于中游环节的是戏曲的创作、制作和排演，下游环节则是相关的戏曲演出及产品的宣传推广、票务营销和相关衍生品的开发销售。其中，戏曲筹资环节包括投资方根据剧本、演员、受众、制作单位等多项考察对象对戏曲市场进行预判，选择能带来较高回报率的剧目剧场。戏曲制作方一般可采用多种融资方式进行筹资。戏曲创作环节包括剧作家的发掘与培养，戏曲剧本的创作、选拔与出版，戏曲版权的支付与管理。戏曲宣传环节包括运用新媒体联合各大社交网络，对戏曲作品进行全方位线上线下的病毒式传播等各种宣传造势活动。戏曲票务环节包括戏曲票务的代理与营销。

（二）戏曲艺术产业融合

剧场性和非复制性本是戏曲艺术的重要属性。但在虚拟空间，戏曲文化空间的存在形式悄然变化了。空间"距离"的消失使得戏曲观众审美趣味和要求发生改变，这必然影响了戏曲的生存空间。根据本雅明的机械复制理论，戏曲要进行活化和流变，就需要和新媒体结合，以便再度流通。实际上，戏曲与其他艺术门类已然出现了融合发展的现象：戏曲与电影电视、动漫游戏、音乐旅游等产业的联系非常密切，产生了多种新型的戏曲艺术生存形态。我们了解到通过戏曲影视化途径，在沿用戏曲声腔和乐曲的基础上，辅以影视的镜头切换、特技制作等手法，可以改良舞台戏曲的部分弱点。正如动漫就可以把戏曲变成孩子们容易接受和喜欢的形式。除了动漫，电影、电视、音乐与戏曲的结合都有利于借助各艺术领域的优势扩大受众面，培育戏曲观众和市场。下面，笔者将针对所观察到的戏曲影视化现状进行概述。

戏曲电影是我国国产电影的重要组成部分，主要分为舞台纪录片和戏曲故事片两种类型。为了扶持和保护戏曲艺术，我国政府颁布了一系列政策来支持和促进戏曲电影的创作与发展。如在"京剧经典传统大戏电影工程""上海戏曲3D电影工程"等项目的陆续推出的背景下，相继拍摄了《霸王别姬》《赵氏孤儿》等经典影片以及《西厢记》等3D高科技影片，带动了戏曲电影的传承与创新。虽然目前戏曲电影产业平台、中国戏曲电影产业联盟、北京乡音乡愁电影院线等专门的院线联盟都相继成立，戏曲电影的产业化运作相对成熟，但放映平台还是集中于农村院线，戏曲电影市场范围狭小。戏曲电视节目主要以戏曲综艺节目和戏曲电视剧为主要类型。《梨园春》是自1994年开播至今以戏迷擂台赛方式，主要呈现河南地方戏的栏目。现如今各种戏曲综艺节目在运作模式方面都有了相对成熟的经验。如真人秀节目《国色天香》《叮咯咙咚呛》，各大电视台承袭品牌系列节目《诗书中华》《中国诗词大会》的节目模式，以原班优质团队打造的《喝彩中华》《中国戏曲大会》等，都为我国原创综艺节目提供了新思路。目前戏曲电视剧的投拍和放映相对较少，一般是在央视的第十一套戏曲频道播出。戏曲动漫是运用戏曲资源，以戏曲人物为动漫人物、戏曲剧情为剧本的动画类型。作为极具地方民族特色的动漫类型，戏曲动漫对于我国动漫产业风格的定位形成与发展有着重要的意义，将进一步推动中华优秀文化走出去与对外文化交流。这也是实现戏曲教育从小抓起的有效途径之一。目前，已有捕捉戏曲演员的身段动作，并以三维动画技术解析记录的音视频文件的高科技，这可以为戏曲动漫提供直接素材。戏曲音乐是区别各类剧种的主要因子，也是戏曲演艺活动中必不可少的组成部分。为了能够被更多青少年观众接受，音乐制作人通常将戏曲独有的唱腔曲调剧段，融入现代流行音乐元素进行改编。例如，王力宏的《心中的日月》《盖世英雄》《花田错》都是戏曲风格的音乐作品。再如，霍尊在《国色天香》《喝彩中华》节目中就对流行音乐进行了多次的戏曲化改编。可以说，这些都是非常有益的尝试。

（三）戏曲艺术产业集聚

目前我国学者们对戏曲文化产业集聚现象进行研究的对象主要有上海现代戏剧谷、伦敦西区和纽约百老汇。我国戏曲文化创意园区还在规划建设中的有中国戏曲文化中心、中原戏曲文化产业园、桂林雁山动漫戏曲文化产业园等。我们观察到这些戏剧产业集聚区通过整合和集聚当地戏剧艺术资源，运用成熟的戏剧产业化开发运作模式，推动了戏剧产业的发展与创新。

基于之前对现状的分析，我们发现在戏曲艺术产业化进程中出现了一些问题。例如，对戏曲产业的投入资金不足、融资渠道单一、相关政策的力度较弱和针对性不强、监管力度还不够，还有戏曲观众少、戏曲产业化专业人才短缺、戏曲艺术产品创新性不够等。特别是对地方戏曲资源的产业化的转换能力还比较弱，对消费者的戏曲艺术消费心理了解和研究的还不够深入。下面我们就将针对戏曲产业化进程中出现的问题，提出相应的对策建议。

四、戏曲艺术产业化的对策研究

笔者试图从供给方和需求方角度，以及政府层面、媒体层面、社会层面提出促进我国戏曲艺术的传承保护创新、戏曲产业化运作与可持续发展的多元化路径。

（一）政府层面

政府主要起到引导、联结和推动戏曲艺术供给侧和需求侧改革的作用，其应积极完善和落实推动戏曲文化创意产业发展的经济政策、产业政策、剧种政策、新媒体政策、知识产权政策、戏曲艺术教育政策及保障公共政策有效实施的相关举措，为戏曲艺术产业化发展提供良好的法律政策环境。目前，为我国戏曲艺术发展提供政策支持的重要文件有以下几种：2015 年 7 月，国务院办公厅印发的《关于支持戏曲传承发展的若干政策的通知》；2017 年 1 月，中共中央办公厅、国务院办公厅印发的《关于实施中华优秀传统文化传承发展工程的意见》；2017 年 5 月，中宣部、文化部、教育部、财政部联合发布的《关于新形势下加强戏曲教育工作的意见》。

（二）媒体层面

在戏曲艺术产业化进程中，应充分发挥新媒体的作用，运用社交网络和媒介资源，大力普及推广地方戏曲知识、宣传戏曲演出、影视节目和作品的相关信息。其次，还须重视艺术评论的重要作用。在粉丝经济时代，我们还可以明星发挥效应，鼓励网络红人对戏曲艺术进行原创视频或文章的创作来抓住受众的注意力。正是这些意见领袖会为艺术生产者和消费者提供中肯的建议，促进戏曲艺术产业化的良性循环。

（三）社会层面

为推动戏曲艺术产业化发展，社会可为其提供资金、人力、创意等支持。戏曲表演艺术作为一种演出产品，观众的消费意愿将不足以支付其不断上涨的固定成本。虽然我们不否认其受收入水平等因素的影响，观众的支付意愿是有个体差异的，但能接受高票价的消费群体毕竟也是少数。何况市场上还有各种各样可替代的"免费文化"。那这就与我们想要培养大范围观众及其消费习惯、提高其整体艺术鉴赏能力的旨意相违背了。因此，为了解决高票价和避免演出过于商业化的剧目，我们可以借鉴英美等国关于发展戏剧创意经济的成熟经验，重视发展非营利戏曲艺术组织，以此来激励创作者探索并生产出极具艺术性的实验戏剧，从而带动商业性戏剧的发展。

（四）需求方

作为需求方的消费者也是参与戏曲艺术产业化的重要主体之一。按照马斯洛的需求层次理论，戏曲艺术消费是为了满足消费者的审美需要和自我实现需要。如何生产设计独特的戏曲文化体验来满足消费者的精神需求？笔者认为可以从以下几个方面考虑。

首先，我们可以从心理学角度深入探究。理论上，著名学者余秋雨在其早期著作《戏剧审美心理学》中，就将戏剧理论结合美学和心理学，着重从分析戏剧观众心理的角度，论述了戏剧生产者应如何进行更为默契的艺术创作。这种独特的视角丰富了我们对戏剧审美主体的研究，帮助我们了解戏曲消费者的心理，以便创造兼具艺术性和商业性的戏曲艺术作品。实践中，我们可以运用互联网大数据统计的便利以及纸质问卷调查、电话访问等方式按各个区域，建立有关戏曲艺术消费的反馈与建议机制，充分了解目标消费群体的需求痛点。作为生产者则要通过线上线下积极地与消费者进行沟通，提高戏曲市场的信息透明度。

另一方面，戏曲欣赏是需要一定的审美能力和审美习惯的艺术消费活动。按照艾伦·皮考克的观点，要培养艺术消费偏好，可以使用消费券方案对消费者进行直接的财政补贴。互补关系的消费品会被联系在一起使用，所以为了提高戏曲演出门票的需求量，可以采用火车票地铁票或是停车费餐饮费折扣优惠政策。长远来看，采取艺术教育的相关措施将更有利于形成消费惯性、培育艺术消费市场，实现戏曲艺术的产业化。我们可以借鉴英国公共艺术教育的经验，成立营利和非营利的戏曲艺术机构，通过政府、企业和社会筹集资金方式共同资助戏曲教育。具体而言，戏曲教育可以分为专业和非专业的。可采用学科理论和活动实践的渗透性的戏曲教育方式。

（五）供给方

在互联网时代，作为需求方的消费者也可以随时转换为供给方的生产者角色。戏曲艺术生产者应充分利用互联网思维，增加消费者的文化存量，满足其不断更新升级的艺术消费需求。下面我们将分别从戏曲市场、戏曲文创产品、戏曲演艺、戏曲旅游和戏曲影视几个角度论述作为供给方的生产者，应如何尽可能地创造稀缺的用户、体验、戏曲艺术家和戏曲艺术品。

1. 戏曲市场定位与营销

戏曲艺术产业化是以戏曲艺术市场为基础和导向的。有学者提出地方戏曲由于地域、语言等因素的制约，面临着难以开拓市场的困境，产业化开发对某些剧种而言反而是破坏。笔者认为，对于濒危剧种应进行抢救性保护，在完整传承和保存的基础上才能考虑是否开发。对于其他地方戏曲，我们应鼓励其通过产业化运作方式，发挥其经济造血功能，反哺戏曲艺术的发展。虽然观众少、需求小是地方戏曲市场化规划的初期不得不面对的问题，但独特的地方戏曲资源反而可以转化为该区域戏曲文化创意产品异质性的标签。因此，我们一定要先做好市场定位，确定目标消费群体，考虑好启用相对范围广的剧种还是小众剧种，考虑好采用精准还是广度的营销策略，考虑好实施分众还是大众传播策略。

2. 戏曲文创衍生品的研发设计与传播销售

借鉴故宫博物院文创产品研发的经验，戏曲文创产品可从如何增强其实用性和趣味性的角度，融入高科技及社交因素、整合媒介资源，运用免费增值模式开发戏曲类手游、戏曲网络表情包、唱戏及戏装照移动应用。大数据时代，"互联网＋戏曲"使得戏曲艺术在互联网平台上，完成研发设计和传播销售环节。戏曲艺术生产要以消费者需求为出发点，运用互联网思维，基于多屏时代各个终端平台提供的流量走向、成交总量等做一个系统的数据统计分析，建构分类数据库，了解消费者的痛点、打造"稀缺"。我们应运用社交网络、以线上线下一体化等方式提高用户黏性。另外，我们还要加强对网络戏曲艺术授权经营和知识产权开发管理的监督。

3. 戏曲演艺

戏曲剧场空间及周边建筑承载着特定区域内当地社会群体的文化记忆。正如亨利·列斐伏尔在其《空间的生产》中写道，于人而言，空间才是有生存意义与价值的。而观看戏曲演出便是一种有仪式意味的活动，可以引起观众对该地历史民俗文化的思索、引发其内心的共鸣。同时，这也是制造体验、制造回忆的过程。京正乙祠戏楼、香港油麻地戏院、台北大稻埕戏苑等都是戏曲文化空间活化与再造很好的案例。故而，我们应重视改建、活化与再造剧院等戏曲文化空间，塑造新型文化景观。这样，我们在拓展戏曲文化生存空间的同时，也强化了该区域人们的文化认同。作为一种公共空间，这也将更利于戏曲艺术融入人们的日常生活。当然，戏曲文化空间的存在形式也可以进行转换。我们不仅要重视实体戏曲文化场景的塑造，更要重视以各种新型戏曲艺术生存形态进行市场化的多次流通的过程。这也是使戏曲艺术资源经济价值得到增值的契机。

另外，我们也可以从戏曲产业链和产业融合角度来拓展和完善戏曲演艺业。我们可以借鉴我国戏剧产业集聚地现代戏剧谷和百老汇、伦敦西区的戏剧产业化经验。百老汇联盟在线上会收集和发布剧院剧目的基本信息和专业化的研究报告，其在线下又会积极沟通政府企业观众等主体。我们还可以采用院线制连锁经营或剧场联盟方式规范管理演艺剧场来降低演出成本、保障戏曲产业化发展。此外，由于演艺的资金、人力物力等投入过于巨大，为了节省和循环利用资源，可借鉴伦敦西区剧院采用驻场和巡回演出的方式来保证其持续运营的经验。

4. 戏曲旅游

我们可以从打造戏曲文化特色小镇、实景戏曲文化演出、加强戏曲旅游与关联产业的衔接、旅游线路和活动安排上以深化游客文化体验为主要目的等几个方面对地方戏曲资源产业化开发进行规划。打造戏曲文化特色小镇，可以增加制作戏曲道具、描画戏曲妆容、戏曲角色扮演、聆听戏曲史话、学习戏曲名段、选购文创产品等互动环节。各旅游路线和项目的安排可以选择戏曲节庆、戏曲博物馆、戏曲文化主题公园等开发模式。实景戏曲文化演出可以与体现民俗风情的互动表演相融合。戏曲旅游与关联产业的衔接指的是，地方特色创意休闲农业、完善配套的能表现地方特色饮食文化的餐饮和民俗风情的民宿等基础设施等。

5. 戏曲影视

戏曲电影、戏曲电视、戏曲动漫、戏曲音乐都是由两种以上的综合艺术融合而成的。值得商榷的是我们应如何运用这些艺术的优势、将多种艺术形态更好地结合，以及如何能够突破传统的创作手法、兼顾戏曲艺术的"光晕"，在一定程度上保留戏曲独特的艺术魅力。这是需要创作者慎重决定的。

针对戏曲电影受地域剧种限制导致观众范围少的情况，我们在创作时可以选择知名度高、更流行的剧种。此外应尽量选择有时代意义的现实生活题材。另外，戏曲可以作为一种影片中的特殊元素，可以是充当影片主线索、标志物、道具。或是将之直接作为某个场景片段植入影片中。除了设立专门的院线联盟，还可与商业院线合作，尝试投放相应市场。目前，我国大型原创戏曲综艺节目通过运用品牌效应和粉丝效应，邀请演艺界明星与戏曲大家共同录制节目是值得肯定和借鉴的模式。我们还可以设置一些有趣的环节，如道具、服饰的设计比赛，或以纪录片形式让我们深入了解艺术家与戏曲的渊源等。同时，运用新媒体加大对节目的宣传力度，提高关注度；针对戏曲电视剧投拍和放映得较少的现象，我们应加强与各大视频网站的合作，打通播放渠道，还应对戏曲电视剧进行合理的改编与创作。

戏曲动漫可以通过改编地方经典戏曲剧目，设计有趣的戏曲动漫人物形象，推出老少皆宜的动漫作品。另外还须注重开发戏曲动漫表情包等戏曲动漫衍生产品和规划建设地方戏曲动漫产业园区来推动戏曲动漫产业化。流行音乐的戏曲化改编是目前戏曲音乐产业的现象与趋势。从戏曲音乐生产角度看，通过拆解、分析、重组地方戏曲中的唱腔、曲调、语汇，混合现代音乐中的节奏旋律、各种乐器及各类音乐元素，打造为大众所喜爱的新型音乐风格与类型。除了戏曲类型节目，在其他的歌曲类节目中，如《中国新歌声》等可以增加与戏曲音乐改编或演绎有关的板块设置。另外，在各种媒介平台上的广告背景音乐的选择与设计上也可以采用戏曲音乐。

五、结　语

本文从艺术与经济互动发展的视角切入，通过梳理戏曲艺术产业化的相关理论，界定了戏曲艺术产业化的概念，总结了戏曲艺产业化的基本模式，在此基础上按照戏曲艺术产业链、产业融合和产业园区三个维度简述了戏曲艺术产业化的现状现象，最后从政府、社会、媒体、需求方、供给方的主体层面提出推动戏曲艺术产业化发展的对策。分析表明，在戏曲艺术产业化进程中，已然出现了戏曲艺术产业融合与产业集聚现象，产生了多种新型戏曲艺术生存形态。针对这一进程中出现的问题，结合国内外在推动戏曲艺术产业化方面的丰富经验，如重视非营利组织的经营管理、成熟的商业化戏剧运作模式等，本文认为戏曲艺术产业化开发与运作离不开各大主体的共同配合。尤其在供给方这一层面，笔者建议可以在戏曲市场定位与营销、戏曲文创产品的研发设计与传播销售、戏曲演艺、戏曲旅游和戏曲影视方面，做一些努力和改进，以更大力度和更配套的措施推动戏曲艺术产业化运作与发展。

我们观察到戏曲艺术产业化改变了传统戏曲艺术生产和消费的方式。貌似在整个产业化的过程中我们总是想着要以经济效益为准，想着该如何扩大戏曲艺术的生产和消费，但正如开篇提到的戏曲艺术产业化的出现，不仅意味着戏曲艺术生存与发展方式的转变，还表征着文化意义的变革和社会结构的变迁。在戏曲艺术产业化的整个过程中总是伴随着地方特色的生活方式、价值体系、思维模式等意识形态话语的输入输出，这是能够上升到国家文化安全战略高度层面的重要问题。我们坚信戏曲艺术的产业化一定是传承和创新戏曲艺术的助推剂，能够弘扬中国文化精神、传递中华文化自信。作为戏曲艺术产业化发展过程的关键环节，戏曲艺术消费在满足消费者的精神需要的同时，也在不断建构和改变消费者的自我概念。这些过程都具有正外部性和社会效益。因此，创意经济时代，我们更要以实现社会效益为首要目标，推动戏曲艺术产业化发展，并以此来提升我们的创意能力和生活品质，为戏曲艺术发展创造更好的创意氛围和环境。

参考文献：

1. 顾江，周锦．文化遗产的经济学特性分析［J］．江西社会科学，2009（10）．

2. 陈苑．当代艺术产业化生产理论与实践研究［A］．广西师范大学硕士论文，2015．

3. 张冬梅．产业化旋流中的艺术生产——当代中国艺术产业化问题的理论诠释和实践探索［A］．复旦大学博士论文，2004．

4. 周正兵．艾伦．皮考克文化经济学思想述评［J］．北京联合大学学报，2017（1）．

5. 类成云．产业化背景下戏曲电影发展困境及出路思考［J］．电影新作，2016（6）．

6. Hao Zhou. 3D scan – based animation techniques for Chinese opera facial expression documentation［J］，Computers Graphics，2007（6）．

7. 理查德·E．凯夫茨．创意产业经济学［M］．北京：新华出版社，2004．

8. 詹姆斯·海尔布隆，查尔斯·格雷．艺术文化经济学［M］．上海：中国人民大学出版，2007．

9. 黄爱华．戏剧教育的基本理念及其运用［J］．上海戏剧学院学报，2010（1）．

10. 桑子文，金元浦．互联网＋、文化消费与艺术电商发展研究［J］．山东大学学报，2016（5）．

11. 鲁肖荷．特色演出产业与再生文化空间——以香港油麻地与台北大稻埕戏曲产业发展为例［J］．戏剧文学，2013（6）．

12. 范煜辉．美国百老汇戏剧产业启示录［J］．文艺争鸣，2010（11）．

13. 应小敏．伦敦西区剧院的繁盛对中国戏剧产业的启示［J］．中央戏剧学院学报，2015（2）．

传统射艺资源产业化中政府职能分析

毕安琪①

【内容摘要】 在当下的消费语境下，传统射艺产业化既迎合了市场需求，其自身也同时获得了发展，实现生产、流通及消费的市场化途径。传统射艺的复兴，不仅承担着文化传播的功能，更具有广泛的教育价值。本研究在产业生命周期理论的视角下，分析了传统射艺的发展现状，认为传统射艺处于产业发展的形成期，主要存在资金匮乏、人才优势不足等问题，同时结合政府职能理论，进一步分析了传统射艺资源产业化过程中政府发挥职能的必要性，并就政府职能的有效发挥提出了建议，认为政府不仅要通过公共政策积极营造宽松的市场环境，加强与社会组织的合作，同时也需要注重培育公众的文化参与意识。

【关键词】 传统射艺 产业化 政府职能

一、引 言

近年来，世界经济增长速度逐渐放缓，我国开始注重转变经济的发展方式，经济转型迫在眉睫，而文化产业则是推动产业结构由

---

① 毕安琪，华东政法大学传播学院文化产业管理专业研究生。

制造业为主向服务业转变的重要力量。因此，必须重视文化产业在促进经济增长、社会创新等方面的作用。此外，随着物质生活水平的提高，精神文化需求日益增多，国际的文化交流愈加重要，传统文化资源以其鲜明的民族特色在国际文化交流中扮演了重要角色。2017 年国务院印发了《文化部"十三五"时期文化产业发展规划》，强调扩大文化产业的有效供给，完善文化市场，拓展文化产业国际交流，这为文化产业发展提供了完善的制度保障，尤其为传统文化资源产业化提供了新的思路，同时也对政府的公共管理职能提出了新的要求。

二、传统射艺资源概述

人类社会由荒蛮走向文明，弓箭在人类发展的各个时期体现了不同的功能。在原始社会时期，射箭源于狩猎活动，其最初作为一种谋生手段，原始社会末期部落间的冲突不断加剧，弓箭逐渐成为战争的有力武器。教育家孔子赋予传统射艺教化功能，创造性地将其融入礼制教育。中国传统射艺体现了丰富的人文价值，不仅讲求在射箭过程中进退是否合乎礼节，同样注重对技艺的考察。深刻理解其文化内涵，才能有效地整合文化资源。文化资源以其深厚的价值属性，转化为独特的生产要素，成为经济发展的推动器。

国内外学者对文化产业的认识存在差异，有学者在对国内外文化产业的概念进行充分挖掘后，将文化产业定义为为了满足人们的精神文化需求，通过创造性地利用文化资源，形成文化价值，并采用工业生产手段大量复制的文化产品和文化服务的总和。基于独特的射艺文化资源，其产业集合包括弓箭制作与销售、射艺培训、射艺表演、体育赛事等在内的围绕传统文化传承的相关产品与服务的经济活动。其中北京"聚元号"弓箭的制作工艺已被列为国家级非物质文化遗产，中国传统弓分会每年举行盛大的传统射艺体育赛事，其产业化道路促进了传统文化的现代转型，这同时也对政府的职能提出了新的要求。

三、传统射艺资源产业化的必要性及影响因素

经济学家熊彼得认为，经济长波周期源于以产业革命为代表的技术创新活动，其又进一步将每个长周期分为上升波和下降波，一些重大的技术发明及其普及应用均会出现大量的创新活动浪潮，引起经济高涨，形成周期的上升波。研究表明，经济起伏波动之后紧接着是文化产业的起伏波动。现实层面来看，传统射艺资源产业化需求，一方面得益于生活水平的提高，公众对文化产品的需求增多，促使相关研究者对传统文化资源的重构与整合；另一方面，相关技术水平的提升及新的发明创造的涌现，使得射艺资源被开发的成本大大降低，减少了消费者的负担费用，使得人人可以消费这种文化形式。

（一）传统射艺产业化的必要性

1. 传统射艺文化传承危机

20世纪50年代，我国曾一度推崇"竞技体育优先发展"的战略，中国传统射箭无人问津，民族传统体育逐渐呈边缘化趋势，传统射艺的发展更无从谈起；同时由于政治因素，其文化传承出现了断裂。纵观历史，从根本上讲，射艺在古代社会承担服务意识形态的政治功能，辅助统治者对人的精神进行统治。不可否认的是，射艺对人的品德进行了塑造，传承儒家谦谦君子的精神。新时期，随着国际交流的日益深入，国内学者认识到复兴传统射艺的必要性。

以清华大学彭林教授为首的国内学者深入研究传统射艺历史渊源，成功地恢复了传统射艺，并进一步探索其在现代社会的发展模式。同时，学者也在积极了解日本弓道的发展历史及其如何逐渐推向国际化，以及韩国弓术为何成为一项全民参与的运动。同受儒家文化圈的辐射，日、韩两国的传统射艺由我国传入，被不断改良，成为一种高雅、陶冶性情的文化活动。日、韩两国曾一度称自己是传统射艺的发源国，试图申报世界非物质文化遗产，这不得不对我国对待传统射艺冷漠的态度，起到警示作用。

2. 转变经济增长方式的需要

儒家思想适应了社会政治整合的需要，在政治力量的主导下，传统的中国社会文化的运作方式趋同于其意识形态。克己复礼的儒家思想崇尚中庸、不偏不倚，重视个人的道德修养和品格塑造，但是缺乏个体的主体性意识，群体性力量淹没了个体内在力量的实现。儒家将射礼作为培养道德主体的重要方式，而耻于谋利，这个时期社会关注的焦点并非财富的增加，而是个人的道德修养。回到现代社会，社会转型时期强调经济建设，文化领域转型与变革需要其生产力与生产方式的变革。新制度经济学认为意识形态的功能有助于缩减人们在相互对立的理性之间进行非此即彼的选择时所耗费的时间和成本。换言之，我国确立了社会主义市场经济制度，明确了以经济建设为中心的任务。因此，现代的社会意识形态运作方式应当围绕服务经济中心，只有实现这种运作方式，才能降低社会运行的成本，增强社会整合程度。现代经济增长方式由粗放型向知识经济转移，文化产业属于知识密集型行业，在依托智力和精神成果的投入的同时满足大众的文化需求。传统射艺复兴的关键在于其政治功能的弱化，教育价值、文化价值、产业价值的凸显。传统射艺产业的现代化转型，不仅需要在意识形态领域寻找其合理性，更需要构建包含弓箭制作与销售、技术培训与推广、传统射艺表演、体育赛事等在内的围绕传统射艺文化传承的相关产品与服务的产业运作模式。

3. 公众的消费需求增多

随着居民物质条件的改善，人均收入水平的不断增长以及消费观念的转变，居民的消费结构得到不断的改善。最新统计数据显示，2017 年上半年全国居民的人均可支配收入 12 932 元，比 2016 年同期增长 8.8%，全国居民人均消费支出为 8834 元，比 2016 年同期增长 7.6%，居民用于教育与文化娱乐、体育健身活动支出分别增长 10.0% 和 25.3%。数据表明居民收入中用于提高生活质量、满足精神需求的消费支出增长强劲，消费能力从注重量的满足到追求质的提升，消费商品的种类从有形的商品向更多服务性消费转变。文化娱乐、休闲旅游、教育培训、健康养生等服务性消费成为新的消费热点，个性化及多样化消费方式渐成主流。射艺不仅是一项文化活动，更是一项体育健身的方式。随着全民健身战略的推广，射艺的惠及与传播的范围将逐渐扩大。面对多样化的需求，在不同人群中开展礼射活动，需要具备适合各个年龄段的教材。例如，在学校教育中，中小学、高校之间的教学目标应当有所区别；在培训市场中，一部分人习射是为了减轻压力，其他人参与的目的是加强自我管理的能力。这些问题，在射艺产业化过程中须进一步考虑。

(二) 传统射艺产业化中的影响因素

事物的发展需要经历产生、发展和衰退的过程，产业的发展也具有生命周期。依照产业发展理论，在不同的时期呈现出特殊的规律性。产业的生命周期理论将产业分为形成期、成长期、成熟期和衰退期四个阶段。传统射艺产业的发展处于产业的形成期，制作弓箭的主体仅有"聚元号"的手工作坊及以阿利弓箭生产企业为代表的为数不多的中小企业。传统射艺表演及赛事运作主要集中在少数民族地区，或由高校举办，商业化程度较低。射艺培训主要集中在高校，远不如弓道的国际化的产业运作模式。在产业形成初期，主要存在下列几个问题。

1. 资金匮乏

在产业形成初期，需要资本的持续投入与支撑，此时行业水平较低，市场认可度一般，只有零散的手工业作坊或者中小企业参与运作，风险成本较高。由于大多数文化企业属于规模较小的企业，而且文化产品的设计和创意属于无形的产品，风险较高，金融机构不愿向文化企业提供贷款。此时，往往需要依赖投资者的初始资本，使得企业得以运转。在传统射艺产业中，弓箭的制作产业已经初具规模化，并且根据现实需要，对弓箭的制作技术进行改进。但射艺培训市场的开发仍然处于初级阶段，推广需要标准的、统一的技术动作要领。日本弓道的迅速推广离不开一套规范的动作标准，政府资金的大力支持。现阶段射艺培训主要由经济较为发达地区的高校开展，范围和影响力较小，并且射艺课程只作为选修阶段的课程，其教学资金得不到保障。传统射艺根植于其文化属性，要获得长足发展，需要大众的认同。在此基础上，市场需求增长，随之而来的相关企业的数量会增加，其生产能力与创新能力大幅度提升，产业组织的规模逐渐扩大。因此，现阶段需要获得充足的资本的投入，形成初具规模的传统射艺培训市场，满足更多受众的文化需求和健身需求。现阶段，传统射艺产业的发展目标便是从形成的初期迈向产业化运作的成长期。

2. 缺乏人才培养体系

传统射艺的传承关键在于专业技术人才的培养，作为非物质文化遗产弓箭的制作缺乏数量充足的传承人。弓箭的制作手工艺以家族式方式传承，受众范围较小。可以借鉴宜兴紫砂壶和景德镇陶瓷的发展路径，在产业发展成熟期，通过开设技术学院培养传统的手工艺人。在此基础上，可以开展职称评定工作，能大大激发弓箭制作技术学习的兴趣，促进了弓箭制作水平的提高。针对传统射艺的技术培训，目前缺乏大量的人才，主要集中于高校教师。基于培养传统射艺人才的目的，必要时应在学校教育中将射艺列入必修课程。日本将弓道作为大学入学成绩的参考之一，因此弓道具有较大的市场潜力。据统计，截至 2016 年全日本弓道联盟的会员数多达 141 060 人，其中中学生为 12 750 名，占比 10%；高中生为70 621 名，占比高达 50%；大学生为 14 416 名，占比 10%；其他为 43 273 名，占比 30%。在广泛培养人才的基础上，优秀文化的传承得以维系。

四、政府职能发挥必要性及思路

政府的职能也称为行政职能，作为国家管理机关，政府承担着依法对国家的政治、经济及公共事务进行管理的职责。古典经济自由主义盛行的时期，亚当·斯密认为市场有自由调节的能力，排除了政府的干预机制，政府只扮演"守夜人"的角色。19 世纪初期，爆发严重的经济危机，政府干预理论认为政府必须发挥职能对经济和社会生活进行干预，克服市场追求利益最大化的弊端。总体来看，政府的职能有三大类：资源配置、收入分配及宏观调控。

（一）政府职能发挥的必要性

传统文化资源的整合与优化中，政府占据主导地位。一方面，对传统射艺的发展规划，一部分应当列入公共文化服务中，用政策、法律制度加以规范；另一方面，传统射艺应当引入市场机制，遵循基本的经济规律，获得更大的资本投资。传统射艺的产业化既是公共利益的实现，又是个体利益的实现。

1. 宏观统筹

在城市化发展过程中，宏观的发展规划是传统文化发展的有力保障。政府应当制定宏观的长远规划，以战略视角做出判断，将城市治理与传统射艺文化的传承相互融合。以现代视角重新审视传统射艺文化的价值。在城市文化建设中，融入传统射艺文化元素，以适应城市居民的活动方式，营造城市文化景观，才更有利于文化的传承。传统文化资源的开发需要对其资源结构进行细分，在此基础上对传统文化资源的发展方向进行定位，并需要进一步对其产业发展进行规划，包括产业集群、产业布局及产业政策支持。鉴于传统射艺文化资源开发需要多个部门联动管理，协调难、合作难，部门参与积极性不高等现象时有发生。因此，需要在同一部门的领导下，将一部分纳入公共文化管理的范畴，成立专项管理资金，用于鼓励传统射艺文化研究及国际文化交流。此外，在对传统射艺文化的传承中，立法是对传统文化最好的保护。

2. 提供公共物品

政府作为公共文化服务的提供者，应该对文化服务的受益人群进行重新定位，针对各个人群进行文化普及，传统射艺文化传承基于不同层次人群传播。传统射艺是否属于公共物品亟待思考，在文化领域，文化产品兼具公共物品与私人物品的特性。换言之，传统射艺既可以成为公共物品又可以成为私人物品。回顾射艺发展历程，在封建社会时期承担着选拔人才等政治功能，由基于儒家文化构建的传统社会机构所决定。历史演进中，随着政治功能逐渐弱化，其教育价值逐渐凸显，而后衍生出运动休闲等价值。其蕴涵着丰富的教育价值，体现了中华民族的传统美德，传统射艺文化传播应当体现在社会的公共教育中，其中学校教育是最重要的载体。因此，政府部门应当以公共政策的形式倡导逐步在中小学、高校等开展传统射艺的课程，提高参与度。

3. 规范市场行为

传统射艺又是一种私人物品，本着使用者付费的原则，逐步培育传统体育的培训市场和器物的制作市场。同其他文化产品一样，射艺产业化过程中也会陷入市场失灵的境地，这类产品的供应由市场决定是有效率的，市场追求利益最大化，企业容易追求经济效益，忽视其文化的本质，会影响消费者的价值观，尤其影响青年一代的文化认知。政府必须充当市场的监督者，对这种行为应当加以规制。射艺产业化一方面传承和发展了优秀的历史文化和社会价值观，推动了社会的文明进步，实现了社会的公共利益；另一方面提高了个人的文化素质并推动由此带来的社会分层与流动，助长了个体的私人利益。

（二）政府职能如何有效发挥

20 世纪 70 年代，经济环境恶化，西方学者认识到政府过度干预经济，因此促使传统的行政管理模式向以市场为基础的新公共管理模式转变，提倡再造政府，从二元结构逐渐向"政府——公民社会——市场"的三元治理转变。市场主要由企业组成，其行动逻辑在于投入与产出的利益最大化，即帕累托最优。在社会治理中，公民社会以其非营利性、自愿性有效地弥补了政府和市场的不足。

1. 优化产业发展环境

针对市场经济运行过程中出现的市场失灵及错误的导向，政府应为传统射艺的产业化发展提供政策支持与保障，积极修正市场机制，鼓励多种社会组织参与，形成跨地区、跨行业联合经营的格局。传统射艺产业发展正在形成期，政府应在税收、信贷、市场准入、土地使用等方面提供优惠政策，吸引资本投资，并在前期尝试发展扶持势头较好的企业，使其起到良好的带头作用。在产业成熟期，应当鼓励多种产业集群化发展，建立传统文化产业园区，合理利用传统文化资源，为传统射艺文化的发展提供物质保障。传统文化资源的产业化应兼具经济效益与社会效益的统一，在合理的范围内对其进行产业化开发。

2. 加强政府与社会组织之间的合作

政府主要通过提供公共产品、制定产业政策和税收政策等方式对社会资源的流向进行调整和引导。公民社会介于公共部门与私营部门之间，主要由社会组织构成。现阶段传统射艺文化资源处于较为分散的阶段，还未形成较为完整的文化资源产业链。为此，在政府主导的发展策略下，应当吸纳更多的社会组织参与资源的开发。政府承担对射艺文化资源进行定位，在弘扬传统文化的政策下，针对各个人群制定相应的推广策略，自觉承担管理公共文化事务的职能；鼓励高校、民间组织等参与射艺文化资源的开发，针对中小学开展射艺课程，师资匮乏的现状，政府可以将一部分教育服务以合同外包的形式实现以减少师资培训的成本。

3. 培育公众的文化参与意识

传统射艺的发展需要增强居民的价值认同，增强保护意识。大力传承传统文化，是利国利民的事业，不仅要实现传统文化保护与城市化进程的互促发展，还要将传统文化保护的成果惠及广大民众。传统射艺文化博大精深，蕴含着丰富的人文主义精神。在政府对城市文化建设中，注重博物馆、艺术馆、纪念馆等公共文化设施的投资，并利用"博物馆日"及各类主题活动，开展传统文化知识的宣传、教育。通过依托各类高校举办传统射艺比赛，扩大传统射艺文化的影响力。在高校中开设传统射艺的学习专业和科学研究工作，培养专业技术人才，积极参与与日韩等国的文化交流活动。利用射艺产业中传统手工优势，参与特色小镇建设，开展文化旅游。发挥公众的主体意识，进一步提高公众的参与度。

五、总　结

中国传统射艺的文化起源，其萌芽出现于巫术仪式，其文化内涵的显现始于祭祀仪式，与礼制教育的充分融合发源于"六艺"教育。弓箭从最初的狩猎、采集功能，到成为战争的重要武器，进而又增添了教育、休闲、娱乐等价值，不仅是一项强身健体的体育运动，更代表了博大精深的中华文明。知识经济时代，文化成为新的经济增长动力。传统射艺文化作为城市可持续发展的精神动力和资源因素，展现出"发而不中，反求诸己"的反省思维，有利于促进人际和谐，提高人口素质，促进城市经济发展，完善政府公共管理职能等。传统射艺文化产业化进程，还有很长的路要走。

参考文献：

1. 曾贵．基于文献综述的文化产业概念反思［J］．创新，2010（4）．

2. 赵涛．经济长波论［M］．北京：中国人民大学出版社，2008．

3. 尤芬，胡惠林．论技术长波理论与文化产业成长周期［J］．上海：上海交通大学出版社，2007（4）．

4. 卢现祥．西方制度经济学［M］．北京：中国发展出版社，2000．

5. 吴秀生．传统文化转型与文化运作方式的变革［J］．孝感师专学报，1998（3）．

6. 张会恒．论产业生命周期理论［J］．财贸研究，2016（6）．

7. 五贺友继．日本弓射文化思考［J］．清华大学里学研究中心编．第一届礼射国际学术研讨会论文集，2017（4）．

科技·产业运营

…… ……

"互联网＋"时代IP电影运营模式探析

——以漫威电影模式为例

张冲力①

【内容摘要】作为"互联网＋"时代的产物，IP电影体现了当下电影发展的新趋势，并且借助互联网技术在产业链等方面改变了传统电影的运营模式。而成功IP的打造需要完善的运营体系，作为电影界的佼佼者——漫威电影公司无疑是最具有借鉴意义的。从最初的漫画出版社发展成为如今电影界的巨头，漫威在IP内容的打造、影片营销以及产业延伸等方面都形成了自身的发展优势，对我国IP电影的产业化运作具有重要的启示。

【关键词】IP电影　互联网＋　漫威电影　运营模式

一、引 言

随着"互联网＋"的提出和《关于积极推进"互联网＋"行动的指导意见》的具体实施，互联网以其强大的渗透性和影响力影响着文化产业的方方面面，推动了影视、出版、动漫、广播等传统产业的转型升级。在电影与互联网的融合发展下，近几年，IP已经

---

① 张冲力，华东政法大学传播学院文化产业管理专业研究生。

成了电影行业的热门词汇，以《捉妖记》《大圣归来》《寻龙诀》和《夏洛特烦恼》等为代表的 IP 电影获得了不凡的票房收入和口碑，共同推动了 IP 电影在国内的火热发展。

在高票房的诱惑下，各电影公司竞相抢占 IP，从最初的小说、综艺、话剧到游戏、动漫、歌曲，都被纷纷搬上荧屏。令人始料未及的是 2016 年的 IP 电影却突然降温了，一大批 IP 电影在票房和口碑上都表现得不尽如人意。如《致青春：原来你还在这里》《泡沫之夏》《夏有乔木雅望天堂》等青春类型的 IP 电影的评分都极低；根据综艺 IP 改编的电影《极限挑战之皇家宝藏》《好声音为你转身》等更是默默地上映，然后悄无声息地下线。导演小时代系列的郭敬明新推出的《爵迹》也未能受到粉丝们的喜爱，最终以亏本收场。因此，在"互联网 +"时代，我国 IP 电影的运营仍存在一些问题，其"热"背后蕴含着"冷"思考。

作为当前在电影界极具影响力的电影公司，漫威在 70 多年的发展中塑造了娱乐界最悠久且广受欢迎的漫画角色，如钢铁侠、美国队长、蜘蛛侠、绿巨人、黑寡妇，以及打造了诸如 X 战警、银河护卫队、复仇者联盟等人们耳熟能详的超级英雄团队。从当初的漫画出版社转型为如今的电影公司，漫威的成功离不开对 IP 价值的充分挖掘，独特的 IP 运营模式成就了如今的漫威。漫威的 IP 电影不仅赢得了较好的口碑，并且占据了大量的消费市场，实现了 IP 的成功转换以及巨大的经济效益和社会效益，成了电影界的典范。

二、IP 与 IP 电影运营

"IP"是英文"Intellectual Property"的缩写，一般意义上将其译为知识产权，是权利人对其智力劳动成果所享有的权利。从广义上看 IP 可以是一部作品，如《摆渡人》《小时代》《花千骨》等；

或是一首歌曲，如《栀子花开》《同桌的你》；抑或是一个概念，如"不败王座"这一概念被拍出 810 万元人民币的高价。而 IP 电影主要是指以文学作品、歌曲、综艺、游戏、动画等 IP 为基础改编而成的电影，与传统意义上的作品翻拍不同，IP 电影不是照搬原资源，而是将其转为不同的文化产品，不仅包括电影本身，还涉及衍生品。IP 电影是互联网时代的产物，互联网在为电影产业提供先进技术的同时，也将互联网思维融入其中，特别是"互联网+"战略的提出，为电影产业与其他产业的融合提供了契机。IP 电影在对我国电影市场产生影响的同时也重塑了传统电影的运营模式，以下主要从制作、营销以及盈利三个方面论述互联网时代 IP 电影的运营。

（一）制作环节

传统电影无论是在剧本还是演员等方面通常是听从导演安排，整个制作过程以导演为核心，并且在资金筹集和发行方面也依赖于大影视公司，因此，传统电影的制片模式是以明星、导演为中心的"大制片"制作模式。而随着互联网的发展，IP 电影的制作模式主要是借助于云计算、大数据等网络技术，在通过对用户信息搜集、整理和分析的基础上才确定剧本、演员和导演，大数据对电影的制作产生了重要影响，首先，在剧本的选取上，IP 电影的剧本通常来源于当下流行的文学小说、游戏、歌曲、电视剧等，如《栀子花开》《盗墓笔记》就分别改编自歌曲和小说。这些 IP 往往集聚了大量的粉丝，在将这些 IP 改编为电影的同时也获取了一定的受众资源，为影片的成功放映奠定了基础。其次，在编剧方面，受众将不仅是"解码者"，受新媒体的影响，观众也成了影片内容的"编码者"，因此，编剧团队须重视与观众的互动，根据观众的需求而及时调整剧情和拍摄进度，形成"用户生成内容"的制作模式。最后，在电影资金筹集方面，"网络众筹"为电影融资提供了新渠道，如"星筹""平安众+""原始会"，这些众筹平台既打破了大影视公司对影视业的垄断又为小型电影公司的发展提供了契机。

（二）营销环节

新媒体技术的应用改变了传统的以电视、报纸为主的营销方式，以其平台的开放性、互动性等优势使 IP 电影的营销更加多元化和精准化。首先是电影营销的多元化，互联网技术在信息传播的速度、范围以及影响力等方面与传统媒体相比具有得天独厚的优势，因此，也成了互联网时代电影营销的主要方式。无论是在剧组的组建、影片的拍摄还是电影的预告和宣传，社交媒体始终承担了与观众互动的桥梁作用。如依靠微博平台进行推广的《爸爸去哪儿》《寒战2》以及《夏洛特烦恼》等都获得了良好的宣传效果。除了利用社交媒体，一些娱乐平台和商业网站也成了电影营销的重要方式，如电子票务，通过与电商合作，将购票方式扩充到线上，借助低价影票来吸引观众。其次是电影营销趋向精准化，借助数字技术对用户的特征，如喜好、消费领域、对价格的敏感度等的分析，为其匹配相关的营销信息，制造适时的营销事件。如电影《后会无期》在前期的营销中，导演韩寒通过微博"制造话题"从而吸引了大量粉丝的互动；在后期的营销中，借助大数据技术对这些粉丝行为进行分析，发现粉丝关注的主要是演员和主题曲，于是，剧组人员在演员包装和主题曲选择上精心构思，最终取得了良好的营销效果。

（三）盈利环节

"长尾理论"突破和延伸了"二八定律"，也是互联网背景下的一种全新运营模式。在电影产业链中，企业获利的来源不仅依靠票房收入，更重要的是衍生品开发为其带来的"长尾"效益。在好莱坞电影中，票房收入往往比较低，只占三成左右，而衍生品却占据了七成。在 IP 电影产业链中，IP 不仅为电影提供了资源基础，同时借助互联网技术，与其他产业紧密结合，扩展了衍生品发展空间，改变了传统的以票房为主的盈利模式。具体体现在：一是衍生品种类更加丰富，除了涉及传统的服饰、餐饮外，还进军体育产业、动漫产业以及游戏等其他产业；二是衍生品的跨界经营，如淘宝、京东、天猫等商城为衍生品销售开辟线上模式，万达还与时光网合作成立"电影衍生品商城"；三是衍生品的开发更加专业化，基于互联网技术对用户信息的精准分析，从而针对目标市场设计出来的衍生品才能更加符合消费者的需求，避免了生产与销售的脱节。

三、漫威 IP 电影的运营模式

（一）漫威 IP 电影经营体系的形成

从 1939 年至今，漫威公司已经成立了 79 年，在这几十年的时间里，漫威发展成了如今横跨玩具、动漫、影视等多个产业的超级英雄王国，漫威转型的成功与其成功的经营体系密切相关。经过多年市场经验的积累，漫威在 1998 年打造了以"超级英雄"为题材的电影——《刀锋战士》并赢得了较好的口碑。此后，漫威将旗下众多的漫画角色塑造成广受人们喜爱的人物形象，如绿巨人、美国队长、蜘蛛侠。2008 年，《钢铁侠》上映，并收获了 5.8 亿美元的票房，《钢铁侠》的成功也让其提前启动了"漫威电影宇宙计划"，这一立足于漫威 IP 资源的计划就此打开了其进军电影行业的大门。漫威将"电影宇宙计划"分为三个阶段（见表1），第一阶段所推出的 6 部影片就获得了 37.4 亿美元的全球票房，第二阶段的 6 部影片更是为其带来了 54.8 亿美元的高票房收入，[①] 目前，第三阶段正在启动中。漫威电影的制片理念打破了长期以爱情、动作、科幻、喜剧为主流的好莱坞影片格局，用"超级英雄"这样的亚文化改编而成

---

① 资料来源：Marvel. com：The Official Site ｜ Iron Man, Spider - Man, Hulk, X - Men, Wolverine and the heroes of ［4］ the Marvel Universe. Comics, News, Movies and Video Games ｜ Marvel. com. http：//marvel. com/，2017 年 3 月 20 日访问。

的电影占领了巨大的市场份额。漫威在影片类型整合的创新上以及
娱乐性的打造上是同行业所无法比拟的，虽然漫威电影也是属于模
式化的商业片，但是漫威更加注重对自身漫画 IP 这一元素的创新
运用，每一次的 IP 的套现和延伸都是一次完整的产业化运营。

表 1 "漫威电影宇宙"计划

阶段	片名	北美上映时间
第一阶段	《钢铁侠》	2008.04.30
	《无敌浩克》	2008.08.20
	《钢铁侠2》	2010.04.25
	《雷神》	2011.05.02
	《美国队长》	2011.07.19
	《复仇者联盟》	2012.05.04
第二阶段	《钢铁侠3》	2013.05.01
	《雷神2：黑暗世界》	2013.11.08
	《美国队长2》	2014.04.04
	《银河护卫队》	2014.04.04
	《复仇者联盟2：奥创纪元》	2015.05.12
	《蚁人》	2015.07.17
第三阶段	《美国队长3：内战》	2016.05.06
	《奇异博士》	2016.11.04
	《银河护卫队2》	2017.05.05
	《蜘蛛侠：英雄归来》	2017.09.08
	《雷神3：诸神黄昏》	2017.11.03
	《黑豹》	2018.02.16
	《复仇者联盟3：无限战争（上）》	2018.05.04
	《蚁人与黄蜂女》	2018.08.24
	《惊奇队长》	2019.03.08（未上映）
	《复仇者联盟3：无限战争（下）》	2019.05.03（未上映）
	《蜘蛛侠2》	2019.07.05（未上映）

数据来源：美国漫威官方网站 http：//www.marvel.com①

---

① 资料来源：美国漫威官方网站 http：//www.marvel.com，2017 年 10 月 26 日访问。

（二）漫威 IP 电影经营策略分析

1. 内容层面：立足 IP，重人物与故事

经过 70 多年的发展，漫威已经塑造了几百名超级英雄和上千名漫画角色，其 IP 资源极其丰富。但是成功 IP 的产生并不是一蹴而就的，而是要经过时间的考验。漫威甚至用几十年的时间塑造一个角色，例如，"蜘蛛侠"登上荧屏花了 35 年时间，"复仇者联盟"解散后又重生。漫威对 IP 形象的塑造十分重视，成功的人物形象可以成为一个 IP 品牌，因此，漫威在设定人物时格外突出其个性，不同的人物都是不同的符号化表达，如，"高富帅"型的钢铁侠，酷炫、幽默，广受年轻受众的喜爱；雷神不仅仅是神还是"敢爱敢恨"角色的象征。

漫威的 IP 电影并不是简单地将 IP 从二维漫画转变为三维电影，它在传统故事的基础上融入了许多时代元素，极大地丰富了影片内容。如，《美国队长》最初是体现美国在反法西斯战争中的英勇奋战，而现在的《美国队长 2》却与当下的社会问题结合，着重突出反腐主题，让粉丝能够产生与之共生共长的感觉，从而对影片充满期待。漫威的 IP 电影在故事情节的塑造上虽然也是属于程式化类型，但漫威经常能够将剧情在穷途末路时转为柳暗花明，为观众创造新奇感。在 IP 内容的打造上，漫威的成功便是能够在人物形象的塑造上以及故事的风格方面寻求突破，做到与时俱进。

2. 营销策略：整合资源，多角度营销

漫威所创造的票房佳绩离不开其运作得极其成功的营销策略。首先是互联网营销。好莱坞的电影院线几乎在影片上映前都会将海报、预告片投放到购票网站、团购网、电商网等购物平台，以此来引起大众关注。漫威除了在官网上提前发布影片信息外，同时还会

在目标受众集聚的各类社交媒体和网站，如 Facebook、Twitter、YouTube 以及中国的微信、微博上提供海报、剧照等。其次是连环扣式的营销手段，其典型表现是影片末尾的"彩蛋"，漫威会在影片片尾插入"下集预告"，如在《复仇者联盟》上映前，便在《钢铁侠》以及《美国队长》等影片片尾提及复仇者计划，使《复仇者联盟》在刚上映时便收获了 15.2 亿美元的票房。这一做法改变了观众的观影习惯，让他们对片尾字幕也存有兴趣，引起他们对下一步影片的期望。最后是品牌间的联合推广。对于漫威电影而言，品牌植入方式不仅是一种创收方式，更是为了获得品牌的整套营销策略。如 2016 年，漫威影业在即将上映的电影《奇异博士》上与智能手机荣耀达成合作，进行一系列的线上与线下的联合营销，从而实现双方的共赢。

3. 衍生品层面：授权衍生，延长 IP 寿命

在漫威电影运营体系中，版权保护体系如"生命"般重要，漫威对版权的利用为其创造了巨大的市场利润，具体体现在衍生品的开发与创造上。漫威在将漫画 IP 资源变现为电影后，又将影片中的英雄形象进行开发和扩展，如与玩具、服装、图书、游戏、动漫等产业相结合，以延长 IP 的寿命。特别是在漫威被迪士尼收购后，更是有利于漫威生产和销售 IP 资源，开发主题公园和系列玩具等衍生品。例如，在主题公园方面，漫威的"铁甲奇侠飞行之旅"在香港迪士尼乐园开幕，吸引了众多游客前去体验；在电视产业方面，漫威借助迪士尼旗下的美国广播公司，继续让《特工卡特》《神盾局特工》这些故事在电视产业领域提升漫威的影响力；在游戏产业方面，《蜘蛛侠无限》《美国队长 3》《X 战警：逆转未来》等漫威游戏陆续登上游戏平台；在动画产业领域，漫威结合电影中的元素，推出了《星球绿巨人》《少年雷神》等动画，每一部都和漫威近期的电影战略一致，不仅在剧情上让观众对漫威未来电影的角色先睹为快，并且在笑点的安排上也大量呈现电影中的预设情节。

自 2008 年漫威独立制片到 2017 年 8 月，漫威总共推出 15 部电影，为其带来了超过 110 亿美元（约人民币 759.44 亿元）的全球票房，① 其超强的"吸金"能力不容小觑。在漫威的产业运营体系中，实现了从 IP 到电影再到电视、动画、游戏等衍生品的真正完整产业链，这对我国"虚火一片"的 IP 电影市场具有重要的启示。

四、对我国 IP 电影运营的启示

（一）内容：深耕本土文化，创造优质 IP

在"互联网+"时代，仍然坚持内容为王，优质的 IP 是电影产业运营的核心，打造优质 IP 的关键在于文化创意，而文化创意往往植根于传统文化。漫威十分重视对本土文化资源的开发与运用，其旗下拥有几千名漫画角色，电影的取材也主要是来源自身的漫画 IP，并对故事情节和人物配置进行创新，打造符合当下受众品味的电影内容。正如 Kong 所强调的，在发展创意产业中，最不容忽视的就是文化和创意本质的作用。我国文化资源丰富，涉及文学、民间传说、神话故事、民俗礼仪等，为我国电影产业提供了丰富的 IP 资源。在电影的内容的打造上可融入这些传统元素，让观众以潜移默化的方式感受到传统文化的魅力。以泛娱乐化的形式深耕本土传统文化，打造优质 IP，既弘扬了优秀文化，也契合了文化产业的发展战略。

（二）平台：依托业界平台，提升 IP 品牌

IP 在电影产业中的价值主要体现为品牌的塑造，而不是暂时的

---

① 资料来源："漫威电影全球突破 110 亿美元"，http：//www. mnw. cn/movie/waiyu/1694151. html，2017 年 3 月 20 日访问。

变现能力。漫威电影在营销中积极借助互联网技术的优势，利用各大网站和社交媒体进行宣传，重视互联网公司发布的"大数据"以及时调整宣传策略，如 2012 年 Fandango 电影票交易网站基于用户调查，在网站上公布了 2012 年夏季最受欢迎的电影是《复仇者联盟》，其中男性的期待率为 31%，成了最受欢迎的电影；而在女性中的期待率为 16%，成为第二期待的电影。[①] 这些统计数据为漫威即将上映的电影提供了参考，也为后期的营销策略提供了方向。并且漫威在被迪士尼收购后，充分利用迪士尼的品牌优势运营漫威的 IP 资源，从而提升了漫威在动漫、游戏、玩具等产业领域的影响力。以 BAT 为代表的互联网企业凭借数据和流量优势成了国内产业运营的重要平台，IP 电影在制作、营销、发行、放映等环节可依托这些互联网企业实行跨界经营，从而提升 IP 品牌。

（三）受众：精准定位，重视粉丝群体

漫威最初是一家漫画公司，其出版的漫画在当时就已经获得了很多"原著"粉丝，并且因塑造的人物角色众多，发展成了不同的粉丝群体，如"钢铁侠"粉丝、"雷神"粉丝、"美国队长"粉丝，这些粉丝在漫威转型为电影产业时便成了重要的目标受众。相对于主流观众而言，粉丝往往属于"利基观众"，位于利基市场，是获取利益的基础。托马斯认为"第三方的积极或消极情绪会放大最初的营销力量"，虽然他的分析是基于市场营销的"蜂巢说"，但是却符合漫威的经营情况。漫威从漫画转为电影产业的过程中，其需要粉丝也作出相应的转变，他们的积极或消极情绪对后续的产业运作至关重要。漫威非常重视与粉丝的互动，在影片上映前或是作出相关决策前都会"制造事件"与粉丝进行交流，如 2014 年漫威在推行"第三阶段"的宇宙计划时，通过在线的形式与粉丝互动，既提高了粉丝的参与感，又提前为影片进行了宣传造势。从产业的角

---

① 资料来源：美国电影票务网站 http://www.fandango.com，2017 年 3 月 20 日访问。

度看，粉丝是经营出来的，需要企业与其进行互动与交流，在互联网时代，企业应积极借助网络新媒体平台，让受众参与到产业运作中，为产品的营销和开发提供市场空间。

（四）产业链：打造全产业链模式，实现一体化经营

在产业经济学中，产业链是实现企业利润的重要方式。漫威在初涉电影产业时，主要是通过对外授权的形式来实现盈利，虽然这一方式使其走出破产危机但因缺乏发行能力所获利润与其他电影公司相比要少很多。为了摆脱在产业链下游方面的弱势，漫威在上市后开始兼并漫画分销公司并开始谋划打造从出版到发行的全产业链模式。而漫威真正的全产业链模式的形成是在被迪士尼收购后。借助全球最大的娱乐公司，漫威实现了从电影创意、制作到发行的全面掌控，并且在动漫、玩具、游戏等衍生产业中也实现了全面布局。当下，互联网技术以及IP电影的发展打破了传统的电影产业链运营模式，从IP资源开发、电影制作、电影发行到衍生品生产的一体化运营模式正在逐渐形成并成为全球影业发展的共同趋势。因此，我国文化企业在发展中可借助IP热潮，以IP电影为载体，以互联网技术为平台，整合资源、完善机制，打造"全产业链"式的运营体系，推动我国电影产业的国际化发展。

五、结　语

IP热潮与互联网之风的盛行共同推动了电影产业的转型升级，在制作、营销、盈利等环节重塑了电影产业链，形成了以IP资源为核心、以互联网为平台、以衍生品为主要盈利来源的多元化运作模式。然而，纵观当前我国IP电影市场，仍然是"虚火一片"，其产业化运作模式仍然不成熟，致使2016年以及2017年上半年IP电

影的发展不尽如人意。在以互联网为重要驱动力的产业运营模式下，要想提高我国影视产业的发展层次，还需对内在因素进行分析和培育，如文中所提及的，从内容、运作平台、受众以及产业链开发等层面提高我国影视产业软实力。此外，IP 电影的产业化运作还需良好的政策环境，国家应完善与电影产业相关的法律法规，形成以《电影产业促进法》为核心、以知识产权为依托的法律保护体系，为电影产业链的整个运作环节保驾护航，实现在互联网发展背景下的电影制作的民主化、发行的去中介化以及营销的扁平化。

参考文献：

1. 胡涛．"繁荣背后的隐患——中国 IP 电影现状的思考" [J]．中国电影市场，2016（5）．

2. 李竹荣，张黎焱．"'长尾理论'与低成本电影的商机" [J]．当代电影，2008（9）．

3. Kong, L. Form cultural industries to creative industries and back? Towards clarifYing theory and rethinking policy [J]. Inter – Asia Cultural Studies, 2014, 15 (4).

4. Thomas Jr, Greg Metz. Building the buzz in the hive mind [J]. Journal of Consumer Behaviour, 2012, 9 (2): 5 – 8.

"互联网＋"背景下
移动网络电台运营模式的探究

——以喜马拉雅 FM 为例

秦 瑄①

【内容提要】随着移动互联网和音频技术的飞速发展，人们对于优质知识的渴求和消费观念的转变，优质精品内容的知识付费成为新媒体时代的趋势。网络电台区别于传统的广播电台，是一种新兴文化产业形态。本文首先以声音优势引出在碎片化时代，音频作为伴随性媒体在不同的生活场景中最适宜获取知识。之后以国内移动音频行业的领军者——喜马拉雅 FM 为例，阐述其多元化的生产主体，全新的 PUGC 内容模式和全方位的音频传播分发体系三个特征，以及广告盈利、粉丝经济、智能硬件载体、优质有声读物的付费多向创收的盈利模式。据此分析以喜马拉雅 FM 为代表的网络电台存在的问题，即内容同质化、智能音箱泛滥以及盈利模式单薄。

【关键词】互联网＋ 网络电台 喜马拉雅 FM 知识付费

---

① 秦瑄，华东政法大学传播学院文化产业管理专业研究生。

一、引　言

（一）声音的伴随性

何谓声音？具体而言，声音包含了乐音和噪音的双重意涵。[1]声音艺术和其他艺术形式最大的差异在于：人们必须要听完才知道发生了什么事情，才能确定自己体验了些什么。[2] 相对于视觉传播，声音更依赖于用耳朵倾听去了解周遭发生的事情。声音不仅是一种传播媒介，更是人类的存在方式。麦克卢汉在《理解媒介》中提到："在电子媒介对现存社会形式的冲击中，最主要的原因是速度与断裂。"[3] 新媒体在追求速度和效率的过程中，作为三大传播媒介之一的声音会融入人们的日常生活，与人们的生活产生联系。Jo Tacchi认为电台声音以一种亲密的方式融入人类的日常生活，成为日常生活和情感表达的一部分。通过对英国布里斯托四位电台用户的调查访问，从而得出电台声音拥有连接的力量的结论。首先，电台声音连接时间与美好的记忆，是情感和日常经验的一种表达。其次，声音连接个人与外在世界，消除与世隔绝的孤独感，以声音为媒介打造一个想象共同体。最后，由于电台声音的特殊属性连接记忆与怀旧。怀旧具有消费和生产双重属性。人们通过收听电台消费的是电台声音，生产出一种记忆、情感和一种创造性的潜能。而这种记忆不仅连接着过去，更连接着现在和未来。[4] 声音则在生活中扮演陪伴的角色，构成生活的一部分。

---

[1]　林其蔚："声音艺术的定义和不可能定义"，载《艺术家》2005年第274期。

[2]　张蕴之："声音艺术，台湾发声——从五线谱中离开：声音艺术对话录"，载《幼狮文艺》2005年第621期。

[3]　马歇尔·麦克卢汉：《理解媒介——论人的延伸》，商务印书馆2009年版。

[4]　Jo Tacchi：Nostalgia and Radio Sound . The Audotory Culture Reader, Berg, pp. 281－295.

声音之所以融入人们的日常生活并与之产生联系，是因为声音具有伴随性的特征。随着汽车行业的快速发展，诞生了车载广播，广播摆脱了收音机这一固定的收听载体。Michael Bull认为司机在驾驶汽车枯燥的过程中，只有电台声音陪伴在其身边。甚至有司机将汽车喻为"家"，由于汽车的封闭性和私人性，司机可以根据喜好和空闲的时间选择相应的电台节目，自由释放情感，形成司机私人的听觉空间。① 由此，汽车成为电台节目播放的主要空间之一。近几年来私家车数量逐渐增多，车载广播的节目类型已不再满足用户的需求。网络电台的出现植根于传统广播电台的媒介土壤，是"互联网＋广播"的新生儿。其顺应互联网趋势，为用户提供升级版音频内容服务，用户在外出或者上下班的路上不再孤单。

互联网时代三大传播媒介分别是文字、音频、视频。其中音频因其伴随性特点在新媒体时代大有复兴的趋势。随着经济的快速发展和工作节奏的加快，人们在工作日很难有空余时间用视觉器官去浏览信息，学习知识，音频作为伴随性媒体最适宜获取知识。在不同的消费场景里，听众沿袭传统电台的收听习惯在行车、跑步、吃饭、睡觉时利用碎片化的时间以一种放松、休闲的方式学习知识，获取信息。在平常忙碌的日子里拓展一个获取知识的平行时间，节省大量的空余时间去做其他事情。

(二)互联网技术的发展

随着终端形式的不断更新，智能手机价格的下降使广播借助手机载体重焕生机，广播与通信工具绑定在一起，真正意义上成为移动媒体。由于中国网民数量逐渐增多且渗透性强，PC端用户规模逐渐饱和，移动端成为未来音频市场的主要发展方向。在移动终端上喜马拉雅FM手机客户端版本不断更新，不断丰富APP的界面与

---

① Michael Bull: Soundscapes of the Car – A Critical Study of Automobile Habitation, Berg, pp. 357–374.

功能，解决用户闪退等问题。同时，伴随文化娱乐消费硬件载体的普及，从手机、电脑向汽车和智能家居多渠道延伸，形成跨界合作，建立全面的内容分发场景，打造完整的音频生态体系。

WiFi 大规模的覆盖、4G 移动网络的普及以及音频技术的发展都促使传统广播电台顺应互联网的趋势，在其基础上借助大数据优势，对用户网络行为习惯进行个性化精准分发。跟随用户行为习惯的改变，不断调整和置换相对应的全景式应用服务，形成高效智能的原创分发体系。

二、喜马拉雅 FM 的运营特征

喜马拉雅公司创立于 2012 年，2012 年 PC 端网页版正式上线，2013 年 2 月苹果版正式上线，紧接着 2013 年 7 月安卓版本上线。2014 年 5 月 22 日喜马拉雅公司宣布成功获得 1150 万美元的 A 轮风险投资，分别是 SIG、KPCB、Sierra Ventures，成为中国互联网音频行业有史以来金额最大的融资个案。之后其完成三轮融资，获得大量金融资本的注入。随着网络条件的成熟和市场的发展，如今喜马拉雅 FM 已成为国内第一音频平台，激活用户超 4 亿，拥有超过 500 万名主播，音频行业占有率达 73%，在音频市场形成寡头格局。

（一）多元化的生产主体

随着新媒体时代的到来，信息获取的便捷性和消费者对优质知识的渴求推动互联网的知识传播朝着去中心化的方向发展。跨阶层、跨地域的网民能够参与知识生产和知识传播的环节，形成精英与草根并存，形成主体的多元化局面。① 喜马拉雅 FM 打破听众与

---

① 丁广征："知识的重构—新媒体知识社会学的思考"，南京大学硕士论文，2014年，第 13~14 页。

主播的界限划分，将潜在主播从亿级的用户群体中挖掘出来，降低网络电台主播的门槛。为热爱声音传递和分享的用户，以及致力于优质音频创作的非专业人才提供一个孵化平台。以喜马拉雅FM为代表的移动电台在传播过程中，生产者和消费者共同构成内容生产的主体，并逐渐打破生产和消费泾渭分明的划分界限，形成了内容生产主体的多元化格局，增强了两者之间的互动性。受众成为虚拟平台中拥有积极发言权和强烈参与意识的用户，甚至还会获得许多虚拟资本进而转化为实际商业利益。① 同时借助智能终端的完善优化和4G移动网络的普及，降级录制音频的难度，摒弃笨重专业的录音设备，通过智能手机录制独特的音频制作上传一体化操作，成为文化内容的生产者，实现"人人都是主播"。

为实现优质原创内容的可持续产出，喜马拉雅FM创立"喜马拉雅创业基金"和众创空间，扶植优质的主播。开设"加 v"的认证制度，从这些草根中选出部分进行专业化培养，进入"喜马拉雅大学"进行专业的主播培训和系统的节目运营课程。其中包括提升播音技巧、培养对内容生产的战略眼光以及提高节目宣传的策划能力。喜马拉雅平台自身孵化专业主播，加入到平台主播培育机制中，潜在的优秀自媒体人通过喜马拉雅FM的孵化平台逐渐成长，实现网络主播的专业化，同时实体台主播新媒体化，主播生态体系逐渐走向成熟。

（二）全新PUGC内容生产模式＋独家版权

从内容生产来看，传统广播电台一般由电台主体制作音频产品进行播放。其内容以传统广播题材为主，内容生产必须由专业团队和专业设备进行，降低用户的参与度和满意度。传统广播电台的线性传播特性和无线频率的稀缺性决定了其信息发布量有限，广播时

---

① 倪赛美："移动音频电台的知识传播研究"，山东大学硕士论文，2017年，第19页。

间有限，如果遇到事情中断收听，则无法找回漏听的内容，无法满足用户的听众需求。传播者往往会成为整个传播过程的主导方，受众往往被动接受。伴随着 Web2.0 兴起，用户原创内容成为个性化表达的方式，移动音频在"互联网＋"大背景下，在内容生产方面衍生出了"PGC＋UGC"模式。喜马拉雅 FM 以独特的新兴网络媒体——自媒体网络电台为主，改变了原有电台的统一化制作和不可选择的僵局，除了延续传统电台的一些内容输出方式以外，采用全新的 PUGC 模式"UGC＋PGC"，UGC 即 User Generated Content，强调用户生产内容，PGC 即 Professional Generated Content，强调专业生产内容，两者共同构成互联网移动音频内容生产体系。喜马拉雅 FM 成立之初，主打有声读物和 UGC 模式，后来逐渐形成"UGC＋PGC＋独家版权"的互联网音频生态圈。在传统广播节目的基础上汇集海量的音频节目供用户选择，包含"音频自媒体＋有声书＋品牌＋高校广播"的海量有声内容，成为存储 6000 万条声音的拥有全国最大的声音宝库。

喜马拉雅 FM 通过 PUGC 模式，为其平台中的优秀主播提供包括资金、资源、培训、服务和工具在内的一系列支撑，并由此形成了一条完整的主播生产链。[①] 从内容的产出到专业主播的认证，再到草根主播的培养，喜马拉雅 FM 已经吸引越来越多优秀的自媒体人加入这条完整的主播生产链，将新媒体和人有机联系，发挥主观创造力打造优质音频节目。与阅文公司等在内的国内知名图书集团达成独家合作和 IP 衍生的战略合作，获得了将近万册的网络原创小说的有声读物版权和部分文学作品有声改编。并且购买了韩寒、张嘉佳等一些业内知名作家作品的有声版权，开展与知名出版社、图书公司的线下合作，实现了在原创内容源头布局的战略。

（三）全方位的音频传播分发体系

从内容渠道上来看，借助大数据优势，基于用户网络选择和习

---

① 丁毓："喜马拉雅 FM 打造'耳朵经济'"，载《上海信息化》2017 年，第 72～75 页。

惯进行精准定位，从手机用户向汽车和智能家居多渠道延伸，形成高效智能的分发服务体系。如今已形成"8 亿手机＋2 亿汽车＋智能生活"的强大的音频传播分发体系。

1. 互联网时代的大数据优势

基于互联网技术的发展和大数据的优势，网络电台区别于传统广播电台最大的优势在于其交互性和个性化。传统的广播电台往往是提前录制好节目或者是直播，大体内容较为单一，时间上安排较为死板，以一种普适性原则制作节目。由于时间和技术的限制不支持随时回听，回顾收听只能依赖重播，致使用户错过许多自身感兴趣的话题和内容。单向的音频传播缺乏互动性和主动性。而网络电台是传播者和收听者双向的交互传播，听众从一个受众成了一个主动者。通过向主播留言、发私信、评论等方式告诉主播其想法和观点，听众和主播的互动方式逐渐多样化，实现和主播的双向甚至多次的互动。

喜马拉雅 FM 作为网络电台其内容可以称之为海量，其主要优势在于能够几乎全部覆盖各类观众的各类需求，基于互联网的优势，用户可根据喜好随时随地收听，或者循环播放，打破了传统广播电台的时间和地点限制，满足用户的娱乐体验。喜马拉雅 FM 通过大数据 DMP（Data – Management Platform），厂商在收听场景上对每一个用户个体的喜好和收听习惯进行分析精准分发，形成用户画像，通过推送优质精品内容给潜在用户，增强与客户的情感黏度。"猜你喜欢"板块中根据性别、年龄、兴趣三个步骤生成个性化首页，对用户准确匹配和内容推荐。从内容生产到业务发展，喜马拉雅 FM 基于互联网优势以大数据作为驱动力，形成网络音频电台的最新形态。

2. 应用场景的延伸

在无线电的基础上，调频收音机依赖信号的强弱接收无线电广播节目，收听广播电台发送的娱乐和资讯节目。抛开信号的强弱和节目内容的质量好坏，从调频收音机到手机收听广播，传统电台均局限于固定的消费场景。与传统电台相比，喜马拉雅 FM 基于互联网扩展其音频的应用范围，收听场景不断延伸，内化到消费群体的日常生活中。应用载体从手机、电脑 PC 端扩展至汽车、智能家居，形成跨界合作。移动互联网时代催生碎片化时代，喜马拉雅 FM 作为新媒体的产物利用声音的优势，在碎片化时间里，真正实现"随时随地，听我想听"。

据喜马拉雅 FM 官方统计，喜马拉雅 FM 的用户是高收入，高学历、高活跃的"三高用户"。首先是用户年轻化，20～39 岁的人数比例最大，占所有用户的 73%；用户高收入，67% 的用户收入在 5000 元以上；72% 的用户集中在一二线城市，北上广等大都市的用户比例比较高。喜马拉雅 FM 传播的内容可向站内 4 亿移动用户推送，平均每天有 9000 万次播放量。

喜马拉雅 FM 联合线下多个实体品牌车企、厂商跨界合作，形成消费场景的声音介入，实现嵌入式营销。喜马拉雅 FM 与科大讯飞共同推出音频内容平台"喜马拉雅 INSIDE"，已有超过 2000 家品牌接入"喜马拉雅 INSIDE"，不乏宝马、福特、奔驰等汽车品牌和百度 carlife、捷渡、路畅等车载及车联，哈曼、SONOS、飞利浦等音箱耳机硬件品牌。此外，喜马拉雅 INSIDE 还开发了一款名为"随车听"的车载听书硬件，这是其在智能硬件领域的开发迈出的第一步。在后装市场，内置到华阳等 10 家顶级设备中，为后端厂商提供娱乐解决方案。随后"喜马拉雅 INSIDE 2.0"的提出是针对智能语音交互的场景解决方案，其包括六大能力：云服务、硬能力、大数据、广接口、享收益、个性化赋能合作伙伴，达成广范围、深层次的跨界合作。

喜马拉雅 FM 与一些厂商如海尔、美的等签订了合作协议，共同开发智能家居。例如，将"喜马拉雅 INSIDE"装入卫生间镜子和冰箱，在洗澡或是在起床、厨房做饭都能得到及时有效的信息播报。2017 年 6 月，喜马拉雅 FM 发布一款智能音箱"小雅"，由猎户星空提供语音技术，喜马拉雅提供音频内容，洛可可提供设计，佳禾智能生产硬件，协同完成音箱的研发生产。小雅音箱被称为是一款全内容 AI 音箱，它的功能并不仅限于控制智能家居，而是作为"陪伴"的一款家庭服务产品，真正走入用户的生活。内容覆盖全国 33 个省实体台，实现内容反向输出。

截至 2017 年 3 月，喜马拉雅 FM 已实现与家居、汽车、音箱等超过 1000 家公司跨域合作。① 通过与智能家居的开放合作，各类智能设备的面世，大量的应用场景将喜马拉雅 FM 中海量精品音频内容传递给各类听众，驱动着技术的发展和智能家居的应用，实现未来智能家庭的新生活。

三、喜马拉雅 FM 多向营收的盈利模式

作为一个新媒体产物，喜马拉雅 FM 没有完全摒弃传统的广告盈利模式，但在此基础上有更多大胆的创新和实践。其不仅投入扶持优质主播的成长基金，而且通过成熟的商业化模式，广告盈利、粉丝经济、智能硬件载体、优质有声读物的付费实现多向创收。同时，平台日常返利50%，返利广告收入的1/8给平台主播，形成一条完整的产业链。资本的大量进入、平台多轮融资的完成，喜马拉雅 FM 平台的战略布局基本形成。

（一）广告盈利

随着网络电台用户量的不断增长，广告逐渐从传统的广播平台

---

① 中国智能制造网"全球首款手势控制物联网音响问世喜马拉雅 FM 独家入驻"http：//www.gkzhan.com/news/Detail/98434.html，2017 年 3 月 29 日访问。

转向网络电台。在喜马拉雅 FM 的盈利模式中，广告收入占据半壁江山。喜马拉雅规避了传统硬广的营销模式的弊端，即可能的强行插播广告、节目冠名等常见广告植入模式引起用户的反感。喜马拉雅 FM 自身探索出了一套新的广告方式，通过音频将广告软性植入，减少用户的唐突感和不适感。基于大数据背景下，喜马拉雅利用大数据分析用户的消费习惯和消费倾向进行广告推送，提升了广告购买效率，形成最优化的广告投放体系。这是传统广播平台无法做到的。① 各大品牌的入驻增加了平台的知名度，获得品牌的推广效果。如欧莱雅等知名品牌加入电台，在线上聚集了众多的品牌粉丝进行互动和探讨，在介绍一些化妆技巧的同时，通过该平台发布品牌信息和宣传推广，吸引更多的粉丝聚集，形成一个品牌粉丝聚集与互动的平台。在喜马拉雅 FM 的众多专业用户，在节目中软性植入广告，这种植入性广告既能减少硬植的突兀感，同时兼顾用户的使用体验。以游戏广告为例，主播自身尝试游戏同时与观众互动分享体验感受，有些主播甚至带动粉丝进入游戏互动以此增加广告的达到率。在广告到达用户后，用户能够作出及时反映，这也增加了广告商对于喜马拉雅 FM 的信任。在广告的分成上，运营商喜马拉雅电台和主播之间分成比例为 8∶1，即主播取得 12.5% 的广告投入费用，双方共同分享广告收益，实现共赢。

（二）粉丝经济

相对于视频直播网站是通过主播与粉丝互动，粉丝打赏以此来获得盈利。网络电台粉丝经济是由有影响力的主播带来优质节目，从而逐渐形成特定的粉丝群体，粉丝群的忠诚度越高，就越愿意交纳一定的费用去收听节目。② 喜马拉雅 FM 培育优质主播，打造用户与粉丝的

① 陈方正："互娱经济视域中的网络电台特色——兼对上海提升 UGC 网络电台的前瞻思考"，载《上海文化产业发展报告（2017）》，第 56～77 页。

② 孙婷婷："我国网络电台运营模式研究"，陕西师范大学硕士论文，2016 年，第 18 页。

联合体，利用知名主播强大的粉丝效应，增强平台粉丝互动和黏性，实现线上线下的互动。将音频节目作为一个可打赏项目供粉丝们传播转载打赏。每一个主播完成自己的节目录制后自行发在平台上，粉丝群在转发过程中得到其群体对行为的共鸣和认同。通过平台强化主播与粉丝的关联，既节省了喜马拉雅的宣传成本，又得到了良好的品牌宣传效果。除了平台培育优质主播外，引入明星和文化名人，打造粉丝会员模式，粉丝对于自己喜欢的节目可以进行打赏，从 2 元到 10 元不等。运营商喜马拉雅每月会与各主播进行分成，一般是对半分的形式，主播和运营商各分得 50%。并且随着视频主播行业的火爆，喜马拉雅瞄准行业的迅猛发展，在 2017 年也开设了音频直播板块。

（三）智能硬件

移动网络电台在新媒体时代未来的发展趋势是向汽车和智能家居延伸形成合作。随着用户收听场景的变化延伸，音频的消费场景也在不断变化。喜马拉雅 FM 联手宝马、福特、一汽等 60 家车厂和 tsp 方案将内容批量分发到各品牌汽车上。在生活场景中，"喜马拉雅 INSIDE" 与阿里、华为、小米等联手打造智能家庭生活，深耕音频的应用场景，满足用户碎片化收听。喜马拉雅 FM 与 200 多个品牌跨界合作形成车载硬件、智能家居内容的分发和市场的大范围占有。

2017 年 6 月，喜马拉雅 FM 小雅音箱发布当天销售 5 万台，上市两个月销售 10 万台，人均互动次数 20 次。除此之外，喜马拉雅 FM 在硬件增值领域销售随车听等智能硬件产品，并在各大电商平台销售喜袋、喜猫等衍生品，拓展衍生品牌市场进入粉丝市场。

（四）优质有声读物的付费

随着版权意识的增强和文化素质的提高，海量信息的获取越来越便捷。人们需要的不再是海量的信息，而是更加渴求优质的内容和跨界的学习。喜马拉雅 FM 以内容版权为核心，不仅推送免费的音频，付费的精品内容成为平台推出重点。2016 年，被称为知识付费元年，从罗振宇的《逻辑思维》的走红到马东带领的"奇葩说"团队打造的《好好说话》，上线一天销售破 500 万元。时隔半年，喜马拉雅 FM 又推出中国第一个知识内容狂欢节——123 知识狂欢节，仅 24 小时，销售金额达到 5088 万元，侧面反映消费者对于高品质文化内容的渴求。文化内容生产者打造精品内容，听众在上下班的路上、跑步、吃饭、睡觉时利用碎片化的时间学习知识，获取信息。听众在付费的同时鼓励和刺激生产者进行下一轮高质量的投入，吸引更多的听众。在商业市场井然有序的条件下，喜马拉雅 FM 形成一个良性的产业循环。随着人们消费观念的改变和优质体验、音频平台高端服务模式排除广告困扰，高音质节目的推出将知识转变成服务获利和内容付费成为新趋势。

作为国内音频行业综合实力最强的喜马拉雅 FM 和蜻蜓 FM，得到了资本市场的认可，完成了四轮融资。第二梯队的荔枝 FM 和考拉 FM 相继获得风险投资。但是，目前来看网络电台的盈利模式还不够成熟，其基本运营主要依靠资本市场的融资，广告收入和付费模式的盈利也微乎其微，如表 1 所示。

表1 主流网络电台融资情况

主要电台	融资额			
	A 轮	B 轮	C 轮	D 轮
喜马拉雅 FM	1150 万美元	5000 万美元	6000 万美元（预估）	未透露
蜻蜓 FM	200 万美元	1000 万美元	未透露	未透露

四、以喜马拉雅 FM 为代表的网络音频电台存在的问题

（一）内容同质化和优质内容的缺乏

从 2011 年 9 月国内第一家网络电台蜻蜓 FM 产生，到 2012 年相继产生的喜马拉雅 FM、考拉 FM、荔枝 FM 等，网络电台在互联

网的大背景下已初具规模,并且形成了各自不同的风格。蜻蜓 FM 更注重用户的收听体验,将重心放在了节目质量提升上。喜马拉雅 FM 走的是大众化和普及化路线,更多地探讨创业、致富、说话、理财等内容。荔枝 FM 走的是文艺和小清新路线,深得青年观众和文艺青年的青睐。① 从各自的定位和用户群体的划分范围上来看是不同的,但是打开 App 对比发现,节目分类和内容方面却具有普遍性,并没有实质的区别。例如,高晓松在喜马拉雅电台独播《晓说2017》节目,但随即 2017 年 6 月高晓松在蜻蜓 FM 开播《矮大紧指北》,这很难避免在节目录制过程中遇到话题或内容的相似性。喜马拉雅 FM 与其他网络电台相比,节目分类的模糊性和内容的同质化导致用户无法形成稳定而持久的选择动机,注意力会被其他电台转移进而流失用户群。网易云音乐、豆瓣、新世相纷纷进入知识付费的市场。付费用户有限,相关产品却很多,这对网络电台的内容质量有所考验。因此,新媒体网络电台要在品牌形象塑造和差异化风格方面进一步探索,必须形成差异化竞争格局,才能在未来的音频市场中占领一席之地。

　　喜马拉雅 FM 作为国内第一大音频分享平台,自诞生之初强调用户生产原创内容,吸引优秀的自媒体人加入,但是优质内容的缺乏却成为该类平台最大的弊病。在对原创内容的把控上,虽有主播相关的专业培训和孵化机制,但是因主播各自文化资质和驾驭能力的参差不齐,内容的质量难以保证。喜马拉雅 FM 通过与专业的内容生产者合作或者购买版权,把一些传统电视台热门节目的如《今晚 80 后脱口秀》《百家讲坛》,还有一些网络热门自媒体节目如《罗辑思维》《凯叔讲故事》等节目的音频版作为其专业优质内容进行推介,② 保证内容的专业性。虽然喜马拉雅 FM 将优质的付费

　　① 王晓娟、白妞:"媒介融合背景下自媒体网络电台的生存现状与发展空间——以喜马拉雅 FM、蜻蜓、荔枝 FM 为例",载《视听研究》2016 年第 11 期,第 78～79 页。
　　② 谷鹏:"'互联网+'背景下网络广播的发展出路思考——以喜马拉雅 FM 为例",载《新媒体研究》2015 年第 5 期,第 44～45 页。

内容作为平台的发展方向，但仅依靠几档优质头部内容，销量有限，而这些产品往往具有周期性。一档节目一旦更新完成，可能会导致平台内容出现断层。因此，如何从头部到长尾细分，规模化生产优质内容，丰富内容生产体系？如何在保证吸引不同层次和爱好的用户基础上持续不断地推出精品内容来满足用户各类的文化需求？除去文化名人和大佬在喜马拉雅 FM 开设的节目，例如，教育培训类的《马东携奇葩天团亲授"好好说话"》，人文类的《蒙曼品最美唐诗》，商业财经类的《每天听见吴晓波》，在听众对此类节目已经厌倦或疲软的状态下，喜马拉雅 FM 如何另辟蹊径开拓全新的内容生产方向是一个亟待解决的问题。

在新媒体时代，以喜马拉雅 FM 为代表的一系列网络音频电台，无论是喜马拉雅 FM 还是蜻蜓 FM，都只是一个音频汇集和分享的平台，内容才是未来音频市场的发展方向。因此，做好内容是网络电台的立足之本。

（二）智能音箱的泛滥

喜马拉雅 FM 陆续与 200 多个品牌跨界合作，形成车载硬件、智能家居内容的分发。苹果、谷歌、微软等国际巨头在人工智能领域广泛布局，对于智能音箱的讨论喧嚣热烈，智能音箱成为这些国际大公司未来发展抢占的领地。据 Strategy Analytic 发布的调查数据，2017 年智能音箱的全年销售量可突破千万台级别，未来 5 年时间内其产值将达到百亿美元的规模。从最早的 Amazon Echo 智能音箱开始，阿里、京东、小米、索尼、Sonos 随即推出智能音箱，实现人工智能与语音交互。喜马拉雅 FM 于 2017 推出的"小雅"AI 音箱面临严峻的市场考验。

（三）盈利模式的单薄

自 2010 年至今，随着音频市场格局的基本确定，经过各大网络电台的跑马圈地和攻城略地的用户抢夺，喜马拉雅 FM 已成为音频行业的领军人物。尽管，当前社会上存在对于知识付费的过热炒作或是对其未来发展趋势的无限自信，但是网络电台的营收主要还是来源于广告，付费内容占比还是比较小。目前，还需依靠金融资本注入来参与市场竞争，未来以喜马拉雅FM为代表的网络电台仍需要对成熟的商业模式进行深层次的探索，在"耳朵经济"时代拓展多样化的营收方式。

五、讨　论

近年互联网技术快速发展，有效信息的获取和对于知识消费观念的改变使得人们逐渐习惯在碎片化的时间里获得有效精准的知识，使得付费问答（如知乎）、付费收听（如喜马拉雅FM）等知识付费的平台迅速崛起。知识转变成产品或者服务获取经济利益，专业化的优质付费内容成为知识经济的驱动力。喜马拉雅FM与国内拥有大部分有声读物版权的阅文集团签订合作协议，与新浪、澎湃等国内媒体及欧莱雅，阿里等众多知名品牌合作，全方位打造相声评书、儿童启蒙、情感生活、健康养生、教育培训、国学书院等各类优质精品内容，通过"听书"打造喜马拉雅FM的"耳朵经济"效应。在2016年上线了付费精品栏目，区别于免费节目，付费节目的出现满足了人们对于优质内容的需求，基本信息上的附加内容作为价值的体现，越来越接近知识和智慧的层次。①

然而，目前出现了对于"耳朵经济"质疑的声音。从免费模式到付费模式的阶段转化，是当前网络电台长期探索的领域。通过"听"利用碎片化的时间学习和获取知识，缺乏独立思考和敏锐的

---

① 谷鹏："互联网+背景下网络广播的发展出路思考——以喜马拉雅FM为例"，载《新媒体研究》2015年第5期，第44~45页。

洞察力，无法建立一个系统的知识结构，知识获取浮于浅层。通过耳朵获取一堆碎片化的信息，却无法拼接、沉淀，可能会导致知识能力的退化和深度的让位。同时，一些主播为了获取关注度迎合大众潮流，生产的内容偏娱乐化，缺乏严肃和专业性，抢占平台流量。长此以往造成专注于专业内容生产的知识分享者生存空间狭窄，行业规范逐渐被打破，形成恶性循环。在以喜马拉雅 FM 为代表的未来知识付费的市场中，不仅要有优质的内容产出，还要形成差异化提升知识的服务能力，增加独特性来源，打造完整的音频生态体系。

参考文献：

1. 马歇尔·麦克卢汉. 理解媒介——论人的延伸［M］. 北京：商务印书馆，2009.

2. 林其蔚. 声音艺术的定义和不可能定义［J］. 艺术家，2005（364）.

3. 蕴之. 声音艺术，台湾发声——从五线谱中离开：声音艺术对话录［J］. 幼狮文艺，2005（621）.

4. 丁广征. 知识的重构——新媒体知识社会学的思考［D］. 南京大学硕士论文，2014.

5. 倪赛美. 移动音频电台的知识传播研究［D］. 山东大学硕士论文，2017.

6. 丁毓. 喜马拉雅 FM 打造"耳朵经济"［J］. 上海信息化，2017.

7. 陈方正. 互娱经济视域中的网络电台特色——兼对上海提升 UGC 网络电台的前瞻思考［J］. 上海文化产业发展报告，2017.

8. 孙婷婷. 我国网络电台运营模式研究［D］. 陕西师范大学硕士论文，2016.

9. 王晓娟、白妞. 媒介融合背景下自媒体网络电台的生存现状与发展空间——以喜马拉雅 FM、蜻蜓、荔枝 FM 为例［J］. 视听研究，2016（11）.

10. 谷鹏. 互联网＋背景下网络广播的发展出路思考——以喜马拉雅 FM 为例［J］. 新媒体研究，2015（5）.

11. Jo Tacchi. Nostalgia and Radio Sound［M］. The Audotory Culture Reader，Berg，2015.

网络直播与文化企业品牌营销模式创新

——基于福布斯品牌活动直播的案例分析

伍倩颖[①]

【内容摘要】随着互联网技术的进步，网络直播生态建立，文化企业品牌已然卷入一场"品牌直播营销革命"之中。互联网时代网络直播对文化企业品牌营销具有战略入口、流量导向、增加用户对品牌的黏性等重要价值；通过对福布斯中国品牌活动直播模式的案例分析，验证了文化企业应用网络直播进行品牌营销后，在需求满足、便捷传递、动态沟通、数据利用方面都有显著效果；最后尝试提出基于网络直播的文化企业品牌营销模式创新路径。

【关键词】 网络直播 文化企业 品牌营销 福布斯

2016 年被认为是"中国网络直播元年"，根据中国互联网络信息中心（CNNIC）最新发布的第 40 次"中国互联网络发展状况统计报告"，截至 2017 年 6 月，网络直播覆盖用户已达 3.43 亿，占网民总体的 45.6%，[②] 全民直播的"流媒体"时代已然来临。"无直播不传播"的口号成为品牌建设者的共识，直播已将文化企业卷入一场激烈的"品牌直播营销革命"。

---

① 伍倩颖，华东政法大学传播学院文化产业管理专业研究生。
② 中国互联网络信息中心："第 40 次《中国互联网络发展研究报告》"，http：//www. cnnic. cn/hlwfzyj/hlwxzbg/hlwtjbg/201708/t20170803_ 69444. htm，2017 年 10 月 28 日访问。

文化企业在直播营销浪潮下是否能借机提升品牌知名度、进行有效品牌营销、创新升级，焕发新的生命力？以著名财经媒体福布斯为研究个案，通过对福布斯中国品牌活动直播的实践观察和记录，分析并验证网络直播对文化企业品牌营销的作用，期望能为文化企业品牌营销模式的创新带来些许思考。

一、互联网时代网络直播
对文化企业品牌营销的战略价值

品牌营销是指企业通过利用消费者的品牌需求，创造品牌价值，最终形成品牌效益的营销策略和过程。在当下的互联网时代，社群中所有人都可以产生内容来分享，传播方式逐渐趋于平等而扁平，以往生硬的广告插入、单向制造媒介事件的品牌营销的主要方法已不再适用，而且随着媒体融合高速发展，人们已经不满于"文字＋图片＋语音"的信息呈现。在此背景下，品牌纷纷抓紧利用近距离、强互动的网络直播等互联网创新媒介进行品牌营销。互联网时代网络直播对文化企业品牌营销具有以下几个方面的战略价值。

（1）网络直播营销可以视为文化企业品牌营销的战略入口，有利于品牌营销影响覆盖更多用户，增强聚合。媒体等文化企业品牌不仅使用普通"直播＋明星"等形式进行一次或一系列营销，更有进一步布局，自己开发直播应用、设立直播频道，网络直播已经成为文化企业品牌营销的媒体矩阵的标配，甚至是重中之重——在截然不同的直播生态中，文化企业重新定位自己，重新制定品牌营销战略。基于数据挖掘的推荐引擎产品"今日头条"，是目前国内移动互联网领域成长最快的平台之一，其产品最大特色是"精准定位"。在品牌营销方面，今日头条开放"媒体实验室""千人万元"的写手奖励机制等营销方法的同时，更着力于深入利用网络直播，为入驻平台的媒体提供其自主开发的手机直播软件"快马"。① 如此一来，今日头条平台上的媒体在获得一套视频直播解决方案的同时，成了平台的"战略合作伙伴"——各媒体创作的质量好、价值高的直播内容为今日头条带来可观的新用户群，优质直播的积极品牌营销作用聚合在了今日头条。

（2）网络直播具有超强的导流能力，能够帮助品牌营销战略的实施，获得更佳的销量转化效果。2016年"世界读书日"，"罗辑思维"创始人罗振宇邀请多位"大咖"在优酷自频道进行一场线上读书会，优酷联合天猫、淘宝对这场互联网线上读书进行全球直播。每一位观看直播的网友需要通过"罗辑思维天猫旗舰店"购买入场券，而5小时的全程直播打通"罗辑思维天猫旗舰店"的商品购买渠道，为观众创造了极致无缝的购书体验，为企业共创造120余万元收入，这样别出心裁的商业化导流获得奇效。②

（3）网络直播能够有效增强文化品牌对消费者的吸引力和黏性，形成粉丝沉淀和品牌传播的附加值。一般企业由于注重产品实用性而同质性高，品牌营销主要目的是通过"直播+电商"方式起到产品促销效果，或以"直播+广告植入"等方式增加品牌曝光，如2016年6月，聚划算联合平台下六大化妆品商家在视频网站Bilibili进行一场"我就是爱妆"的网红coser直播秀，直播访问量超过1500万人次，完整播放量共计近79万次，聚划算客流量和六大化妆品商家客单量同步激增③。而文化企业产品以文化为资源，强调创新性，核心是满足人们的精神需求，文化企业品牌营销更注重内层的个性认知，与消费者形成情感上的共振。网易公司从2016年起，在自有的青果直播平台上对网易杭州、北京等地分公司的园

---

① 传媒圈："直播是传统媒体真正的风口"，http：//chuansong. me/n/463480651457，2017年10月28日访问。

② 搜狐网："4·23罗辑思维读书会的背后"，https：//www. sohu. com/a/73468588_382742，2017年10月28日访问。

③ 腾讯财经："阿里巴巴聚划算联合Bilibili直播打出'网红直播'营销牌"，http：//finance. qq. com/a/20160629/026535. htm，2017年10月28日访问。

区情况进行公开直播，利用直播便于与用户零距离、深入互动的特点，摆脱明星站台、低价吸引等常规的营销模式，让网友"体验"了网易青果摄像头产品，起到产品推广作用的同时，激发网友的好奇心，带给直播观众更直接、更亲近的体验，全方位展示了网易实事求是、尽责创新的品牌文化，多角度塑造网易品牌形象①。

二、福布斯品牌活动直播模式分析

1993 年，美国著名财经杂志《福布斯》因发表"中国 50 财富人物排行榜"而在中国名声大作。2003 年，福布斯集团进入中国市场，创办《福布斯》中文版（双周刊），秉承母刊"创业精神，创富利器"的传统，依据中国国情进行本土化改革：发布了一系列依据中国市场经济现状而制定的商业榜单，如"中国名人榜""中国最佳商业城市榜"等；举办了中国潜力企业创新峰会、中国城市投资与发展系列论坛等品牌活动。2016 年，经历了原团队解散重组等变革的福布斯中国，蓄力重返中国市场，根据目标消费者多重感官刺激需求、双向主动的媒介使用习惯来策划品牌营销活动，对福布斯品牌进行实际性创新，助力其收复业界影响力。

新媒体品牌营销 4D 模型，将 Demand（需求满足）、Deliver（便捷传递）、Dynamic（动态沟通）及 Data（数据利用）定义为新互联经济下企业营销的 4 大关键要素。借鉴此 4D 模型对福布斯中国 2016 年进行的两场品牌活动直播——"福布斯·富国中国优选理财师评选总决赛"（以下简称"理财师评选"）和"福布斯·合肥庐阳中央商务区发展研究峰会"（以下简称"合肥峰会"）品牌

---

① 网易青果直播：https：//qlive. 163. com/live/pc/index. html #/m/search？wd = %E7% BD% 91% E6% 98% 93，2017 年 10 月 28 日访问。

营销模式进行分析，可以验证文化企业应用网络直播进行品牌营销的效果。

（一）网络直播满足文化企业品牌公关诉求

"理财师评选"是福布斯商业类品牌活动的代表。"理财师评选"的主题是为满足中国企业家、创业家、投资人及社会公众的财务管理需求，关注并引导中国财富管理行业的健康发展，为活跃在一线的优秀理财师提供展示才华的舞台。在活动中，福布斯将全球优秀管理人和国内优秀的理财师召集到一起，针对国内外最热门的财经等问题交流看法，为商业精英提供商业信息交流平台。采用活动网络直播的形式，有利于扩大活动影响，巩固福布斯在金融理财行业的权威地位；而一般受众则有了解基础理财知识、业界最新发展动态以及支持理财师选手的需要，直播也给了他们一个便利的能够满足上述需求的渠道。

与各地方政府合作举办的地区性论坛是福布斯的另一类主打品牌活动，此类活动需要同时满足地方、地方群众和品牌三方的利益需求。合肥正处于快速发展阶段，通过将合肥峰会全程在凤凰视频应用上的直播，合肥地方政府将活动汇集的各专家、企业家的国际化视野下城市更新改造的前瞻思路和先进经验收集且传播出去，将全国乃至全世界的商业目光聚焦于此地区，营造良好的招商引资氛围，推进城市开发创造；对观众来说，通过直播参与峰会能够及时了解政府发展规划以及相关经济政策风向，与其他商业同行互通信息，并且增加城市自豪感；福布斯则借地方政府合作及直播的形式，将品牌认识度打入内地，提高知名度与影响力，实现三方共赢的效果。

根据以上分析，福布斯品牌活动直播有助于福布斯搞好与各方政府、财团、群众的关系，向受众传递了企业的"创业创富"精神，承担了服务受众，提升受众金融、政治、文化等素质的企业社会责任，打造既权威又具人文关怀的品牌公关形象。

（二）"近距离"的网络直播便利文化企业传递品牌价值

罗杰斯的多级传播理论指出，在大众媒体环境下，信息流从信源出发到达直接受众；影响流则通过各种作为中介的舆论领袖的加工后，才对更广泛的一般受众发生作用。福布斯品牌活动有两类目标受众：第一类是亲临现场参与活动的直接受众，包括福布斯邀请到场的地方政府领导、知名企业家、经济学者、金融从业专家等，即他们所在领域的"舆论领袖"。直接受众在现场讨论专业领域的实际问题的解决方法、交流商业信息，从而使福布斯达到在活动中打通产品链——资金链——品牌链的效果，拓展杂志人脉，深入市场，树立福布斯（及合办方）品牌威信，提升增加福布斯品牌的参与价值和商业价值，锁住高端用户的品牌忠诚度。

以往，第二层目标受众——对金融、资本等领域感兴趣的普通人群只能在活动后等待经过编辑的媒体报道来获取信息，渠道单一，获取不便捷。如今，福布斯应用网络直播对品牌活动同步现场实况，场外人员通过手机登录手机页面等各种终端即可观看，而且直播支持在线互动与及时回放，可覆盖更多用户，合肥峰会视频观看人数总计超现场参与人数的130倍，影响流到达第二层目标受众的渠道简化。而且直播的高同步性提高了线上观众的信息卷入度，便于福布斯在普及经济金融知识的过程中传递品牌价值，刺激潜在受众转化为福布斯的实际消费者。

戈夫曼的戏剧理论指出，人在社会生活"前台"中的表现具有修饰自我形象的成分，只有在远离人群的私人生活"后台"才会表现出真实的自我。直播能满足人本性的个体窥私欲，尤其是对近场景的窥私欲。福布斯通过版面广告、新闻发布会等展示的形象是显而易见的，但福布斯内部环境、员工状态、活动筹备及执行过程等"后台情况"是人们更想要"窥探"的。所以，此次理财师评选直播场景广泛，模糊了前后台的界限，线上线下齐发力，帮助一般消费者和其他未能参加评选的理财从业人员了解品牌，拉近品牌与大众的距离，实现品牌的虚拟近距离化，让受众在不知不觉中深入参与到福布斯品牌形象认知和塑造过程之中。

（三）文化企业品牌借助网络直播实现与受众动态立体沟通

根据品牌关系体验理论模型，"消费者与品牌通过一系列互动过程建立了直接或间接的情感关系，并且通过这种关系共同创造品牌价值"。与传统的文字、图片和视频的营销方式相比，网络直播最本质的一个特点就是它极强的互动性，使得企业与消费者之间的反馈渠道增加，企业与消费者之间的关系从垂直线性变为交互网状。聚合类直播视频网站 Livestream 总裁曾表示："直播只是一个推动者，而互动才是关键。"[①] 互动满足了受众的反馈欲，成为传递品牌形象和价值观的一个优质途径。直播页面的多对多评论互动促成了线上又一波信息交流，观众对峰会促进城市建设和发展的主题产生共鸣、提高认同，使福布斯品牌与受众之间达到格鲁尼格所认为的公共关系中最理想的双向沟通模式。

一般娱乐秀场直播或电商直播中，观众与活动主角直接互动，观众"弹幕式"表达的即时性和情绪性高，直播泛娱乐化严重，受众信息需求"浅尝辄止"和娱乐追求"喧哗浮夸"的后现代传播现象突出，受众容易被敏感词汇或新鲜话题吸引而围观，不会对事件的内涵做技术上的分析。而且，直播注重感官的娱乐的"去价值化表达"，人们不追究事物的评价，甚至不追求真相和真理，一切都可以被"恶搞"、被消费。根据福布斯偏精英化的媒体内容生产，避免网络直播话题不密集而致使福布斯原定的活动话题标签被弱化，福布斯品牌活动直播主要由专业直播主持人主持，把握直播互动节奏。在合肥峰会活动的直播界面中，除了有活动实时视频直播之外还配有图文直播解读，主持人会根据观众"论坛式"评论留言

---

① 腾讯全媒派："网络直播'大混战'：要人要技术还要钱!"，http://news. baidu. com/ns? cl = 2&rn = 20&tn = news&word = Livestream，2017 年 10 月 21 日访问。

的走向对嘉宾演讲内容和关键问题进行解释，在方便一般受众理解和接受的同时，起到一定的引导讨论方向的效果，保证福布斯品牌营销目的达成。

（四）精确分析网络直播数据，驱动文化企业品牌营销更新优化

以"颜值打天下"的网红直播 1.0 时代即将结束，多元化优质内容开始焕发生命力。便捷传递和动态互动组成网络直播品牌营销骨架，内容则是文化企业品牌营销的灵魂所在。一方面，分析直播数据帮助福布斯了解观众对直播中品牌生成内容（BGC，brand generated content）的态度，评估活动效果；另一方面，挖掘直播数据，能够收集优质用户原创内容（UGC，user generated content），为进行新一轮具有前瞻性的品牌营销 BGC 及其他产品的开发提供资源、动力。

"理财师评选"自架直播页面，观众互动直接评论在福布斯活动官方微信公众号之中，数据易于收集，便于进行整理和对比分析。据后台统计数据，从 2016 年 12 月 8 日活动举办起至 2016 年 12 月 14 日，前后共超过 15 万人次观看了总决赛直播视频，最高峰同时在线人数达 25378 人，与活动相关评论数量 578 条，微信新增关注量 375 人。根据评论内容等数据，福布斯后期编辑持续发布相关推送，维持了活动热度；也据此调整福布斯杂志活动回顾页面的内容和排版。

当越来越多的信息与服务依赖场景这一变量时，场景本身可以成为信息组织、关系组织与服务组织的核心逻辑。经过 4D 模型分析可以发现，正处于"风口"的网络直播具有受众数量巨大且深层互动、社群传播等特点，直播营销的场景营造功能可以成为信息——关系——服务等几者连接的纽带，利用网络直播进行品牌营销，能有效满足福布斯强烈品牌传播、关系巩固、占领同业权威地位的需求，有助于福布斯品牌的宣传和塑造。

三、基于网络直播的文化企业品牌营销模式创新路径

（一）坚持符合文化企业品牌特性的网络直播定位

如今直播大环境中，传播话语权不断向下延展，参与者无明确的门槛，各类话题繁荣但"草根性"明显，话题无深浅之分。文化企业不能放弃品牌调性和定位而盲目迎合泛娱乐化的直播生态，陷入同质化的问题之中。应该认识到品牌营销直播并非不分层次地"全面开花"就是好的，"多而全"的品牌直播活动会分散受众注意力、抢夺制作资源，最终落得低效率的结果。

以福布斯为例，必须坚守"福布斯＝高端精品"的品牌定位，塑造富有福布斯自身和市场特色的内容价值标准，塑造受众思考、分析和判断问题的标准。选择符合以上标准的，具有优势和发展前景的项目重点培养，做到品牌营销直播策划"新且精"以形成高层次的活动品牌，可以为媒体带来许多的竞争优势，使媒体整体营销成本更低，在与广告商、赞助商的合作中有更多的发言权，能够有效抵御价格战。

（二）直播主题要"吸睛"更要有文化内涵以兼顾文化企业"双重效益"

文化企业在产业化经营过程当中不能只抓商业效益而不顾社会效益，应秉持"以人为本"的理念，推动社会的健康发展。文化企业品牌直播营销的主题不能仅是推销产品，或是通过"碰瓷"社会热点、满足受众的兴奋点来吸引流量，更要着力于传递文化产品的内涵和精神意义，透析社会现象背后的社会真实动态、整体文化环境等，把隐藏的问题明朗化、公开化，使文化企业品牌直播活动成为一种公共空间，让受众可以从营销活动中了解社会，引起公众的

关注和思考，成为这个公共空间当中的实际受益的一分子。这有利于为文化企业营造良好的社会舆论，显示企业积极向上的力量，塑造企业充满人文关怀的品牌形象。

（三）通过丰富的直播形式加强深层互动

直播节目形式多样，文化企业可利用直播形式的变化使内容、活动活泼化，刺激观众的好奇心和观看体验。福布斯品牌活动多以论坛等"静态"的形式为主，节奏比较沉闷，难以吸引观众主动点击观看。福布斯品牌活动直播可以充分利用与会"大牌"嘉宾的吸引力，在征得嘉宾同意的前提下，策划活动后嘉宾面对面直播访问，甚至是直播嘉宾参与活动的一天生活（如熊猫 TV《直播王健林的一天》①）等"特别项目"，满足观众的窥私欲和参与感。

当文化企业要传达的内涵深刻，一般受众可能难以仅通过观看一次直播视频就完全理解时候，可以通过直播"拉长阵线"，多次分层解读，制作易于了解、值得分享的品牌直播，便于受众接收并接受文化企业的目的信息。2016 年末，尼尔森中国围绕"汽车营销"主题连续开展两场线上直播活动②，将"活动版权类直播"与"教育类财经直播"相融合，由浅及深地向直播观众解读了汽车营销的 2016 年市场情况及 2017 年的发展预测。对比两次直播，后一次直播观看人数比前一次增加了近一半，评论趋势向好，观众围绕直播主题讨论越来越深入，可见尼尔森的同主题多场直播策略的效果是积极的：在纵向延伸直播产品线、拓展品牌活动价值的同时，帮助受众理解活动主题、尼尔森品牌内涵，进而提高对尼尔森品牌的认同。

---

① 熊猫 TV："直播王健林的一天"，http：//www. panda. tv/414572，2017 年 5 月 27 日访问。

② 微吼直播："2016 尼尔森汽车营销论坛"，http：//e. vhall. com/990177416，2017 年 2 月 20 日访问。

（四）多元利用直播数据助力文化企业品牌经营降本增效

精准的数据邀约＋视频互动直播＋观众行为大数据分析＋产品再生产＝可持续的品牌直播营销。在品牌活动直播中，一线的采编人员应时刻关注观众评论状况，快速应对突发情况。直播结束后，应从直播整体大数据中，收集并分析出观众的个性化需要，并将分析结果传达给各个部门，为之后各部门各司其职，高效地按需撰写报道、定制活动产品、客户维护等做准备。

仍以福布斯为例，福布斯可以邀请符合福布斯品牌形象和内涵的在职记者、嘉宾学者、领域 KOL 等前来做品牌活动直播的主播，并通过深层分析观看量、评论倾向等直播数据，筛选出最受大众欢迎的数名作为固定主播，培养主播个人品牌。直播社交转化率高，粉丝对主播的追随会从直播延伸至社交中，社交又向直播导流，将社交与品牌直播营销相融合，最终反哺福布斯品牌的塑造。

（五）提高品牌营销效率需选择恰当的直播解决方案

泛娱乐直播平台上的受众构成复杂，可能并不是文化企业真正的目标群体，因此文化品牌在泛娱乐第三方平台上进行品牌直播营销，可能仅换来虚假繁荣。文化企业自己拥有充足资源，独立开发、搭建视频直播平台，固然是真正进行直播用户的沉淀和转化的最好方法。在营销成本不高的情况下，文化企业也必须谨慎选择成熟的直播解决方案厂商，使用成型的专业直播团队，经过品牌内部与直播团队充分的沟通，在完全理解和消化品牌营销要求的基础上进行网络直播。

由于视频直播是流式的，整体信噪比较低。文化企业要获得更好的品牌营销接收效果，在"硬技术"上，品牌直播营销的执行须配备与现在 4G 网络传输相匹配的专业设备，应用合适的 CDN（内容分发网络）服务，提供方便的接入口和流畅的使用体验；并且，品牌直播营销需要紧跟网络技术发展的最新潮流，探索全息投影、

VR（虚拟现实）、智能传感等高科技与品牌直播的融合方法，增强受众对直播场景的卷入，从而有助于受众对品牌营销信息的接收理解，提升品牌营销效率。

参考文献：

1. 陶芸. 企业品牌资源管理策略的初步研究［D］. 中国海洋大学，2009.

2. 苏落. 直播营销，我们只是猜中了开头［J］. 公关世界，2016（15）.

3. 赵占波.4D 模型：新互联时代的营销模式［J］. 北大商业评论，2014（9）.

4. Shearon A. Lowery，Melvin L. DeFleur. 大众传播效果研究的里程碑［M］. 刘海龙，译. 北京：中国人民大学出版社，2004.

5. 欧文·戈夫曼. 日常生活中的自我呈现［M］. 冯钢，译. 北京：北京大学出版社，2016.

6. 张明立，唐塞丽，王伟. 服务主导逻辑下品牌关系互动对品牌忠诚的影响［J］. 管理学报，2014，11（8）.

7. 詹姆斯·格鲁尼格. 卓越公共关系与传播管理［M］. 卫五名，译. 北京：北京大学出版社，2008.

8. 梁雯欣. "直播"风行的"泛娱乐化"研究［J］. 新闻研究刊，2016（7）.

9. 安歌. 直播四宗罪以及未来猜想［J］. 声屏世界·广告人，2016（10）.

10. 彭兰. 场景：移动时代媒体的新要素［J］. 新闻记者，2015（3）.

11. 李树兴. 媒体活动营销的品牌化研究［D］. 郑州大学，2008.

12. 佚名. 中国移动视频直播市场研究报告2016 年［R］艾瑞咨询系列研究报告，2016.

法治文化新媒体环境下粉丝文化现象的解读

李　幸①

【摘要】 自 2005 年湖南卫视播出《超级女声》这个选秀节目之后，中国粉丝文化开始逐渐兴起。粉丝文化的形成是伴随粉丝群体的发展逐渐成形的，它也是依附于大众文化而成长的文化形式。随着新媒体技术的发展以及日渐普及，信息日渐丰富，实时互动的发展，粉丝文化朝着复合型的新兴文化的趋势日渐发展起来。十几年来，粉丝文化的变化和进步是大家有目共睹的，它不再是边缘文化，不再仅是大众文化的补充和互动部分，而是发挥着越来越重要的作用。2015 年 1 月，习近平总书记在《求是》发表署名文章《加快建设社会主义法治国家》时着重强调："再多再好的法律，必须转化为人们内心自觉才能真正为人们所遵行。""必须在全社会弘扬社会主义法治精神，建设社会主义法治文化。"本文在新媒体环境下对粉丝现象解读的基础上，探讨粉丝文化中存在的弊端，并对营造健康良好的粉丝文化环境提出个人的见解。

【关键词】 新媒体　粉丝文化　法治文化　粉丝现象

粉丝一词来源于英文单词"Fans"，它是一个外来词汇，用来指对某些事物狂热的迷恋者。约翰·费斯克在《理解大众文化》中说道："粉丝是过度的读者，他们对文本的投入是主动的，狂热的，

---

① 李幸，华东政法大学传播学院文化产业管理专业研究生。

迷恋的。"它说的是一种亚文化，也就是被排除在主流文化之外的边缘文化。对于自己喜爱事物产生的倾慕甚至疯狂追求，粉丝产生的一系列行动，达到了补充和改变大众文化格局的效果。2005～2018 年，粉丝文化的变化和进步有目共睹，不再是边缘文化，不再仅是大众文化的补充和互动部分。① 近年来很多影视作品大都以粉丝的审美趣味为主导，在最开始制作的时候就存在对粉丝谄媚的现象：粉丝喜欢什么样的故事情节，制作方就按照粉丝的喜好编排剧情；粉丝喜欢哪个偶像，不管角色是否适合，就用哪个偶像；粉丝喜欢什么样的题材，那个被喜欢的题材就在屏幕上大肆泛滥，如青春追忆片。这样的粉丝文化是不健康的，是存在一定问题的。

一、"粉丝"文化及其分析

粉丝文化有属于他们特有的模糊的规范和运行法则，粉丝文化是一种被粉丝悉心培育的"温室文化"，他们认为自己与主流文化不相容，是一种标新立异的做法，走在潮流文化的最前端，同时对这种情况并不担心，认为外人不理解是他们跟不上时代的发展和潮流。粉丝文化作为时代的产物，时代变化必然导致粉丝文化在内涵和外延产生相应的变化。透过粉丝文化的表面看，一方面粉丝文化受主流社会文化影响深远，另一方面其推动着社会文化向前发展。粉丝文化与大众的文化体制、经济体制有着密不可分的关系。

首先，"粉"的范围在逐步扩大到几乎所有文化领域。20 世纪80 年代的经典，如邓丽君、周润发以及一些伴随 70 后成长的影视歌曲、动画片，他们对文化的繁荣和发展所作出的贡献是不可否认的。那些年代的"粉"有很大的局限性，仅限于影、视、歌的领

---

① 约翰·菲斯克：《理解大众文化》，中央编译出版社 2001 年版，第 28～29 页。

域，而且人们崇拜的偶像只是在电视上、舞台上、收音机里，这些偶像通通是由媒体制造。如今，粉丝们"粉"的偶像不管是在荧幕里还是在生活中，他们都从那些媒体制造变成了粉丝制造，还有更多的是两种情况下的混合体。"超级女声"和"一个馒头引发的血案"都是由粉丝制造的，这些人的名气和人气在当初也是始料未及的。当今社会中国学兴起，有人提议孔子也要借助"粉丝的力量"将儒学发扬光大，最重要的是通过粉丝的力量，将国学传播，发扬光大，让年轻一代对国学多些了解，产生兴趣。2005 年 9 月 28 日，联合国教科文组织、国际儒联、中华民族文化促进会和国家旅游局共同主办了"2005 年全球联合祭孔"，主会场在孔子故乡山东曲阜，央视进行了全程直播。

从媒体造星到"粉丝"造星，从庙堂文化到草根文化，转瞬之间，"粉丝"和各类明星就像房地产价格一样飞速膨胀，喷发出无数的泡沫，如何消解这些泡沫，让"粉丝"不仅成为娱乐文化的一个表面现象，而且还要为中国的文化创意产业发挥有益的作用；让真正的明星成为经典，甚至成为行业的标杆，成为大众的模范，得益于"粉丝"的热情追捧，使其能积极为中国社会文化文明发展贡献自己的力量，这将取得双赢成果。

其次，粉丝互动的方式是以现实与虚拟相结合。他们不仅购买唱片模仿明星的经典动作和个人爱好，而且通过网络投票等方式为明星增加人气，搜集明星的各种活动消息，上传网络，组织明星后援会，参加明星出席的活动等。除此之外还存在粉丝年龄分层差异越来越大，越来越多样化；粉丝追星的经济投入和时间精力投入也以惊人的速度发展；最重要的是粉丝消费的产业化，粉丝的效益不局限于精神领域，还超越了这一领域，扩展到其他各类消费，形成粉丝产业链。

多种媒体都得益于"粉丝"制造消费，如互联网、电信，如同电视观众给电视台带来巨额的广告收益，却还要向观众收费，"粉丝"的疯狂追捧塑造了偶像，同时也给媒介带来了巨大的流量，没有"粉丝"的助力，媒介不会有高额收视率和视频点击率，相应的广告赞助也会大幅下降，"粉丝"付出的精神消费使媒介达到了他们的商业目的，"粉丝"的付出却无从得到补偿。

由此可以发现，粉丝的出现不仅是有历史的痕迹，不仅是一种社会的表象，还是社会进步社会变革的产物，对当今社会的影响和改变是不可忽视的，也是未来文化生产的强大动力。

二、新媒体时代的粉丝文化现象

当今社会，娱乐繁荣，追星已经成为一种很日常的现象，各种偶像的追捧者越来越多，粉丝间的线下活动越来越丰富。凭借媒体平台，粉丝们的追星活动更加多样化和丰富化，同时粉丝们借助微博、微信、QQ 各类传播平台有了新的发展。2013 年上映的《小时代》在微博上掀起了一轮以郭敬明粉丝与批评郭敬明"大 V""鹦鹉史航"为首的大战。

自从粉丝们把微博作为发声的主要阵地，明星粉丝团的专门微博用户开始大量出现，各种粉丝后援团层出不穷，迅速占领微博界面。随着《小时代》的热映，关于电影和相关演员的评论便成为焦点。从上映之日到之后持续一周时间，一直都是热搜词。引发这次论战的是"大 V""鹦鹉史航"发布的一条微博："……导演把关把的好，全片没有出现一个演技派……"此条微博一发，在郭敬明的粉丝界引起轩然大波，各路人马在微博上炮轰"鹦鹉史航"，紧随而来的是指责和谩骂声。截至四个月后原微博被点赞 4804 次，评论 13861 次，转发 272410 次，评论页数高达 6945 页。

（一）新媒体环境下粉丝文化的特性

詹金斯曾指出，粉丝社群有强烈的乌托邦色彩，它所包含的价值观比世俗社会的价值观更加民主。粉丝是所有新媒介技术的最早使用者和推广者之一。近年来，微博微信的出现使得粉丝在虚拟世界的参与愈加便捷，崇拜对象也不再仅限于明星，遍布于社会的各个阶层和领域。电视传播与新媒体传播为粉丝队伍的壮大奠定了坚实的基础。"群体就是优势，数量上的强大让他们感受到自己的势不可挡，任何障碍性的存在根本不可能出现在群体意识之中，即使有，那也是对他们这一群体充满敌意的挑衅"。[①] 此次论战中，大 V "鹦鹉史航" 刚开始还能舌战群儒，没过多久就因寡不敌众，选择"噤声"。粉丝个体虽隶属于不同的社会阶层，但寻求身份认同、获取群体归属感使其紧密的联结在一起。粉丝团体的规范和严格化，以及他们思想寄托的同一性，使他们个人的独特性逐渐淡化，形成一种集体心理。

新媒体时代粉丝由被动的媒体信息接收者变为主动的筛选者，交互式的传播扩展了大众的话语空间，势必对意识形态的主导权产生影响。新媒体进一步崛起，使其掌握了强大的话语权，逐渐成为公民权利的符号。福柯曾认为，统治权其实就是话语权，而粉丝在新传播环境下将选择权发挥到了极致，粉丝团掌握着话语权，这与传统媒介当道的状态不再一样。

新传播环境下粉丝文化的语境宽松自由、语言高度一致，粉丝相继模仿、复制并传播，粉丝的词汇和语句瞬间声名大噪。粉丝经常创造性地组合词语、符号和图片，语言呈现简洁概括、生动诙谐的特征。作为一种独特的语言符号的变体，网络粉丝流行语的生成、传播和发展机制也是一种符号学现象。在具体的语境中粉丝语言可能表现出讽刺、戏谑、调侃、无奈等意味。

（二）新媒体环境下粉丝文化传播的弊端

从前，媒介对粉丝文化的报道并不像今天这般异常热闹，粉丝

---

① 古斯塔夫·勒庞：《乌合之众》，中央编译出版社2000年版，第158~161页。

也不是这般焦躁不安。知名博主在论坛上撰文写道："今天是文化名人的粉丝在论争，四十年前是毛的粉丝，一百年前是鲁迅与胡适的粉丝，一千年前是程颐和程颢的粉丝，两千年前是孔子与墨子的粉丝……舆论一直都这么热闹吗？"相比于春秋战国时期的百家争鸣，现在只不过是换了一种形式。与当今的社会背景是有密不可分的关系，不论焦躁抑或是狂欢，不管是古今中外文化名人，还是政治思想家、影视演员的粉丝，粉丝文化的不同取决于时代的不同。20 多年前，当迷茫的一代处于社会巨变的转型之中，他们成了国内外文学名著的粉丝，成为港台明星的粉丝，他们表现出一种带有深层文化思考的理智的迷狂。

粉丝文化的核心就是所有的一切活动与偶像有关，所有与此无关的信息他们都毫不关心，这会导致他们的自我固守和排他性大大加强。从主流文化来看，超过一定程度地让粉丝脱离社会主体的角色，就有削弱主文化中心意识形态的可能，引起粉丝文化与主文化的摩擦、冲突甚至割裂。由于微博传播具有很大的推广作用，个体的匿名性、话语权的扩大，使处在边缘的粉丝文化很轻易地就筑起防范他人侵犯的壁垒，使粉丝文化成为一种特定的圈子文化。

在各种场合不分对错地维护偶像，反倒给偶像带来不良影响。在郭敬明粉丝"护短"的案例中，粉丝们夸张的表达，不仅不能改变大众对其偶像的看法，反而让人质疑偶像粉丝团体的素质，以及对偶像本身形象的消解，使其在大众眼里的形象更加崩塌。在微博上，绝大部分用户是根据发表的微博和评论来定位和判断一个人或团体，空洞的语言符号几乎成了一个人、一个群体在外界看来形象建构的关键性符号。当不是粉丝的群体对一个公众人物的了解是通过粉丝群体的言论以及行为的接触所产生，然而对偶像的盲目顺从和愚忠导致错误的引导，使得微博赋予粉丝群体话语权，其使用的时候往往吃力不讨好，费尽心力，得到的结果往往背道而驰。① 中国式的粉丝群体中，不乏那些盲目追随者，一副"山无棱，天地合，乃敢与君绝"的痴情模样，他们喜欢上某部电影或电视剧，无论续集如何糟糕，皆会津津有味地看下去。

在娱乐至死的年代里，当今文化的一个显著特征就是用视觉媒介工具表达感情，它取代了以后现代文化景观。明星产品的消费自然而然地成为其情感寄托和交流的对象。视觉表达的强大的感染力和冲击力使得语言文字变得没有那么重要，粉丝思辨力也急剧下降，许多粉丝掉入消费主义的陷阱，对于偶像产品的消费已经演变成一种具有特殊意义的存在。与此同时，信息高速发展，新的媒介技术与日俱进，大众获取信息的渠道多样而自由，各类新型媒体竞争激烈，为了博取眼球，媒体添油加醋、滥用标题、大肆炒作误导粉丝。媒体从业人员应本着初心，还原事实，提供客观公正的报道和理性的引导。但新媒体环境下，存在有些从业者职业道德缺失的现象，媒体非但不履行应尽的职责，还对一些非理性的事件添油加醋，引导舆论风向，模糊大众的关注点，误导人们的思维模式走入预先编排好的陷阱中。

三、在法治新媒体文化氛围下营造健康的粉丝文化传播环境

中国互联网的发展要追溯到 1997 年，在此间的 20 年时间里，新媒体的传播形式发生翻天覆地的变化，受众规模也呈爆炸式指数增长。目前，法治文化新媒体的传播生态渐现雏形，并且在传播方式、传授

① 杨寄荣、宋玉静："粉丝文化语境下的话语权研究"，载《辽宁教育行政学院学报》2013 年第 2 期，第 89~92 页。

关系、传播功能方面中呈现出新的发展趋势。网民的定义是由无数圈层群体组成的，是法治文化网络传播环境的中心，因此也有学者将网络自媒体称为"网络圈层传播"。互联网快速发展的同时，法治文化不断顺应时代潮流，探索网络传播途径。从网站传播发展到多种网络方式传播。从跨入 21 世纪以来，网络信息传播的中心由机构传播者（传统新闻媒体和门户网站）转换为大众传播者（网民、专家和舆论领袖）。现阶段，我国虚拟网络的快速发展和社会转型的矛盾日渐突出，网络综合治理是其题中应有之义，也带来了艰巨的挑战。良好的法治文化氛围对于粉丝文化的传播起到重要作用。从已发布的第 32 次《中国互联网网络发展状况统计报告》来看，截至 2013 年 7 月，互联网普及率44.1%。① 数量上得到很大的提升，虽然网民数量增加但文化品位却在大幅下降，阻碍媒介文化健康发展的一个重要因素就是对媒介的过度沉溺和严重依赖。

粉丝文化传播过程中，提高粉丝们对媒介事件的认识，指导他们正确地使用媒介，对粉丝文化的健康发展有着重大作用。通过对以往国外媒介素养教育的了解，形成我国媒介素养教育机制，是粉丝文化健康传播的长久策略，我国新媒介素养教育应在学校教育中开展。学校教育具备规范化和长期性的特点，可以较好地贯彻和执行新媒介素养教育的理念。加强媒体经营管理，打造健康的媒介文化，加强行业自律机制，规范媒介传播行为。媒体有责任和义务为受众提供真实的信息，以高尚的道德和职业操守引导受众理性地认识社会，为受众提供理性的指导和意见，防止低俗化发展。文化相关部门加强监督力度、加大节目审查力度，对低俗化节目整改或勒令停播，建立切实可行的审查标准，做好节目的定位保证节目的质量。

当前我国处于社会的转型期，一是要树立正确的文化价值观，拜金主义、享乐主义、个人主义盛行，在消费文化的影响下，社会文化

---

① 中国信息互联网中心（CNNIC）："第32次中国互联网发展状况报告"，http：//www.cnnic.cn/hlwfzyj/hlwxzby/hlwtjbg/201307/t20130717_40664.htm，2017年12月20日访问。

追求的娱乐性凸显。尽管文化产业逐步走向市场化和产业化，但文化产品始终是精神产品，它带给人们精神上的鼓舞和正能量还是主要的。以传播优秀、先进的文化为导向，健康积极向上发展粉丝文化，修正当下偏离的价值观，引领粉丝加强个人和社会责任意识，严格约束自己，同时粉丝团体内部要制定系统的体系条文，倡导粉丝文明，积极响应各项粉丝规定。二是媒体引导粉丝自律，规范粉丝行为，呼吁广大粉丝为社会公益献上自己的力量，倡导粉丝理性追星，建立有效的市场监督机制。

四、结　语

媒体的繁荣对粉丝文化的发展而言既是机会也是挑战，粉丝文化的传播既有它的社会意义，也是与生俱来的难题。粉丝文化是时代发展的产物，粉丝团体不仅是一种亚文化，团体的行为更代表一种消费符号，将两者互相结合才能进一步发展。我们不要把粉丝现象看成是洪水猛兽，当成灾难，也不要把粉丝文化的传播看成是大众的胜利。在日益发展的多媒体环境下，要营造良好的文化氛围，加强粉丝思维管理意识，树立正确的价值观，对新媒体环境下粉丝文化进行正确的规制，粉丝文化的传播才能日益和谐。

参考文献：

1. 约翰·菲斯克．理解大众文化 ［M］．北京：中央编译出版社，2001.

2. 古斯塔夫·勒庞．乌合之众 ［M］．北京：中央编译出版社，2000.

3. 杨寄荣，宋玉静．粉丝文化语境下的话语权研究 ［J］．辽宁教育行政学院学报，2013（2）.

4. 中国信息互联网中心（CNNIC）. 第 32 次中国互联网发展状况报告 ［R］, 2013.

5. 陆扬, 王毅. 文化研究导论 ［M］. 上海: 复旦大学出版社, 2006.

6. 约翰·菲斯克. 粉都的文化经济 ［A］// 陶东风. 粉丝文化读本 ［M］. 北京: 北京大学出版社, 2009.

7. 黄碧云. 新生代网络流行语的符号学解析 ［J］. 新闻与传播研究, 2011 (2).

8. 李越. 微博粉丝形成机制探析 ［J］. 传媒观察, 2012 (1).

9. 亨利·詹金斯. "干点正事吧!" ——粉丝、盗猎者、游牧民 ［A］// 陶东风, 杨玲. 粉丝文化读本 ［C］. 北京: 北京大学出版社, 2009.

理论·模式探究

…… ……

十年回顾：我国文化企业出境
并购现状及对策分析

李龙飞①

【内容摘要】过去的十年是我国文化企业走出去的重要十年，并购重组越来越成为企业发展壮大的有力途径，是企业走向国际化的重要渠道。本文通过对自 2007 年 1 月到 2016 年 12 月近十年我国文化企业出境并购的数据统计，分析了出境并购的总体特点，以及呈现这些特征的原因分析、问题所在及解决对策。研究发现文化企业出境并购呈现非线性增长态势，且主要集中于游戏娱乐、电影等领域，采取横向整合的公司居多，但这也暴露了过度规避文化投资风险所带来的创新问题。对此，本文从文化企业管理和内容创新上提出了一些技术性建议路径。

【关键词】文化企业　出境并购　政策分析

自从 2014 年国务院下发《关于加快发展对外贸易的意见》，鼓励和引导文化企业走出去、支持文化企业拓展文化出口平台和渠道，对外文化产业迎来新一轮发展的政策利好。过去的 2016 年中，中国企业的跨境投资并购（包括出境并购和入境并购）无论是在交易数量还是在交易体量上都出现了爆发式的增长。据统计，2016 年一整年内，中国企业已经宣布且有资料可查的海外投资并购投资交

---

① 李龙飞，上海交通大学文化产业与管理专业研究生。

易达 438 笔，较 2015 年的 363 笔交易增长了 20.94%，较 2007 年翻了近 40 倍；纵向比较，截至 2016 年跨境并购的交易总额比 2007 年翻了近 83 倍，达到 215.7 亿美元（见图 1）。

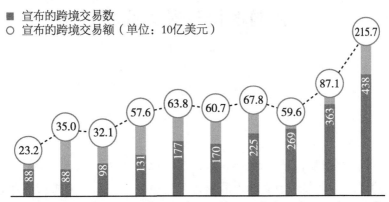

■ 宣布的跨境交易数
○ 宣布的跨境交易额（单位：10亿美元）

图 1　2007~2016 年中国企业跨境并购交易统计

与此同时，文化企业的跨国投资并购也进行得如火如荼。本文关注的就是文化企业出境并购情况。所谓出境并购就是并购方为本国企业，而标的方为境外公司。这和境外并购是有差别的，境外并购是并购方和标的方均为境外公司。根据 Wind 金融数据库和国家统计局、商务部公布的对外贸易年鉴，按照 2012 年颁布的《文化及相关产业分类》里明确规定的属于文化产业类别的规定对整体的数据进行过滤与统计，排除了并购业务并非文化产业领域的数据以及定位在出境并购的文化企业。经研究发现，自 2007 年 1 月 1 日到 2016 年 12 月 31 日，我国文化企业出境并购事件共有 118 起，其中披露可查的金额总计约 1783 亿元。相比于中国企业所有的跨境并购交易额来看，文化企业出境并购体量还是极小的。体量虽小并不意味着进步很小，回顾十年我国文化企业出境并购风雨路，本文发现文化企业出境并购还是呈现出一些典型的特征。

一、文化企业出境并购的特征

（一）并购体量：文化企业出境并购体量较小，呈现非线性增长态势

并购作为一种整合业务和提升公司市值的方式一直备受企业的青睐。由于我国文化产业起步较慢，文化企业的跨境并购也是近期兴起的事。加之各国金融市场的规范不一，我国文化企业在起步阶段举步维艰。如图所示，在2013年之前，包括2013年，我国文化企业的出境并购量较小，仅是个位数。2013年之后，出境并购呈现大幅度增长，增长率超过300%，2014年并购呈现峰值，达到29起，2015年6月A股爆发股灾，资本市场逐步进入"寒冬"，从并购数量上看这对文化企业出境并购的影响也是极为明显的。纵观十年的文化企业出境并购数据，整体而言，首先，文化企业并购的体量依旧有限。据笔者统计，同期（2007年至2016年），我国出境并购总交易量为1986笔，而文化企业的出境并购仅占5.94%；其次，从图2中我们可以看出，文化企业出境并购的速度并非均匀，呈现非线性的跌宕发展态势（见图2）。

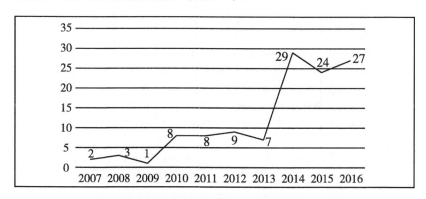

图2　各年度文化企业出境并购情况（单位：个）

（二）并购领域：文化企业出境并购集中在游戏娱乐、电影等领域

根据本文的统计（见图3），近十年来我国文化企业出境并购集中在游戏娱乐（31起）、互联网信息服务（24起）、电影（20起）、文化创意与设计（21起）。2014年腾讯控股接连7次并购海外游戏公司，如腾讯出资200亿韩元（约合1.08亿人民币）收购韩国手游公司PATI games的20%股权；斥资3亿美元收购俄罗斯最大社交网站Mail.ru的7.56%股权（上市稀释后持股）。同样是在2014年，传播整合方案代理商蓝色光标举动频繁，不仅通过增资获得Optimix Media公司14.59%股权，而且通过协议收购获得加拿大传播巨头Vision 7公司的85%股权以及美国本土Fuse公司75%股权。相比之下，传统的广播电视和出版印刷等领域进行跨国并购的非常稀少。从图4中我们也可以清楚地看到，从2014年开始文化企业出境并购开始猛增，达到29起，其中文化创意与设计增速最为突出。当然，我国文化企业出境并购从最初在互联网信息服务领域（2007年占座网协议收购友林网股权）到文化装备、游戏娱乐、出版发行等领域，最后在2014年后多头并进的并购格局，其间正是我国文化体制不断深化改革、对外贸易政策利好的反映。

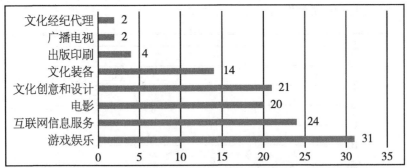

注：（1）这里的互联网信息服务主要包括互联网新闻服务、社交媒体服务、在线票务服务等类别。（2）纵坐标类别是笔者根据其并购对象及业务进行的分类。

图3 2007～2016年文化企业分行业出境并购情况（单位：个）

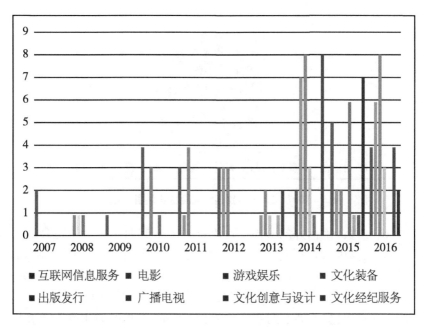

图4　2007～2016 文化企业出境并购细类条目（单位：个）

（三）并购目的：文化企业出境并购目的以横向整合为主

企业产生并购的行为，是基于公司目前的治理状况以及对未来公司战略的调整做出的。按照投资学的观点，并购的目的主要有以下几种：横向整合、多元化战略、资产调整、获取做市库存股、业务转型、财务投资、垂直整合、战略合作、整体上市、买壳上市、获取资质、管理层收购、收购品牌、获取资格牌照、获取知识产权、私有化以及其他。根据本文所统计的数据（见图5），在118项出境并购里，有83项并购的目的是横向整合，占比77%；17家文化企业并购是基于其多元化战略的考虑，占比16%；6家是因为业务需要垂直整合；而涉及财务投资和业务转型的企业各有1家。

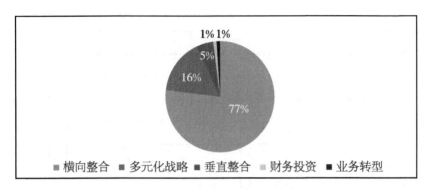

图5　2007～2016年我国文化企业出境并购的目的

　　横向整合是指并购公司在价值链的同一层面上获取、整合与之有关联的其他公司经营业务，以达到资源优化配置，弥补自身不足的状况。如2016年华谊兄弟想要横向整合国内影视圈演员资源，但是自身并没有一套良好的演员培训体系，而韩国明星经纪公司SIM公司在演员培训上拥有丰富的经验和成熟的培训体系，能够打造国内领先的艺人培训模式，遂增资1.26亿人民币SIM公司26.5%股权。当然，出境并购考虑到多元化战略的文化企业也较多，如2016年视觉中国通过全资子公司VCG香港参与认购Getty公司增资扩股部分股份。增资扩股完成后，VCG香港、Getty国际将各持有标的公司50%股权。据了解，Getty公司为全球第一大视觉内容版权服务供应商，拥有两大版权交易平台，在线提供超过1亿张图片素材并且拥有20多万位世界顶尖摄影师和摄像师，与全球数百家图片社合作，正如视觉中国发言人所说，此次合作无疑将有助于公司夯实"PGC视觉内容"核心业务。通过出境并购横向整合业务，实现公司产品线的扩充与品牌认知的扩展，提升市值，越来越成为众多上市文化企业的选择。

　　（四）交易金额前五的标的行业均是新兴文化产业

　　根据笔者的研究（见表1），截至2016年12月底，文化企业出境并购的主体大多是上市文化企业，交易金额最大的分别来自腾讯、巨人网络、万达电影及盛大网络，其中属于游戏娱乐领域的就有 4 个，只有万达电影收购 AMC 属于电影院线领域。整体而言，对新兴领域的投资，尤其是利润较好、回报快的影视、游戏业备受资本市场的青睐。腾讯于 2016 年更是大手笔斥资 586 亿人民币收购芬兰知名手游公司 Supercell。腾讯一直想要成为全球游戏领域的重要巨头，通过这一并购，多位分析人士认为这对于整合腾讯内部的游戏资源，包括研发人才、研发路径以及大 IP 奠定了良好的基础。同时，美国成为中国文化企业出境并购的主要标的国，一方面与美国文化产业发达的技术研发、内容生产有关，另一方面与我国文化企业在境外所设的离岸公司地理位置有关。

表 1　2007 ~ 2016 文化企业出境并购交易金额前五名的具体状况

序列	并购方	交易金额与股份（亿/RMB）	收购股份	标的公司	标的国家	标的行业	交易时间	标的概述
1	腾讯	586.02	84.3%	Supercell	芬兰	游戏娱乐	2016	芬兰知名手游厂商。成功开发《部落冲突》《海岛奇兵》等游戏。
2	巨人网络	305	99.9783%	Alpha	美国	游戏娱乐	2016	美国著名休闲社交游戏开发商。
3	巨人网络	299.82	与其他合伙人增资100%	Playtika	美国	游戏娱乐	2016	美国著名休闲社交游戏开发商。
4	万达电影	177.17	100% 股权及债务	AMC影院公司	美国	电影	2012	美国第二大院线。
5	春华资本、盛大网络	129.47	23.8%	盛大游戏	美国	游戏娱乐	2014	通过增发新股和企业债券募集资金，完成私有化。

（五）出境并购的标的国以美国和韩国为主

从118起并购案中排除3起被公布或是信息不详的标的方，
2007年到2016年纵观我国文化企业出境并购的标的方共计115个
（见图6），标的方为美国公司遥遥领先，位居首位；其次是我国香
港地区，占据16个；标的方为韩国和欧洲地区均有15个；标的方为
日本、新加坡等地区的也有个位数。欧美地区显然是中国文化企业的
出境并购的首选之地，如在2016年文化产业领域发生的27起并购案
中标的方在美国的就有13起，包括华人文化控股对美国特效公司想
象娱乐的增资收购；明家联合斥资3289.4万人民币收购领先的移动
广告平台TAPJOY公司1.81%股权；游久游戏出资3292万人民币获
得美国数字虚拟角色提供商PEC公司3.5%股权等。香港之所以也成
为热门地区，主要考量到并购地的地理位置和金融环境。当然，为什
么欧美地区和日韩成为炙手可热的投资地区，下面会进一步分析。

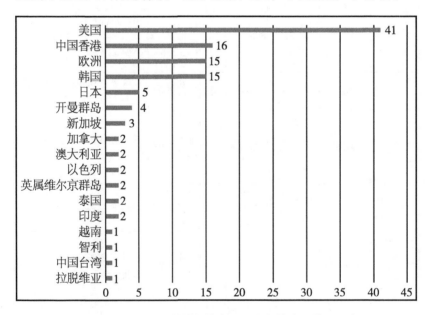

图6 文化企业出境并购标的方位置信息统计（单位：个）

二、关于我国文化企业出境并购特征的原因分析

上市文化企业当在国内发展到一定程度后，往往朝向海外市场扩展。这些上市文化企业进行并购重组主要是基于以下几个方面原因。

（一）吸纳优质品牌、技术及人才，以此整合产业链

自 1998 年文化产业司成立起，我国文化产业发展才开始真正迈入正轨，尽管起步比较晚，正如我们在本文第一部分所看到的，我国文化企业出境并购的体量是非线性增长的。到 2013 年的时候，交易的金额和数量并不是很乐观，直到 2014 年才出现一个峰值。据统计，截至 2017 年 6 月已经上市的文化企业就有 218 家，涵盖传统媒体出版发行业、广播电视业、动漫业、影视娱乐业等。但是，在核心的文化领域技术上，如影视娱乐业里的特效制作技术，本土的文化企业并不拥有这样的先进技术。因此，通过收购海外一些专业的技术公司，完善与自身产品的上下游关系成为很多文化企业出境并购的首选。这也是为什么我们会在第一部分关于文化企业出境并购的目的时谈到 77% 的企业是为了横向整合，16% 的企业是基于多元化战略。这和许多西方文化企业所进行的海外并购并不一样。西方文化企业大多自身在本土实力很雄厚、自身技术也处于领先地位，其运营和管理模式已经相当成熟，为了进一步扩展市场，这些西方文化企业急需与并购国境内的文化企业的合作，它所看重的并非其技术能力，更多的是本土市场的应变能力和本土市场的品牌号召力。弄清这一驱动力差异十分重要，它决定了公司并购之后的整合方式，是就地整合还是跨境整合。这将在本文的后面部分讨论到。

（二）实现文化企业市值增长

近年来，一大批国内文化企业通过 IPO 登陆资本市场之后成了公众公司，伴随着而来的则是股东和投资人对于企业未来增长的预期。除了发掘企业的内生式增长，靠外延式并购是又一有效途径企业。随着国内优质的并购标的日益稀缺，一大批上市公司都将目光转向了海外并购。并购所带来的资本杠杆效应就使文化企业上市公司的市值翻倍。如万达并购 AMC 之后，通过合理的经营，迅速使得 AMC 扭亏为盈，2015 年上半年 AMC 影院公司实现收入 14.7 亿美元，同比增长 6.1%。

（三）政策的支持与文化企业国际化需求的契合

党的十七届六中全会做出加快发展文化产业的决定，要实现社会主义文化大发展大繁荣，必须大力实施文化"走出去"战略，加强国际文化交流，在与不同文化的碰撞和交融中彰显力量、丰富内涵、创新发展。2014 年财政部下发《关于深入推进文化金融合作的意见》，明确提出要开发推广适合对外文化贸易特点的金融产品及服务。积极支持文化企业海外并购、境外投资，推进文化贸易投资的外汇管理和结算便利化，完善金融机构为境外文化企业提供融资的规定。这些利好的政策都鼓励我国文化企业大胆迈步向前走，而当企业在国内发展到一定程度后，也有利用国际市场、人才、品牌等资源的愿望。所以，我们也看到在 2014 年后我国文化企业出境并购开始走向巅峰，无论是并购的数量还是并购的金额都远远优于之前的表现。

（四）规避文化投资风险

如果从并购的公司类型来看，会发现三个特点：第一，十年间，我国文化企业出境并购的公司多为同一产业链端的公司或是上下游关系，很少有企业跨行并购，即去接触哪些毫无业务关联的公司；第二，资金交易额处于前五的就有 4 家从事游戏娱乐业务，十年间属于游戏娱乐的出境并购事件就有多达 31 起，居于首位。游戏娱乐以及影视之所以成为资本相中的"香饽饽"，很大程度上源于这两个领域的投资风险以及投资回报。我们可以很清晰地看到，无论是腾讯控股还是巨人网络，他们所并购的公司此前都曾成功研发过爆款游戏，如2014年腾讯密集布局韩国游戏业，增资1.19亿元收购韩国著名手游公司PATI games公司20%股权，该公司是韩国人气游戏《I Love Coffee》《I Love Pasta》的开发商。文化企业由于其轻资产重人力的特点，往往投资风险和收益俱存。为了尽量规避投资的不确定性，灵敏的资本往往投向那些已经证明其成功且具有良好市场前景的公司。第三，我国文化企业并购的标的方多为经济发达且政策环境较为完善的欧美和韩国地区。这是因为任何一家文化企业准备并购以走向国际化时都不得不认真考察并购国的经济、法律、政策的大环境，"朝令夕改""政治动荡""法律漏洞"的地区往往使得很多文化企业对其不予投资考虑。

三、完善文化企业出境并购的对策

（一）管理上实行"就地整合"，释放并购的生产力

从2007年1月到2016年12月对我国文化企业出境并购的统计数据来看，我国文化企业出境并购的总交易额超过1912亿元，实现了长足的发展。但是，并购并非仅仅是台前的现金或是股权的交易，更是并购之后公司和公司之间的良好整合。对于文化企业来说，文化的整合才是并购之后实现双赢的关键。选择何种整合方式需要仔细的考量。麦肯锡将交易后的管理总结为5种形式。第一，放手式整合，即收购企业保持目标企业运营的独立性，主要通过董事会对其进行管理；第二，修正重振式整合，即收购企业利用任命管理层、薪酬、激励和财报向独立资产施压，推动其提升绩效；第三，全面式整合，即尽可能将目标企业纳入收购方管理体系，需要重组目标企业；第四，选择式整合，即目标企业在很大程度上保持

独立，但是会在一两个可产生显著协同效应的特定领域进行更加密切的协作；第五，渐进式整合，即从一个职能领域开始整合，逐步拓展至其他领域。文化企业的主要产品就是精神生产的产品，而个体性生命体验的成果很难用一个可测量的标准去评判，加之中外之间存在"文化适应"的问题，因此，放手式整合反而是文化企业出境并购的优选。万达斥巨资收购处于亏损和负债的 AMC 影院院线时，并没有全面整合或是选择一两个层面有选择地整合，而是放手交给 AMC 原有团队去管理经营，万达派出监管层协助工作，不参与具体的决策，同时将承诺营收留在美国，并将盈利的一部分用于奖励管理层。很快 AMC 就实现了盈利。这种"就地整合"的方式对于文化企业出境并购而言，相比于其他的整合方式有两大优点：其一，宽松的文化氛围有助于弱化异国文化和思维的冲突，使双方能够在同一层面上更好地对话；其二，就地整合能最大限度地减少因人事关系调整带来的边际成本。因此，就地整合不失为文化企业出境并购的顺利进行的一条可行路径。

（二）集结多重投融资形式，缓解文化市场"水土不服"现象

近年来，一些积极"走出去"的文化企业利用国家鼓励对外文化贸易的利好政策，通过并购重组以跻身国际企业的行列。如完美世界接连代理了《DOTA2》《CS：GO》《混沌试炼》《HEX》等国外知名游戏，借助这些产品的运营完美世界成功走向海外。一方面，完美世界通过并购和投资的方式，收购海外知名的游戏工作室，如《Hob》的开发商 Runic Games，凭借类似的收购，完美世界在海外市场站稳了脚跟，打开了全球市场。另一方面，完美世界还特别善于本地化的发展，完美世界在美国、欧洲、日本、东南亚等地都设有子公司，通过子公司在当地直接运营游戏，完美世界还将游戏授权至多个国家和地区的游戏运营商，与当地的运营商有着良好的合作。目前，完美世界的产品能够推广到全世界就是因为使用了不同的投资组合，尤其是通过境外子公司直接投资——就地

投资模式使在企业的并购过程中规避了很多不必要的法律、政策风险。

（三）加强对核心文化领域的并购，提升对外话语权空间

正如前文所分析的，我国十年来的文化企业出境并购大多集中在投资回收周期短、现金流良好的新兴文化领域，尤其是互联网游戏娱乐业。这固然可以丰富国内消费者的精神文化生活，并使得企业实现走向国际化的梦想。如若按照 2004 年我国统计局下发的《文化与相关产业分类》，游戏娱乐业属于外围文化产业层，关于游戏娱乐的收购并不能够很好地抢占文化领域的话语权。总体观之，我们文化企业出境并购在核心文化领域的并购是不足的。核心文化领域包括新闻、出版、广播电影电视等，意识形态属性里关于话语权的争夺越来越成为 21 世纪各国竞争的焦点。作为一种强有力的文化软实力，从长远的角度来看，谁能抢占文化意识形态的高地，谁就能在未来的文化竞争中处于主动地位，这也是为什么要从战略的高度来思考文化建设的问题。如关于出版印刷、广播电视的并购等，是提高国家的对外话语权一种有力路径。当然，文化产业的出境并购极大地推动了文化产业与相关产业的融合，核心文化领域主要是内容生产的宝库，将之与现代科学技术相结合，这需要并购方在并购开始之前仔细考量被并购方所属领域的前景，努力达成出境并购的领域多样化及资源的适配化。

四、总　结

本文通过对 2007 年 1 月到 2016 年 12 月近十年我国文化企业出境并购的数据统计，分析了出境并购的总体特点，以及呈现这些特征的原因分析、问题所在及解决对策。

　　并购重组越来越成为企业发展壮大的有力途径，是企业走向国际化的重要渠道。当企业成为国际关注的公众公司后，为了对股东和投资人负责，企业需要迅速适应当地市场、法律、政治等环境。从处于国有化的文化单位到市场化的文化企业，再到走向国际市场，我国的文化体制改革确实取得了显著成效，文化企业的发展有了长足进步。但是我们也要看到，出境并购的企业依旧是大型上市公司，中小企业寥寥无几，并购领域集中在游戏、影视等大娱乐领域，对具有话语权力量的核心文化领域涉足不多，同时，对外的法律、财务、政治风险的防范也较为薄弱，对以上这些方面期待更好的转变。结合现实，现如今"一带一路"倡议不仅是经济的合作，也是文化的交流与软实力的场域。这要求我国对外文化产业及文化贸易实现长足发展，文化与经济进步必须是同向而行的。

参考文献

　　1. 麦肯锡. 麦肯锡中企跨境并购袖珍指南，2017.

　　2. 易界 Deal Globe，胡润研究院研究报告［R］. 2017 中国企业跨境并购特别报告. 2017.

　　3. 国家统计局，商务部. 中国对外贸易各年度统计数据.

　　4. Stephen A. Ross，Randolph W. Westerfield，Jeffrey F. Jaffe. 公司理财［M］. 吴民农，沈艺峰，王志强，译. 北京：机械工业出版社，2012.

影视文创园区运营策略探究

——以美国好莱坞影视基地为例

李 潭①

【内容摘要】 在 21 世纪的今天，许多国家和地区已将发展影视文创园作为经济发展的引擎来推动文化产业的发展以及相关影视文化企业的孵化和培育。本文从影视文创园基础设施的建设、文化资源的挖掘、园区的趋同现象以及投融资四个方面阐述我国影视文创园区的运营现状及存在的问题，通过探究分析美国好莱坞影视基地两个不同时期的运营策略，总结出对我国影视文创园运营方面的对策和建议。

【关键词】 影视文创园区 运营 好莱坞

我国文化部办公厅于 2016 年 9 月下发了《关于进一步完善国家级文化产业示范园区创建工作的通知》，规定国家级文化产业示范园区要在 3 年创建期间内结束考核，考核合格后才能予以命名，实施动态化的管理。2017 年 4 月，《文化部"十三五"时期文化发展改革规划》明确提出，"十三五"期间要建立和培育一批辐射作用和集聚功能明显的国家级文化产业园区。此外，随着经济新业态的不断涌现，2017 年上半年文化产业园区的发展融合了人工智能、虚拟现实、大数据、云计算等新技术，文化"走出去"呈现出全新

---

① 李潭，华东政法大学传播学院文化产业管理专业研究生。

发展态势。① 文化产业园的建设已经是一种不可忽视的文化经济现象。本文就文化产业园区中最具特色的影视文创园现状及问题进行探究，并结合好莱坞的案例给予相应的建议。

一、影视文创园区运营现状分析

我国的影视文创园从 20 世纪 80 年代开始发展，迄今为止，全国在运营的影视基地超过一百家，投资过亿的有 30 多家，我国大部分的影视文创园是由国有企业出资建设，少部分与民营出资，例如横店影视城、镇北堡西部影视城等。但我国影视文创园的运营状况并不容乐观，目前国内已经建成的影视城中有 80% 亏损，15% 收支平衡，仅有 5% 能够盈利。但影视文创园因其高回报率还是吸引了众多投资者的关注，当前的影视文创园正在朝着投资主体多元化、服务对象专业化、园区产业集约化的趋势发展。

表 1　我国十大影视城

影视文创园区名称	地区	建立时间	占地面积
横店影视城	浙江金华	1996 年	4963 亩
上海影视乐园	上海	1998 年 10 月	1200 亩
象山影视城	浙江宁波	2005 年	1176 亩
中山影视城	广东中山	20 世纪 80 年代	300 亩
长影世纪城	吉林长春	2005 年 5 月	1500 亩
北普陀影视城	北京	20 世纪 90 年代	450 亩

---

① 搜狐网："2017 年中盘点 | 文化产业园区发展新态势"，https://www.sohu.com/a/155473097_182272，2017 年 5 月 20 日访问。

影视文创园区名称	地区	建立时间	占地面积
同里影视基地	江苏苏州	20世纪80年代	495亩
镇北堡西部影视城	宁夏银川	20世纪80年代	1000亩
焦作影视城	河南焦作	1995年	4500亩
涿州影视城	河北保定	1990年	2197.3亩

在我国的影视文创园正如火如荼地发展的同时，其存在的问题也越加凸显，本文从以下四个方面着手，对当前我国影视文创园的问题进行探究。

（一）基础设施不够完善

我国很多影视文创园存在着建设和选址的问题。很多地方没有考虑自身的文化资源和文化要素，没有根据本地区特色和地区文化来建设影视文创园，而是盲目跟风建设影视文创园。很多影视产业园并没有文化的支撑，只能称为一种地产项目，根本不能称之为文化项目。一些园区的收入也只是靠收取租金来维持运转。

文化园区缺乏成熟的制度和规章以及文化产业人才引入和培养机制，文化园区因缺少专业的文化产业人才，园区中的各个文化企业、组织或个人从某种程度上来说还是独立的个体，没有形成集约化、完整性的文化产业链条，各项文化服务体系和机制也不够完善。

（二）对文化资源挖掘不够充分

影视文创园区适合在文化底蕴浓郁、自然景观独特的地域或者是有着地域历史特色的区域建立。产业园不能脱离文化要素而发展，影视文创园的发展可以充分挖掘当地的特色文化。如位于宁夏银川的镇北堡西部影视城就是利用当地的民俗文化，突出表现了民族文化。

只有利用和挖掘文化资源，才能充满文化和人文气息，体现人文关怀和人文气息，才能够吸引游客，产生经济效益和社会效益。有了文化底蕴，文化产业园的发展才能实现可持续发展。

（三）影视文创园区趋同现象严重

影视文创园区最大的问题就是园区的趋同现象严重，一个影视产业园区成功了，就会被复制成许多类似的影视产业园，使得影视产业园的同质现状十分严重，缺乏特色。各个影视文创园的人造景观雷同严重，缺少差异化。仅在陕西西安，就有碑林区、高新区和曲江新区三个地方在构建动漫园区。

同质化现象造成了文化产业园彼此争夺有限的文化资源与文化投资企业的局面，恶性竞争时有发生，市场秩序混乱，甚至很多影视文创园只是利用文化创意概念炒作地产。严重的趋同现象也造成影视文创园招商的困难，难以发展和壮大。

（四）投资与回报不成正比

我国影视文创园投资多则上百亿，少则几千万，但是只有少数影视文创园才能维持收支平衡。2013年，贵州省黔南州独山县兴建的"独山传奇·梦之都"影视城占地面积10.8万亩，投资规模达120亿元，一度被当地政府视为文化旅游建设的标杆之作。由于国际金融危机和银行信贷政策不断收紧，工程资金链断裂，影视文创产业园不得不终止建设，前期的投资也难以收回，投资人也因此入狱。

各地影视文创园区的盲目投资发展已经偏离了行业健康发展的轨道。影视文创园的潜在的风险正在集聚，经济泡沫化已经开始浮现。

二、美国好莱坞运营策略分析

基于我国影视文创园发展存在的相关的困境和问题，放眼西方发达国家，有很多成功的影视文创园区的案例值得去分析探究。本文以全球闻名的好莱坞影视基地为例，思考如何在当前的情形下优化我国的影视文创园区运营模式。

（一）旧好莱坞时期影视基地运营策略

旧好莱坞时期是指20世纪20年代到60年代，这一时期也是好莱坞发展的黄金时期，经典好莱坞以及好莱坞的国际地位也是在这一时期得以形成的。好莱坞影视基地如何在这一时期得以高速发展？本文从以下几个方面进行了思考。

1. 良好的区位优势

好莱坞影视基地位于美国加利福尼亚州洛杉矶市西北部，有着得天独厚的发展影视业的自然条件，如温和的气候和风景如画的海洋和山峦风貌，是理想的户外拍摄地点，这对于电影工业的初期发展来说尤为重要。

此外，好莱坞的选址远离了美国当时的传统文化中心——纽约，也逃脱了当时的电影生产中心的垄断。好莱坞由此独创了商业化的道路，这也奠定了好莱坞与其他国家电影业的不同之处。

2. 完善的基础设施

好莱坞在发展初期引进了华尔街银行家的资金支持，在20世纪20年代初步形成了独立制作公司和巨型公司这两个公司形式，到了20世纪30年代基本形成了八个巨型公司（华纳兄弟、米高梅电影公司、派拉蒙影业公司、哥伦比亚影业公司、环球影片公司、联美影业公司、20世纪福克斯电影公司和迪士尼电影公司）和一些规模较小的独立创作公司。这些公司高速发展，大量投资建设摄影棚和引进先进的拍摄设备。

此外，这一时期，美国的影院也经历了由电影宫殿（Movie Palace）、多厅影院（Multiplex）到巨型多厅影院（Megaplex）的演变过程，观影感受更佳，吸引了更多的受众，市场也不断扩大。

3. 有效的制度规章

好莱坞在这一时期进入了大规模标准化生产的时代。在制度方面主要有三项创新：一是由派拉蒙电影公司创始人楚克提出的联合电影制作公司和电影院；二是由标准化电影制作大师因斯提出的大规模生产制度；三是建立影星制度。在这种制度下，电影制作公司的影片以租赁的形式给予电影院放映，这样电影公司便从一定程度上控制了电影院；大规模标准化的生产电影，电影不再是按故事时间先后顺序拍摄，极大提高了电影的拍摄效率，一个星期基本可以拍摄两部影片；在影星制度下，电影制作公司与电影明星签约，公司可以获得长期的收益。

（二）新好莱坞时期影视基地运营策略

新好莱坞时期是指自20世纪80年代至今，是好莱坞在遭遇产业衰落及市场萎缩后的新崛起时代。在发展的新时期，好莱坞影视基地利用自身的科技、人才、资金等优势，在数字化时代以其巨额的投资和高科技手段拍摄的一部部好莱坞大片，使好莱坞又重回世界影业霸主地位。

1. 衍生品的开发

随着娱乐工业化，好莱坞影视基地的电影产业分布的范围已经不再仅局限于好莱坞地区，好莱坞影视基地与周边的城市形成了美国影视工业的中心地区，形成了发达的影视产业链，开发了很多相关的衍生品，如电影主题曲、玩具、文具、游戏、主题乐园等；衍生品带来的巨大利润，甚至超过了电影本身的电影票房。《冰雪奇缘》中 Elsa 公主的裙子，卖了 300 万条，收入 4.5 亿美元；《星球大战》三部曲票房收入 18 亿美元，衍生品入账却超过 45 亿美元；《狮子王》票房 7.8 亿美元，衍生品收入高达 20 亿美元①。

2. 政策的支持

好莱坞能够在新时期焕发出新的活力，不仅与产业集聚和延长产业链条大力发展衍生品的策略有着紧密联系，还离不开美国政府相关政策的大力支持，如针对欧洲的马歇尔计划就使得好莱坞大片引入欧洲。美国政府、商务部和多个美国大使馆在各种商业论坛中向其他国家呼吁，以更加开放的态度对待好莱坞影片。

三、我国影视文创园运营对策

上文分析了我国影视文创园区发展的现状及存在的不足，探究美国好莱坞影视基地的发展历程，从中反思我国文创园区发展中的问题，根据哈佛商学院教授波特提出关于产业发展所需要素的钻石模型，进而提出相关的建议与对策。该模型包括以下的因素（见图 1）：（1）生产要素。包括人力、资本、自然资源以及基础设施。（2）需求条件。本国对该产业生产的产品的需求。（3）相关产业。该产业的相关产业是否具有竞争力。（4）企业战略、企业结构和同业竞争。

---

① 新浪财经："好莱坞从衍生玩具里赚的钱更多只把电影当宣传片？"，https：//finance. sina. cn/2016 - 06 - 29/detail - ifxtmwri4972498. d. html，2017 年 6 月 23 日访问。

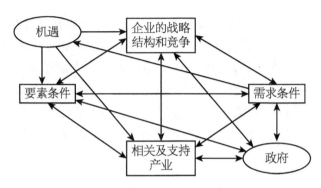

图1　迈克尔·波特的钻石模型

（一）抓住电影市场机遇，把握观众审美需求

随着生活水平的提高，文化消费正越来越多地进入居民家中，同时由于城乡居民消费观念的改变以及生活节奏加快，文化消费呈现出了巨大的市场空间和发展潜力。电影成为居民文化消费的一个新的经济增长点。2016年中国内地电影票房共计457.12亿元，同比增长3.73%；院线观影人次为13.72亿，同比增长8.89%。[①] 电影市场的快速发展，拓展了文化消费的空间，使人们的精神生活更加丰富多彩，助推了文化消费的快速增长。文化消费还能够给人们精神方面的享受，提升人们对美的追求。文化消费的前景十分广阔，经济潜力巨大。

正如好莱坞影视基地在发展初期看中并发展电影市场，发展影视文创园要积极了解观众审美和市场需求市场前景，顺应文化消费需求急剧增长的现实情况。

（二）做好投融资规划，理性投融资

当前我国影视文创园区存在投资额大，资金收回难度大的现状。面对这种情形，一方面国家要提高影视文创园区建设的准入门

---

① 百度票房："历年中国电影票房收入一览表"，https://www.baidu.com/c/www.360doc.cn/mip/625655949.html，2017年6月23日访问。

槛,加强规范与引导,防止影视文创园区建设的同质化和想利用国家关于建设文创园的优惠政策"拿地买地"的现象发生。

另一方面影视文创产业园区在建设之前就要做好投融资规划,选择合适的投融资模式。目前的投融资模式主要有政府主导和市场主导两种。可根据园区的性质进行选择,以文化事业为主的可以争取政府的支持,选择政府主导的模式;以文化产业为主的可以选择市场主导模式,多渠道融资。

(三)提高摄制水平,提高制作技术

近年来在信息化、大数据快速发展的浪潮下影视文创园正在从依靠提供自然拍摄场景向后期制作全方位发展,经济全球化正在给影视文创园带来重大的发展机遇。

影视文化产业园与摄制技术的结合越来越紧密,影视文化产业园要实现摄制"一条龙"服务,不仅要做好拍摄场地的提供服务,更要以实体场景为依托,结合提供演员服饰化妆服务以及后期制作,另外也要利用网络做好线上影视产业园的宣传工作。

(四)拓展产业链,开发相关衍生品

影视文创园可通过拓展产业链的形式,即将各种影视产业中的要素集中到影视文创园,将原来的拍摄基地打造成拍摄、制作一体化的产业链条。在拍摄前期提供自然或者特效拍摄场景;在拍摄期间提供群众演员、服装、道具和化妆的租赁服务;在拍摄后期提供后期制作服务。我国横店影视文创园的成功正是在于其尽可能地完善了摄制所需的全方位服务。

除提供拍摄服务之外,影视文创园还可以凭借拍摄场景为资源开发体验式旅游,也可打造影视主题乐园,塑造相关文化形象以授权相关商品。如此可获得良好的社会效益以及经济效益,如我国开发的第一家世界级影视主题乐园长影世纪城。

（五）依托人才，积极建言献策

影视文创产业园区的发展离不开专业的人才，但我国电影后期制作水平还十分落后，60%的国产片还在泰国进行后期制作，泰国靠后期制作年进账近两亿美元。① 我国要想电影制作方面分一杯羹，就要大力发展相关人才。一方面，要充分利用教育资源，培育专门的文化影视科技、文化影视管理人才，影视文创产业园区要积极吸引相关人才充实影视企业人才队伍；另一方面，要鼓励文化影视企业选择有潜力的员工有针对性地加强相关培训，提高现有员工的素质。广纳相关建议，以便在发展影视文创园方面拓展思路。

影视文创产业园发展前景光明，我们须趋利避害，以创意为核心，在特色文化的基础上，加强园区各影视制作环节的相互合作、共同进步，形成文化产业链及衍生品的开发与保护的良好氛围，促进我国文化产业整体的发展。

参考文献

1. 杨吉华. 我国文化产业园发展现状、存在问题及对策 [J]. 北京市经济管理干部学院学报，2006（3）.

2. 刘丽，张焕波. 北京文化创意产业集群发展问题研究 [J]. 中国农业大学学报（社会科学版），2006（3）.

3. 钱紫华，闫小培. 好莱坞电影产业集聚体的演进 [J]. 世界地理研究，2009，18（1）.

4. 陆地，梁斐. 好莱坞影视产业集群的钻石模型分析 [J]. 新闻爱好者，2014（2）.

5. 李晓蓓，蒋安. 影视产业中的集聚经济——从好莱坞到横店 [J]. 电影评介，2006（13）.

① 华夏网："中国电影后期制作开拓市场拿下海外第一单"，http://www.huaxia.com/zhwh/whxx/2012/03/2776020.html，2017年6月23日访问。

6. 许正林. 上海文化产业园区类型与发展难点分析 [J]. 声屏世界·广告人, 2012 (9).

7. 陶晖, 匡国珍. 关于文化产业园区建设热的"冷"思考 [J]. 当代经济, 2013 (23).

8. 牛维麟. 产业集聚与文化产业园区建设探析 [J]. 中国高等教育, 2010 (21).

9. 张晓明, 胡惠林, 章建刚. 我国文化产业的现状及发展建议 [J]. 政策, 2005 (8).

灾后重建背景下少数民族文化产业
"特色小镇"发展模式探索

——以九寨沟地震灾后重建为例

朱梦雪①

【内容提要】 本文以九寨沟县灾后重建为立足点，结合少数民族文化传承中面对的各种问题，认为少数民族地区可以利用灾后重建下产业转型的机遇和较高的社会关注度，构建以少数民族文化资源为核心，藏羌民族手工艺、演艺表演、风俗体验、民俗餐饮和电商销售五位一体的文化产业特色小镇，在"保护式开发"中助推文化传承。从"特色小镇"的建设中看，笔者认为实行"政府推动＋文化空间体验＋电商销售"的运作模式是可行的。政府前期的"顶层设计"促进特色小镇的基础设施建设和人才引进，运作中发挥文化空间的独特魅力，利用体验经济，提升文化创收力。同时结合电商平台，打破文化产品销售的地域限制，助推少数民族文化产品销售的线上线下运营。总体来说，区域文化资源聚集而成的文化产业"特色小镇"具有经济与文化方面的双重带动力，不仅挽救了少数民族日渐失落的传统文化，同时也让地震的灾难转化成区域发展的动机，打破原有固化的产业集群模式，促进地域经济特色化发展。

【关键词】 特色小镇　少数民族　灾后重建　文化产业

---

① 朱梦雪，华东政法大学传播学院文化产业管理专业研究生。

一、灾后建设少数民族"特色小镇"的可行性分析

（一）灾后重建下建设特色小镇的背景

"灾后重建"自 2008 年汶川地震后逐渐进入学者们的视野，目前研究总体落脚点主要在于如何改善灾后城镇规划、如何提升政府执政能力等方面，但普遍对于我国灾后遗留的文化传承问题，特别是云贵川地区少数民族文化建设方面研究不足。

灾后基础设施等物质文明建设确实是保障民生工作的重中之重，但是精神文化建设依旧不可落下脚步。当前汶川、九寨沟等少数民族地区地震、泥石流等自然灾害频发，一方面，传统的文化生态被打破，现代化生活方式的影响让文化遗产面临后继无人的窘境；另一方面，我国少数民族人口分布中"大杂居、小聚居"的特点，也导致文化传播具有内置性，散播范围小。且灾后重建下生活生产方式的改变以及汉文化的影响，无疑让少数民族文化的"生存空间"越发狭隘。

灾后如何传承少数民族文化、激发文化资源价值成为一项具有现实意义的研究主题。根据学者们对文化传承的研究成果可以将文化传承模式分为两部分：一种是对文化的原生化保护，重点在于对文化生存环境的复原，激发文化传承的自主性；另一种模式是基于文化的保护式开发，通过深入挖掘传统文化精髓、发展文化产业、创新文化产品、开发文化项目，促进文化元素在更广阔的范围内进行流动传播。

现实中对于文化传承的两种模式往往是相辅相成、共同推进的，但是比较而言，保护式开发更适合当前社会的发展趋势，特别是灾后少数民族地区经济发展面临新的挑战，如果可以利用文化搭桥，经济唱戏，在政府的助推下大力发展文化产业，把少数民族文

化遗产变成助推经济的媒介，这样既解决了灾后经济发展问题，还能够为少数民族文化继承探寻出新的道路。但是文化遗产的"保护式开发"不能一蹴而就，从九寨沟县灾前文化开发情况看，借旅游业之力，传统的文化民俗开发具有一定基础，但是分散化的小户经营缺乏文化影响力。因此说到九寨沟县，大家往往表达出对自然风景的赞美，但是对当地文化的感知度、认同度均处于较低水平。

综上所述，笔者认为灾后建设作为地区发展转型的重要时机，要分析把握少数民族文化传承中的挑战与机遇，立足现实条件，大力促进"保护式开发"下的文化产业建设，摆脱灾前文化开发中的松散性和低影响力，通过文化资源统筹，促进产业聚集，以在政府政策扶持下建设专业化水平较高的"特色小镇"作为助推文化发扬的"大本营"。在建设中要以"众筹、自治、共建、分享"为原则，结合"文化保护"和"文化开发"，打造成熟的藏羌文化产业基地，带动九寨沟县人文旅游观光的建设，带动灾后文化传承和经济重建。

（二）九寨沟县灾后建设少数民族特色小镇的条件

特色小镇的概念由浙江省首先提出，2015年《浙江省人民政府关于加快特色小镇规划建设的指导意见》明确指出：特色小镇是一个空间载体，产业定位明确，文化内涵丰富，具备旅游与一定社区功能的创业平台。特色小镇不是一个小城镇的概念，而是产业发展的一个载体。发展文化产业"特色小镇"作为一种区域文化资源开发的创新性经济模式，近年来已逐渐从浙江省推广到各地，扶持小微文化企业，打造城市文化地标。同样，少数民族地区灾后重建可以在衡量自身特色的基础上，构建文化传承下的文化产业特色小镇，利用独特多样的少数民族非物质文化遗产借机发展。从建设条件看，九寨沟县在文化资源、市场前景、政策扶持等方面均有一定的优势。

从文化资源方面看，九寨沟县作为藏羌少数民族聚居地，多年来融合着多民族文化特色，这种特色少数民族文化资源具有不可复制性，千年历史积淀下的文化具有无限发展的潜力。从文化产品看，少数民族纯手工制作下的产品所富有的"灵韵"是难以通过现代文化工业下艺术品生产获得的，文化的依托促进文化产品的附加值提升，相比于机械化生产下的统一化产品更具有稀缺性。从市场潜力看，九寨沟风景区一旦整修完全将会继续带动九寨沟县旅游业的发展，大批游客对地域在衣食住行方面的依赖促进"特色小镇"市场潜力提升。灾前"小户自立"的特色民族风情体验不能带来持久的文化影响力，市场监管的不到位反而会让游客体验不佳。因此利用灾后重建契机，在政府指导下建立五位一体的特色小镇，规范化经营，不仅可以成为当地文化传播的中心，也能够成为当地人文景观的聚集地，在市场潜力方面也具备充足条件。在政策方面，九寨沟县面临着区域经济的重新规划，发展文化产业也是大势所趋，特色小镇作为文化产业大型项目，一旦获得重视，必定带来政府财政、政策等方面的支持。同时，汶川县灾后"映秀水磨古镇"建设为九寨沟"特色小镇"建设提供了现实经验。映秀水磨古镇依托当地羌族特色并结合地震遗址，在政府支持下打造而成的具有独特的文化产业特色城镇，为当地的经济注入了大量资金，吸引了众多投资商，同时也为当地文化的传承发扬起到新的作用。该项目也被国内外关注，获得"全球灾后重建最佳范例""中国精品旅游文化区"等多项荣誉称号。

二、九寨沟县灾后特色小镇建设模式的探索

结合九寨沟县特色文化，从文化产业"特色小镇"建设的理论和实践双重角度出发，笔者提出利用"政府推动＋文化空间体验＋

电商销售"的运作模式，构建以少数民族文化资源为核心，藏羌民族手工艺、演艺表演、风俗体验、民俗餐饮和电商销售五位一体的文化产业特色小镇。

（一）政府推动集聚效应下资源的整合利用

产业集聚效应最早由马歇尔提出，他认为某一产业在特定地理位置的高度集中的原因在于获得外部规模经济，在供应商、劳动力和知识方面可以相互获益。现代社会下，集聚效应已由原来的工业领域逐渐扩散至文化产业领域，"特色小镇"也成为某一类别文化积累的表现形式。目前，许多城市构建的音乐小镇、电影小镇、戏剧之乡等均是同类文化产业聚集而成，通过同类型文化间表现形式的多样性，促进当地文化的升华以及文化氛围的提升。

就如马歇尔产业集聚效应所言，集聚中可以促进各种要素间的流通更加快捷、资源更加集中。九寨沟县地震后，大规模媒体报道促进大众开始关注当地的民俗与文化，此时利用灾后重建推进文化产业项目的运作，建设特色小镇，引入独特的开发模式，不仅会获得产业集聚带来的巨大经济活力，同时藏羌优秀的文化遗产传承问题将获得更多关注。在此过程中，政府作为前期特色小镇建设的主心骨，要通过引导组织、规划，发挥政府职能，结合"灾后纪念"和"少数民族文化继承"两类主题，统筹利用集聚效益中的文化资本、人力资本、投融资机会等有利条件探索出文化传承开发新道路，将特色小镇建设成为地区招商引资、文化传承的特色基地，促进特色小镇转化成九寨沟县的特色人文地标。

从文化资本看，藏羌文化统筹下的地域性集聚能够促进更多文化交流、项目合作的机会。传统九寨沟藏羌民族文化开发在于"一家一户式"小型生产，文化展现形式单一，但是特色小镇的聚集力为少数民族工艺品交流、文化创意联合开发注入了动力。在文化工艺品的开发建设前期，政府可以引导、组织当地文化，抓住机会，利用民族之间技艺的交流和文化的碰撞获得新的创新点，开发融合创新下的文创产品。从人力资本看，各种民族技艺的传承人为特色小镇演艺类项目的建设提供了人才资源，为文化演艺表演中演员的发掘、表演题材的选取都提供了新思路，因此在建设中政府可以在前期统筹把握人力资源开发文化演艺类项目；从投融资环境看，政府应该利用政策支持推动资金的流入。其实多年来民族文化的神秘性一直吸引着投资商的目光，但是由于地理、宗教、语言沟通等原因，项目开发难度让投资商望而却步。而文化产业"特色小镇"聚集让各种民族非物质文化遗产呈现，为投资商寻找项目提供了面对面交流的机会。同时政府支持下的政策优惠能够促进企业运作成本的降低，吸引更多投资商前来洽谈，为当地文化产品走出去带来宝贵的机会。特别是灾后随着九寨沟知名度的再度提升，诸多社会企业本着履行社会责任的义务，也更愿意为灾后经济建设添砖加瓦。所以特色小镇入驻者在运营中要牢牢把握外来资金资源，政府要做好宣传工作，在招商引资方面发挥政府职能，促进市场化流通，文化资本逐渐积累（见图1）。在集聚作用下九寨沟"特色小镇"中文化资源的丰富性易获得更高社会关注度。"特色小镇"获得的社会关注度十分重要，关注度越高，特色小镇的经济转化能力就越强，良性循环助推高阶发展。

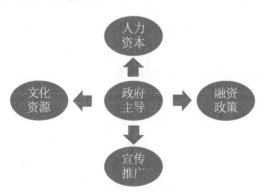

图1 前期政府主导下的资源整合

（二）发挥文化体验下的经济带动力

体验经济常被称为继农业经济、工业经济和服务经济阶段之后的第四个人类的经济生活发展阶段。从消费者角度而言，往往几分钟的体验感触获得的是一种精神上的快感，其实也是一种精神意识上的满足感。从供应者而言，体验经济其实是一种文化服务的提供，具有低成本高收益的特点。

九寨沟县内多达 79 项的非物质文化遗产为当地特色小镇发展文化体验式经济奠定了良好基础。体验民族习俗特色、工艺、美食都可以激起消费者的文化认同感，在手动式体验下提升对民族文化的兴趣，在扩大化的文化氛围下构建出独特的文化空间，为特定的文化活动提供了施展的舞台。

从类型上看，少数民族特色小镇可以发展民间手工艺、民宿餐饮、民俗节庆为核心，建立全方位互动交流体验，让体验者在浓厚的文化氛围中获得良好精神感触，推动文化消费。从手工艺体验来看，让观光者实际体验民族工艺的制作流程，过程中供应者加强对手工艺文化内涵的生动讲解，促进参观体验者感受到民族劳动人民的勤劳智慧，加深文化认同感，提高对文化产品的评价。如藏银作为藏区的特色矿产资源，可以让参观者积极参与到藏家传统银饰的捶打制作中，获得亲手制作银器的快乐，同时使参与者在制作过程中逐渐了解藏族的礼仪文化，使少数民族的文化感召力嵌入商品。从民族节庆的特色体验方面，特色小镇可以利用民族特色化节庆作为宣传契机并适时推出，通过媒体等平台扩大文化影响力，促进消费者在一定时间内的大规模集聚，特别在互联网盛行的时代，特色小镇的文化节日开发让消费者真正融入民族文化中，良好的口碑效应营造出更深刻的文化影响。例如，利用羌年节等重要民俗节日，在"特色小镇"中组织大型的歌舞会，邀请游客体验羌族盛宴，促进短时间内特色小镇的经济推动力提升。当然，建立特色化、规范化的民宿和餐饮也可以成为体验民族文化的重要途径。一直以来，九寨沟县的民宿多为当地居民的私人建筑，卫生环境和餐饮条件往往不能满足游客越来越高的要求。尤其是灾后九寨沟县民宿摧毁严重，因此利用民族特色小镇重建民宿，让消费者体验正宗的藏、羌式民宿，品尝正宗的特色餐饮，真实体验少数民族的乐趣。过程中加入民族风俗表演也可以促进少数民族文化交流，体会民族技艺，悠久独特的文化遗产可以在这里找回，文化的感召力将成就游客的完美体验。

从盈利模式分析，文化体验完全可以成为带动经济发展的推动力。以体验感召经济，让消费者获得快感，盈利模式方面可以更加多样化。"免费＋付费"模式一直也是文化产业中所提倡的，在体验中获得消费者的关注其实就是营销的基础。民宿工艺的制作过程往往是免费的，但购买商品需付费。银饰的选择和体验过程往往是文化价值传输的过程，而最终商品的销售将是水到渠成。在体验民宿节日中，开放的环境，无门票的限制，也为餐饮住宿业带来了机遇，为民族特色商品的销售带来广阔市场。从营销体验来看，提供免费体验名额让少数人参观体验的评价也会为特色小镇未来的发展提供意见，同时参与过的人发布网络体验图文带来的社会反响也会促进小镇的美誉度提升。

（三）电商平台发展下的文化创收

九寨沟县灾后开发"特色小镇"打造的是少数民族文化产业集群，而现代文化产业的发展总会与互联网有着千丝万缕的联系。在"互联网＋"背景下，电子商务巨浪袭来，为商品信息的有效传播、产品的销售模式创造了新机遇，同样也为"特色小镇"文化产品走向更广阔的天地提供了新思路。

笔者在上文已经提出文化体验下的经济带动力是巨大而持续的，但是"特色小镇"区域限制将无法满足消费者长远的文化产品需求。因此"特色小镇"发展电商平台，可以促进"线上线下"民族文化产品的同步发展是顺应时代潮流、提高特色小镇商业运作水平的可行之举。

利用电商平台，打造特色小镇中的商品销售多渠道共同发展，打破文化产品的地域性限制，让消费体验转化成持续性消费，不仅能够有效促进文化带动经济发展，同时增强文化影响的持久力。电子商务平台运作中，市场信息透明化为"特色小镇"的文创产品开发提供帮助。同时，政府的支持提升公信力，保障了产品的质量水平，为当地产品规范化销售开辟了道路。

电商平台也可以成为宣传"特色小镇"的渠道之一，为文化特色传播至更广阔领域提供机遇。在此过程中利用文化附加值，将地域文化内涵特色倾注于产品中，通过诸多图文介绍、文化解说让用户产生自然消费需求，扩大销售范围，也为"特色小镇"知名度提升创造条件。例如，在藏药材销售中特别注重地区的实际取景和相关少数民族人民的生活实况，让消费者了解产品生产来源；营销中通过灾后公益性项目、众筹等方式，借助灾后重建主题，促进少数民族文化产品对外贸易获得更多支持；在宣传中，要积极利用现代传播媒介，多种平台渠道，增加特色小镇的美誉度。

三、结　语

总体来说，笔者主张灾后重建中发挥少数民族特色资源，建设文化产业小镇，基于文化遗产传承中的"保护式开发"，打造"政府推动＋文化空间体验＋电商销售"的运作模式。从文化传承方面看，"特色小镇"发展文化产业过程中将激发传统文化的活力，成为对外展示地区风貌的窗口，带动各项区域文化指标的正增长。从经济意义看，利用"特色小镇"打造多元化的大型文化产业项目，不论是对当地经济结构的转化，自我创收能力的增强，还是对当地转变经济发展方式，减少区域对资源的依赖性，都有极大的促进作用。

当然，本文中提出灾后特色小镇基本运作模式还有待实践检验，未来也可以结合特色小镇的商业模式、少数民族文化产品销售中市场化运作、文化品牌管理等问题做进一步研究（见图2）。

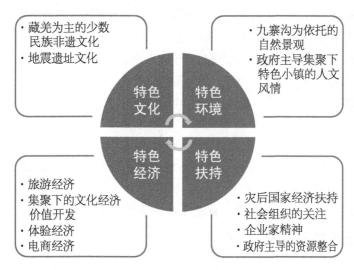

・藏羌为主的少数
  民族非遗文化
・地震遗址文化

・九寨沟为依托的
  自然景观
・政府主导集聚下
  特色小镇的人文
  风情

特色文化　特色环境
特色经济　特色扶持

・旅游经济
・集聚下的文化经济
  价值开发
・体验经济
・电商经济

・灾后国家经济扶持
・社会组织的关注
・企业家精神
・政府主导的资源整合

图2　九寨沟灾后特色小镇建设中的四个"特色"

参考文献

1. 黄朋朋. 新农村文化建设中非物质文化遗产的传承和创新——以宁波为例 [D]. 宁波大学，2014.

2. 于衍学. 散杂居少数民族权益保障问题研究——以山东为例 [D]. 西北民族大学，2006.

3. 王美英. 凉山彝族口传文化保护发展困境与对策研究 [J]. 西南民族大学学报（人文社科版），2015（12）.

4. 和学艳. 丽江纳西族传统文化开发与保护研究 [D]. 中央民族大学，2014.

5. 范远航. 浙江特色小镇发展症结与路径规划——以18个特色小镇为例 [J]. 经济师，2017（4）.

6. 杨荣. 旅游城市化发展的关键要素和基本路径研究——以四

川省九寨沟县为例［J］.环球市场信息导报，2015（44）.

7. 周麟欣，马英杰.论文化产品的溢价控制［J］.黑河学刊，2015（9）.

8. 马丁·佩里，孙振明.后马歇尔时代聚集经济理论之分析［J］.湖北经济学院学报，2008（3）.

9. 柴浩.旅行社体验营销研究——以中青旅主题体验馆为例［D］.北京交通大学，2013.

10. 江兴明.第二桶金在哪［M］.成都：四川人民出版社，2006.

11. 唐月民，戴雯雯.机遇、困境、路径：文化资源与区域文化经济增长［J］.云南开放大学学报，2016（2）.

12. 詹杜颖.品牌效应下的特色小镇构建研究［D］.浙江工业大学，2016.

13. 盛世豪，张伟明.特色小镇：一种产业空间组织形式［J］.浙江社会科学，2016（3）.

浅析"一带一路"视野下中国出版对外贸易

曹入云①

【内容提要】 出版业"走出去"战略提出以来，我国出版业对外贸易成就斐然，但仍存在出版物总体规模偏小、贸易逆差及版权对外贸易区域失衡等问题，不仅影响到出版贸易中的经济利益，还影响了我国文化对外传播。其中既有"文化折扣"的原因，也有国内出版机制的固有缺陷和出版企业管理机制僵化的原因。随着"一带一路"倡议的逐步实施，我国将与沿线国家开展深层次文化交流，为我国发展出版对外贸易提供了新机遇，有利于扭转失衡局面，推动我国文化对外传播。

【关键词】 一带一路 出版对外贸易 文化传播

2013 年，我国首次提出"一带一路"构想。2015 年 3 月，《推动共建丝绸之路经济带和 21 世纪海上丝绸之路的愿景与行动》正式发布，标志着一带一路倡议开始实施。"一带一路"横贯亚洲、非洲、欧洲，沿线涵盖 66 个国家，其发展影响到我国未来发展的方方面面。文化交流更是备受关注，坚持文化先行，有利于促进"一带一路"的发展。

文化是"一带一路"的灵魂，各国经贸合作的"软"支撑是文化传承与创新。出版对外贸易作为文化贸易重要形式，是国家知识

---

① 曹入云，济南大学历史与文化产业学院文化产业管理专业研究生。

经济重要组成部分，发展出版对外贸易有利于促进各国文化交流。2003 年，我国正式提出出版业"走出去"，我国出版对外贸易获得巨大成就，但仍存在出版物总体规模偏小、贸易逆差及版权对外贸易区域失衡等问题。在"一带一路"发展背景下探析我国出版对外贸易，探寻新发展路径，有利于打破失衡、扭转逆差，推动沿线国家开展深入全面的人文交流和国际合作。

一、我国出版业对外贸易成就与问题并存

2003 年，我国提出"出版业走出去"战略后，相继出台了一系列政策措施，鼓励一切外向型出版企业向海外发展，在国家和企业共同努力下，出版对外贸易取得显著进步：出版物对外贸易总规模不断扩大，2005 年到 2015 年，我国出版物出口数量从 732 万册上升至 2112 万册，增速高达 188%；出口总额从 3287 万美元上升到 7943 万美元，增速为 60%。版权对外贸易总量不断增加，2000 年版权输出数量仅为 638 种，只占对外贸易总数量比为 8%；而 2015 年我国图书版权输出数量上升到 7998 种，占总数量比为 34%。版权输出对象也不再局限于以港台为基础的亚洲文化圈，贸易对象逐渐增加，对西方发达国家的图书版权输出数呈明显上升趋势，对美、英、德、法、日五个西方发达国家的版权输出数量由 2000 年的 14 种上升到 2005 年的 2236 种，占比由原来的 2% 上升到了 42%。出版企业境外投资活力增强，在政府扶持下，国内出版企业的海外直接投资数量逐渐增多。尽管如此，我国出版对外贸易中存在的问题依然突出。

一是图书出版物总体规模偏小，国际竞争力有待加强。从 2002 年到 2015 年，尽管我国图书出版物进出口贸易的总额一直在增加，出版物的国际占有率在不断提高，由 2002 年占世界份额不到 4% 上

升至 2015 年的 10%，增长率达 300%。但与英、美两国相比，我
国图书出版进出口贸易规模明显总体偏小。2015 年，我国图书出版
物国际市场占有率较英、美等出版强国的市场占有率差距相对较
小，仍比美国低 4.2 个百分点，比英国低 5.2 个百分点（见图 1）。
三国显示性比较优势数据显示（见图 2），美国和英国图书出版物
的显示性比较优势指数均超 1.5，英国指数更是远远超过 2.5，直
逼 6，这表明美国图书出版物的国际竞争力比较强，英国则非常强，
其图书出版物在国际上占有非常大的分量。反观我国，2002 年到
2015 年，我国图书出版物的显示性比较优势指数一直徘徊在 0.8，表
明我国图书出版物比较优势不明显，图书出版国际竞争力非常弱。

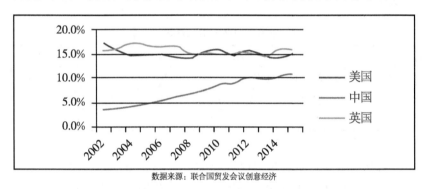

数据来源：联合国贸发会议创意经济

图 1 中英美图书出版物国际市场占有率比较

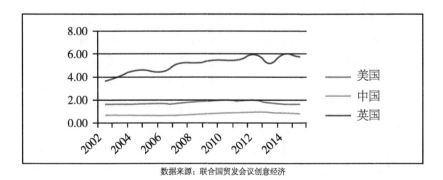

数据来源：联合国贸发会议创意经济

图 2 中英美图书出版物显示性比较优势指数比较

二是贸易逆差问题仍然存在。我国出版业贸易逆差问题主要表现在出版物和版权两方面。一方面，据国家新闻出版广电总局数据显示，我国出版物对外贸易无论数量还是总额上都是呈增长趋势。尽管如此，出版物贸易进出口在数量上呈顺差，总额上却一直呈现逆差。另一方面，图书版权引进与输出比呈减小趋势，图书出版对外贸易失衡状态逐年好转（见表1）。2000年，我国图书版权引进与输出比为11.5:1，2003年我国图书版权引进和输出比则高达15.4:1，成为版权贸易逆差最严重一年，但之后版权引进和输出比逐年减少。2004年，引进输出比就已降低至7:1，2015年这一比例缩小到1.9:1。但我国图书出版引进输出逆差现象仍然存在这一事实却不容忽视。

表1　中国图书版权引进输出比一览表

年份	2000	2001	2002	2003	2004	2005	2006	2007
引进输出比	11.5:1	12.6:1	7.9:1	15.4:1	7:1	6.5:1	6:1	4:1
年份	2008	2009	2010	2011	2012	2013	2014	2015
引进输出比	6:1	4:1	3.5:1	2.5:1	2.1:1	2.3:1	1.9:1	1.9:1

数据来源：国家版权局官网。

三是图书版权对外贸易区域失衡。区域失衡首先表现在贸易对象和输出省份失衡上。中国台湾、美国、英国、日本、法国、德国和韩国一直是我国大陆图书版权主要引进地。除台湾地区和韩国外，我国对其他五个西方发达国家图书版权却一直存在贸易逆差。十多年来，我国从这些国家引进版权数占比高达76%，输出版权数占比则为25%。2003年是我国版权贸易逆差最严重一年，当年我国从美、英、德、法、日引进版权数占引进总数量79%，而输往这些国家版权总数仅占总数量的3%。2015年，我国版权贸易逆差缩小为1:1.9，但与这五个西方发达国家的贸易逆差却高达5:1，从这些国家引进版权数占总引进数的71%，输出版权数占总输出数28%，反映了我国图书版权对外贸易存在的区域失衡现象。其次，图书版权输出省份失衡主要表现为我国图书版权对外贸易排在前列的基本集中在东部经济发展程度较高的城市见表2。我国图书版权贸易涉入最高排前七名的省份或地区为北京、上海、江苏、辽宁、广东、浙江和山东。其中北京市是输出引进最多的省份，其中输出总数为14609种，引进总数为83858种。而贵州、宁夏、甘肃、内蒙古、青海等西部城市在引进和输出总数上都存在明显劣势，不到同期引进输出数量的1%。

表2　近年来我国图书版权输出总量前十省份数据一览表（单位：种）

省份/年份	2000	2001	2002	2003	2004	2005	2006	2008	2010	2013	2014	合计
北京	328	318	532	321	597	868	1188	1232	2092	3351	3782	14609
安徽	19	3	29	20	46	10	59	114	196	887	912	2295
上海	13	3	232	171	262	272	207	216	263	220	174	2033
江苏	41	24	64	48	60	18	60	120	130	193	382	1140
辽宁	70	60	114	46	38	37	85	93	102	234	211	1090
湖北	18	38	99	27	20	16	38	28	145	295	306	1030
浙江	30	53	37	19	11	46	20	74	40	322	324	976
江西	0	16	0	0	0	0	61	102	109	33	414	735
广东	10	0	50	30	8	12	30	27	86	286	181	720
山东	0	0	0	0	70	25	29	24	127	181	189	645

资料来源：国家版权局官网。

二、一带一路：我国出版对外贸易发展新机遇

2013年，我国首次提出了"一带一路"伟大战略构想，不仅为宏观经济发展提供指导，还有利于提升我国与沿线国家的文化认同感，为推动我国出版对外贸易的纵深发展提供新机遇。

首先，增强沿线国家文化认同，降低文化折扣。两千年的古代丝绸之路交往不仅增强了我国与沿线国家间的经贸往来，而且加强

了国家间的文化交流。人们对古丝路文化交往的认知已成为一种集体记忆，集体记忆在本质上是立足现在而对过去的一种重构，是集体认同的前提。"一带一路"倡议的提出有利于重新唤醒沿线国家对古代丝绸之路的集体记忆，密切沿线不同国家、不同文化背景之间的交流，推动优秀文化的传播扩散，进而增强沿线国家的文化共识和认同感。出版物作为承载文化思想的重要载体，有利于丰富沿线国家公民精神生活、增进彼此文化认同的智慧工具。这也是汉语教材、《习近平谈治国理政》《狼图腾》等图书在沿线国家受到热烈欢迎的原因。

其次，有利于拓宽我国出版业国际市场。"一带一路"沿线国家的文化与中华文化颇有渊源，其民族传统、消费习惯、文化价值观曾深受中华文化影响，有利于我国出版物对外贸易。"一带一路"沿线涉及 60 多个国家，向东涉及亚太经济圈，向西延伸至欧洲经济圈，向北延伸至俄罗斯，向南涉及北非，把东亚、东南亚、中亚、欧洲南部、南亚、非洲东部的广大地区联系在一起。"一带一路"是世界上最具发展潜力的经济带，沿线国家普遍处于经济发展上升期，经济总量从 2000 年的 4.4 万亿美元增至 2013 年的 22.3 万亿美元，13 年间增长了 405%。可是当前除东南亚国家外，我国与"一带一路"沿线国家的文化贸易额占比偏低。2012 年，中东欧 16 国与中国文化产品贸易额为 23.33 亿美元，只占中国文化产品贸易总额 1.3%。"一带一路"沿线国家具有强大市场发展潜力，"一带一路"虽是立足于沿线国家，但却是面向所有国家或经济体、国际组织、区域合作机制和民间机构，绝非封闭小圈子和排他性平台。这对中国形成面向"一带一路"沿线国家、辐射欧亚地区的统一开放的出版业市场十分重要。据 2015 年国家新闻出版广电总局统计显示，"一带一路"推行以来，我国出版业境外投资项目多达52 项，覆盖蒙古、俄罗斯、哈萨克斯坦、吉尔吉斯斯坦、越南等沿线 22 个国家。"丝路书香工程"项目扩大了中国出版企业海外投资项目分布地域，大量出版机构纷纷在"一带一路"沿线地区设立海外第一个分支机构。例如，接力出版社、北京师范大学出版社等致力搭建中阿图书译介出版的文化平台，在埃及、约旦等国设立分社；中国人民大学出版社在以色列设立分社；社科文献出版社在俄罗斯成立的斯维特出版社则于 2016 年正式挂牌。

最后，"一带一路"为发展出版对外贸易提供了强有力的政策支持。"一带一路"倡议提出后，为促进与"一带一路"沿线国家之间图书出版业的交流，2014 年，中宣部批准了"丝路书香工程"立项。从工程启动一年多来的实践来看，其重点项目包括重点翻译资助项目、海外分支机构项目、境外参展项目、出版物渠道建设、数据库建设及推广等几个方面，基本组成了一条较为完整的产业链，为我国图书出版对外贸易的发展提供了强有力的政策支持。我国文化部发布了《"一带一路"文化发展行动计划（2016—2020）》，成立了文化部"一带一路"工作领导小组，统筹全国开展"一带一路"文化建设工作。这一系列政策措施进一步推动着我国出版对外贸易的发展。不仅如此，我国还同沿线国家开展高层互访及出版合作论坛、签订国家级互译出版项目、举办国际书展活动，进一步加大了对出版对外贸易发展。

三、"一带一路"视野下出版对外贸易发展路径探析

"一带一路"的提出为我国出版对外贸易的发展带来了东风。沿线国家文化丰富多彩，为出版业对外贸易提供了丰富的文化资源和广阔的市场空间，为出版业的交流合作创造了历史性机遇。因此，企业应把握好时代机遇，积极探索出版对外贸易发展新路径，打破出版业对外贸易失衡局面、扭转逆差，为推动沿线国家开展深入全面的人文交流和国际合作做出贡献。

一要了解沿线国家需求，实施本土化经营。作为文化产品，出

版物不仅既有文化属性，还有经济属性。因此，出版物价值的实现离不开消费市场。瑞典经济学家戴芬·伯伦斯坦·林德的需求偏好相似理论表示，图书贸易中文化环境的差异会导致文化认同感、文化接受水平的不同，一个国家的读者对于图书的选择品味取决于该国国民的平均收入水平、生存状态等。"一带一路"沿线国家众多，地理距离、宗教信仰、社会制度、经济发展水平的差异导致对出版产品的需求差异，而同一个国家中不同群体的消费趋向和兴趣点也不同。例如，我国儒家典籍在俄罗斯占据十分高的市场地位，而印度对《道德经》表现出极大热忱，土耳其的青少年读者对我国对外汉语教材类图书表现出浓厚的兴趣。而且，由于语言、意识形态、宗教信仰和经济发展水平的差异，我国在与沿线国家的贸易中也会不可避免地碰到"文化折扣"问题。因此，出版企业要加强对沿线国家的市场调研，充分了解沿线国家消费者的需求，实施出版业本土化经营战略。

二要推动图书选题本土化。在研究特定国家市场需求基础上，结合当地读者阅读习惯，生产特定图书产品，生产符合当地读者需求的图书产品。其中重视翻译问题。沿线国家复杂的语言情况是阻碍我国出版对外贸易的重要因素。要克服这一问题，一方面要加强国内翻译人才队伍建设；另一方面则要借助进口国汉学家翻译力量，充分发挥他们了解当地文化的优势。同时应加强国际合作出版。国际合作出版指由不同国家或地区的出版企业共同投资、共同出版发行同一种图书的出版方式，有利于减少文化折扣现象。总之，各出版社要明确自身业务和发展方向，加强对沿线国家的调研和摸底，有针对性有方向地与丝路国家建立合作，推动出版对外贸易发展。

三要推动出版跨领域合作发展。"一带一路"的实施为我国出版企业提供了良好契机，出版企业应加强跨领域合作，扩大发展路径。过去，出版物和版权对外贸易是我国出版企业对外贸易的最基本方式。而在互联网快速发展的时代，"互联网＋出版"为我国出版企业对外贸易提供了新的途径。相比中国文化输出的其他形式，数字出版具有低成本、高收益的巨大优势。各大出版企业要把握时代潮流，大力发展数字出版，提高数字出版物对外贸易。另外，要完善优化出版产业链。在跨媒体时代，坚持内容是根、编辑是本，是实现图书和品牌价值最大化的根本前提，而其关键是跨界融合，核心是版权资源的多元开发。即打造出版产品完整产业链，产业链的发展有利创造新的产品价值，开拓潜在市场，提高经济效益。例如，罗琳《哈利·波特》系列丛书最初在英国销量并不高，通过美国华纳公司改造，并将其影视改编权、舞台剧等附属版权输出后，《哈利·波特》逐渐赢得了世界关注，畅销全球。同样，被翻译成30多个语种的《狼图腾》也曾被翻拍成电影，电影产业链的发展对该作品全球影响力的发展发挥着推波助澜的作用。因此，出版企业要树立多元化的市场经营理念，重视对出版产业链的经营，为我国出版对外贸易开拓途径和方式。

四要利用西部区位优势，开展沿线合作。作为古代丝绸之路的重要节点，我国西部多数省份与沿线国家具有源远流长的历史文化渊源，存在地缘、人缘、情缘关系，具有广泛的合作基础和前景。当前，部分西部省区已经迈出较大步伐，在加强与沿线国家的出版合作上已开始强力发力。例如，拥有二百多万回族穆斯林群众的宁夏回族自治区利用自身与穆斯林地区和阿拉伯国家间的深层文化联系和交流的独特优势，举办中国——阿拉伯国家博览会，与阿拉伯国家大力开展出版贸易合作。云南则在沿线8个国家分别建立了8个中华书店和中国文化贸易中心。同时，部分西部出版及相关文化企业也开始走出去，取得良好成效。例如，宁夏黄河出版传媒集团加强与阿拉伯国家出版机构的合作和交流，启动了"阿拉伯语十年千部经典著作翻译出版工程""中阿'双百'经典图书互译出版工程"。广西人民出版社也策划了出版"中国—东南亚铜鼓""丝绸之路上的东南亚文明"等系列图书。西部省份作为我国面向沿线国家开放的前沿窗口，具有其他省份无可比拟的优势。因此，在"一带一路"背景下，我国出版企业，尤其是西部省区出版企业应借此契机，充分发挥区位优势、历史文化优势，与沿线国家开展合作。

参考文献

1. 莫里斯·哈布瓦赫. 论集体记忆 [M]. 郭金华，译. 上海：上海人民出版社，2002.

2. 秦淑娟. "一带一路"下的上海对外文化贸易发展新机遇及路径研究 [J]. 上海对外经贸大学学报，2016 (4).

3. 郑磊. 中国出版机构应开拓"一带一路"图书市场——兼谈国家"丝路书香工程" [J]. 科技与出版，2016 (10).

4. 冉然. 打造新闻出版"走出去"的"高速公路"——访中国国际图书贸易集团有限公司总经理孟祥杰 [J]. 传媒，2012 (4).

5. 朱音. 伦敦书展创意产业论坛在京举办 [J]. 中国出版，2015 (18).

生态旅游视域下中国民宿
行业发展困境与突围

任嘉浩[①]

【内容摘要】近年来，随着旅游业的火热发展，旅游业理论与实践研究也在不断升级。生态旅游、全域旅游向旅游住宿行业不断渗透，引发了民宿这一业态的快速发展壮大。由于在民宿非标、地域差距、同质营销、文化内涵、资本驱逐等方面面临挑战，民宿行业纵深发展遭遇困境；从生态旅游视域下对民宿进行制度设计、体验、运营、理念方面的创新是民宿业态升级、突破发展的可能路径。

【关键词】民宿　生态旅游　特色　创新

一、民宿研究综述

　　民宿是一种有别于传统饭店、宾馆等的住宿体验。关于民宿的起源，学界尚没有形成统一的看法，有学者认为"民宿"起源于英国的 B&B（Bed and Breakfast），即提供住宿和早餐的地方，也有人认为"民宿"源于日本的民办旅店（Minshuku）。中国台湾地区

---

① 任嘉浩，华中师范大学国家文化产业研究中心研究生。

"民宿管理办法"中将民宿定义为"利用自用住宅房间，结合当地人文、自然景观、生态、环境资源及农林渔牧生产活动，以家庭副业方式经营，提供旅客乡野生活之住宿处所"。胡敏认为民宿是农户利用自家庭院、果园、堰塘、农场等人文资源和自然资源，提供游客娱乐、观光、住宿、餐饮等服务的经营实体。余虹在总结前人观点的基础上将民宿归纳为乡村居民将一部分住宅出租给游客，并向其提供亲近自然、感受乡村生活的特色活动，具有浓厚乡土气息的一种乡村体验。可见，学术界对民宿的定义虽有分歧，但都认同民宿是利用家庭闲散房间进行出租并提供一定服务的家庭副业，基本特征是小、特、精、美，经营核心文化是"家服务"。受到建筑体量和服务理念因素影响，民宿业一般会有数量限定从而确定其可提供更好的服务。英国民宿一般限定房客人数在6人以下；法国限定民宿房间不超过5间；台湾地区限定一般民宿房间不超过5间，特色民宿经营房间不超过15间。

国内民宿研究主要聚焦在成熟经验的借鉴方面，但随着民宿市场规模的壮大，越来越多的问题引发学者的深入研究。周琼在对台湾地区民宿发展阶段、分布、类型、管理等方面深入研究的基础上，对比指出国内民宿存在同质竞争和管理规定与土地、建筑法令相悖问题并认为民宿发展需要规范化、服务化和营销策略化。陈可石、娄倩、卓想从民宿的法律、分类、设计、产品开发、品牌营销以及管理等方面，深入总结了德国、日本和我国台湾地区等民宿行业发展情况，并提出大陆乡村旅游发展的建议。石坚韧、高秀秀、柳骅基于浙江民宿发展特色，提出原生态传递、文化体验、情感体验三个民宿发展提升路径，以及设施现代化、内容主体化、第三地生活体验性和乡村文化创新的四个趋势。胡英鹏从旅游行业管理标准角度探讨了民宿行业管理标准化与个性化的差异，基于民宿个性化的住宿特点，提倡建立旅客资料库和客史档案系统，鼓励民宿加强精细化规范发展。徐亚、谢乐从地域文化角度入手，在分析民宿设计和地域文化关系的基础上论证地域文化融入民宿设计的必要性，进而阐明民宿空间设计应遵循的"三条原则"和"四个方法"。

在"互联网＋"、共享经济、"双创"热潮的时代背景下，学者纷纷从当下热点寻找民宿研究热点。叶鹏、何燕燕从大学生创业视角出发，通过调查问卷分析了婺源民宿经营现状并提出大学生民宿创业的对策，倡导结合"互联网＋"的理念、采用O2O模式做好民宿产品推广。苏咏梅、赵鹏指出互联网时代民宿营销三大特征，并针对"互联网＋"乡村民宿存在的问题提出营销渠道和策略创新的思路。莫燕林、史小珍、马丽卿从共享经济背景入手探讨民宿共享经济平台热潮及其对民宿的作用，从线上资讯资源如何促进民宿发展的角度提出具体建议。

纵观国内外专家学者对民宿的研究，可以发现主要集中在民宿内涵界定、国内外民宿经验借鉴、民宿发展现状对策、民宿设计、民宿经济、民宿管理、"互联网＋"民宿等领域，对生态文化层面民宿行业系统发展的研究较少。基于此，本文对当前民宿产业存在的问题进行分析，并从生态旅游角度下对我国民宿产业创新性、内涵式发展提出可行性建议，对于提升民宿知名度、规范民宿行业、促进当地旅游业的发展具有重要参考意义。

二、生态旅游与民宿发展

随着旅游业的不断发展，旅游业态逐渐多元化，旅游种类逐渐多样化，旅游资源开发逐渐纵深化，生态环境与经济发展的关系也逐渐走进人们的视野。同时，作为旅游活动中的主体，人们越来越认识到旅游资源地的生态完整性和可持续发展的重要性。从观光旅游、休闲旅游到全域旅游、生态旅游，民宿作为旅游六要素之一"住"的新兴业态，顺应生态旅游迎势而生。

（一）生态旅游内涵

生态旅游是指以特色的生态景观为对象的旅游活动，是旅游行业发展到一定阶段的产物，已被确定为世界旅游业中迅速发展的领域。"生态旅游"这一概念是 1983 年由国际自然保护联盟（International Union for Conservation of Nature，以下简称 IUCN）特别顾问豪·谢贝洛斯拉斯喀瑞（H. Ceballos-Lascurain）提出，是指在一定自然地域中进行的有责任的旅游行为，为了享受和欣赏历史的和现存的自然文化景观，这种行为应该在不干扰自然地域、保护生态环境、降低旅游的负面影响和为当地人口提供有益的社会和经济活动的情况下进行。国际生态旅游协会把生态旅游定义为"开发并利用自然环境中所保留的魅力生态资源，同时以此促进人与生态的和谐发展"。综合国内外专家对生态旅游的描述，生态旅游概念中所包含的要素可以概括为以下几个方面：一是人与环境。即生态旅游的开展是以自然环境为依托，自然环境是生态旅游开展的地域条件。二是人与人。生态旅游强调游客到达旅游目的地参观、游览，但不仅局限于此，还与当地人产生互动，参与到当地的习俗、节庆、活动中去，从而实现自然和人文范围内的生态互动。三是情感升华。来旅游目的地的游客不仅为了游山玩水、欣赏风景、了解人文、历史等知识，他们更多地追求一种精神上的愉悦和情感上的升华，寻求一种心理慰藉。四是对旅游地的保护。生态旅游地的自然环境和原有文化事物不能因旅游活动的开展而出现质量下降、环境污染、民风习俗衰败等，更不能危害子孙后代借助这些条件开展旅游活动的可能性。五是对当地的回报（社区脱贫）。生态旅游的目的地多为中西部乡村地区，经济条件较差，生态旅游的开展和旅游者的来访应当能够有助于增加当地的经济收入，当地居民通过提供与旅游相关的吃、住、行、游、购、娱等增加经济收入，从而脱贫或致富，提高当地百姓的生活质量，同时可为当地环境状况的维护工作作出物质或精神层面的贡献。

（二）民宿顺应生态旅游而生

（1）民宿与生态文化互为依托。一方面，民宿"小、特、精、美"、注重原生体验的特点为生态旅游提供了新载体，加快生态旅游的更新进程；另一方面，生态文化是民宿设计的灵魂，景观建筑、文化风情、文化艺术、生活环境等都是民宿体验的核心内容，也是民宿寻求业态创新、突破发展的重要因素。

（2）民宿是顺应生态旅游的必然产物。在环境层面，生态旅游的发展越来越强调不以牺牲环境为代价，与环境和谐与生态共存。而民宿设计和规划注重因地制宜，与自然共生，与生态共融。在对象层面，生态旅游强调人与人互动，游客参与到当地的民俗风情中去，实现与自然生态和人文生态的互动交流。而民宿正是以提供"主人家"服务为生的住宿载体，家服务，"老板娘"文化、节庆民俗互动项目正是其不同于一般酒店、旅馆的因素所在。在体验层面，民宿不仅注重直观体验，更加注重文化、情感等深层次体验，使游客达到身心愉悦的同时也认识到对旅游目的地保护、对生态完整性保留的重要性。在社区层面，民宿经营强调服务的本土化、体验的原生态，因此个体民宿多为当地居民经营，连锁品牌民宿往往也雇佣当地居民进行民宿服务。特色民宿多位于生态环境明显但经济相对滞后的地区，当地居民通过提供民宿服务获得自身物质和精神上的价值需求，一定程度上有利于当地脱贫攻坚。

因此，加快民宿产业发展，推动民宿标准化、精细化、品牌化建设，不仅有利于规范民宿经营，提升基础设施，完善服务能力，增强营销力度，促进当地经济发展，对生态旅游也有重要的意义：有利于保存、展示当地特色文化和资源，促进文化多样性发展；有利于促进生态完整性和地域可持续发展；还有利于实现生态文明和经济发展的良性互动。

三、生态旅游背景下民宿行业发展困境

旅游业的升级造就了民宿行业发展新的蓝海。民宿作为一个新兴的业态,其规模、市场、覆盖范围在几年内迅速扩大,但其在实现了"量"的突破的同时却依然面临着"质"的挑战。

(一)立法标准不健全,行业规范不完善

民宿一般都是伴随着旅游或乡村旅游而自发产生的,是市场作用的产物,最开始是由当地居民提供几间客居以供游人使用,慢慢地形成一定规模之后政府出台相应对策进行规范、约束、监督,防止市场过度膨胀。我国民宿兴起于20世纪90年代的"农家乐",包括家庭旅馆、特色客栈、城市公寓等多种形式,虽然各地政府出台相应政策来规范民宿业的发展,如浙江省德清县、深圳市大鹏新区、杭州市等先后出台了地方民宿发展管理办法来约束、规范民宿发展,但是目前自上而下还没有一套完整的民宿法规出台。法律和政策层面的不健全严重影响了民宿的发展;市场准入制度的缺失、市场监管制度不到位、惩处机制不健全造成了民宿在国内遍地开花,行业良莠不齐,商业化、同质化严重,如云南丽江地区投诉事件频发。这一点上国外发展相对比较成熟,英国民宿实行分级制度,为登记、一冠、二冠、三冠四个等级,法国民宿则分为"一至五支麦穗"五个等级;中国台湾地区于2001年推出了"民宿管理办法",对民宿运营者的准入资格审查、基础设施和服务标准等方面都进行了严格的规定,并负责对民宿行业协会进行监督。此外,台湾地区实行积极的民宿发展政策,相继推出"周休二日"制度、旅游卡消费政策,对公务员实行发放国民旅游卡制度等,有力地推动了台湾地区民宿的发展。

（二）地域发展不平衡，城乡差距相对大

目前，我国的民宿业虽然得到了空前的发展，但是发展模式相对单一和简单，尚未形成集观光、考察、学习、参与、康体、休闲、度假、娱乐于一体的综合型民宿。民宿大多停留在为旅游业提供补充服务的阶段，因此其主要集中在旅游品牌发达地区和区域经济条件好、市场消费水平高的旅游资源集聚地区。数据显示2015年中国最受关注民宿的10大城市一半来自江浙沪地区，海岛、乡村、古镇等景点区域附近的民宿最受欢迎（见表1）。

表1　2015年中国最关注民宿城市

城市	排名
金华	1
杭州	2
温州	3
台州	4
绍兴	5
厦门	6
宁波	7
上海	8
无锡	9
北京	10

同时，同为旅游景区周边的民宿客栈，在乡村和城市之间也存在一定差距。城市基础设施相对完善，卫生条件有所保障，现代化标准设施（无线上网设备、网络）配套齐全，服务人员使用普通话，服务相对规范。乡村旅游地区基础配套设施相对不完善，且服务人员多为当地居民，虽然对地方资源、特色文化相对熟悉，但是服务相比之下不规范，也存在潜在的方言交流障碍等问题。

（三）同质趋势严重，营销模式较单一

中国人口基数大、受众多，市场和潜在市场收益明显，受利益的驱使，民宿开发一哄而上，遍地开花。2014 年我国客栈民宿总数为 30231 家，2015 年为 42658 家，2016 年为 53852 家，两年时间内民宿数量增长了 78%。然而，我国民宿发展没有清晰的市场定位和营销模式，仅作为旅游业的派生产物存在，大多以传统的"住宿＋餐饮＋少量旅游纪念品"为主，陷入了"圈地圈钱"的"恶圈"。互联网时代信息传播的开放性和时效性也加剧了民宿内容经营的同质化。

资源的独特性是民宿的重要卖点之一，"互联网＋"使部分民宿开始网上预约、支付，微信微博推广宣传等，但是效果并不理想。民宿多以个体为单位，各自为营，单打独斗。台湾地区民宿业在这方面走得就相对靠前，不仅有民宿协会开展运营管理、营销等相应课程，而且开展各项活动积极帮助民宿争取资源与客流，比如"最美民宿"网络投票、设施服务最好的民宿评比等为其宣传、营销和造势。民宿经营者也有同业联盟和异业联盟，当一家民宿客满的情况下会把游客介绍到相邻或相近的民宿进行体验；同时与其他行业如运输业、会展业、艺术行业等合作，以提供精细化和优质化服务为目标，延长了现有产业链。知名民宿预订平台 Airbnb 还在官网策划了与房东互动，了解当地民俗的活动，利用大数据搜集和分析，为客户找到最独特和最适合的民宿体验。

（四）生态资源有待利用，文化内涵彰显不足

新时代背景下的消费者已经不再沉醉于酒店带给他们的舒适层面的满足，他们渴望有片刻可以逃离城市的喧嚣，寻求一种"回归自我"的本真生活和原生态文化，对新鲜事物和未知充满了挑战，因此充满设计、与众不同、有态度、有情怀的民宿受到消费者的喜欢。民宿运营应将自然资源、历史资源、人文资源相结合，以自身资源的价值分析为基础，注重市场发现和生活发现，不能一味地迎

合市场，要走宜赏宜居、亦美亦实、生态相依、人文凸显的新型民宿发展品牌化之路。当前民宿的发展虽然在设计装修上立足山水，迎合当代人的审美，但是与当地生态资源并没有完全融合，如浙江武义立足家乡山清水秀的生态资源，开发古梅庄精品民宿，但是民宿应有的主人文化、"老板娘"文化和体验文化却并不凸显，"家庭式"的民宿服务氛围并不浓厚，相应的特色体验项目、文化体验活动并不完善。法国普罗旺斯为保护当地原生态的生活和文化，法国政府鼓励民宿保持原始、独特的建筑风貌，并且为民宿会员提供多种形式的资金补助。

（五）资本注入存风险，"以人为本"方为真

民宿不同于酒店，需要与当地自然资源、生态景观、人文内涵等互动结合，主题鲜明，风格突出。真正的民宿是有态度、有厚度、有深度、有温度、有情怀的产物，所以选址、设计、装修、基础设施服务等前期投资相对比较大，且为保护资源持续性和服务体验性、舒适度，其经营规模往往有限，因此是一个高资本投入的行业。而市场和资本的逐利性导致企业家盲目投资，并展开连锁经营，追求利润，而复制失去特色，连锁失去精髓，从而严重破坏了民宿的内生定律，扰乱了民宿发展的大环境和市场秩序，造成了民宿行业的"泡沫"现象。有调查显示，国内70%的民宿在亏损，只有30%的民宿在盈利或维持发展，而30%的民宿所有者多为设计师出身。"精品民宿调研报告"指出，高品质民宿（房价突破800元）的投资者中有80%是情怀型投资者，他们的特性是不激进，更加注重品质。民宿可以说是"人对人""人对事""人对环境"的一种体验与互动，以人为本，共享设计，用心感知才是民宿的核心所在。游客去旅游目的地看山、看水、看风景、看表演，住民宿，其实这些东西都是大同小异的，真正体现特色的部分就在于当地人。人与人通过交往、沟通，带来的是人与当地文化的碰撞，不同文化之间的相互融合，最终实现人

的感官和心灵体验的交流，满足人的无限可能，这才是真正意义上的特色文化体验。

四、突围：民宿创新发展路径分析

生态旅游强调人有目的性地到达某个地方与当地人产生交流、互动，最终实现了解自然、陶醉于自然；了解文化，陶醉于文化，并作出有责任的、对当地有贡献（不破坏也是一种贡献）的旅行。其中包括六个层面的内容：人与环境、资源，人与人，情感升华，对旅游地的保护，对当地社区的回报，负责任的行为。民宿业作为一个资源依赖强、规划设计特、文化氛围浓的业态，本身就与生态旅游的内涵不谋而合。从生态旅游的视域下创新定位民宿行业的发展，对于改善当前国内民宿行业同质化、低端化竞争，提升游客体验满意度，促进行业与生态、产业与社会良性互动具有重要的参考意义。

（一）制度创新：建立健全法律法规，发挥民宿协会作用

第一是应该由中央牵头建立健全民宿法律法规制度，从中央到地方形成一套分级完备、功能齐全的民宿管理体系，包括市场准入制度、分级管理制度、资本投资制度、营销运营制度以及惩戒惩处制度等，从立法层面规范民宿业的发展和更新。加强市场准入制度，防止"千店一面"、急功近利的现象；落实分级管理制度，对起步型、成长型、成熟型民宿区别对待，形成"橄榄型"发展布局，精准扶持民宿发展；严控资本投资制度，实现多元投资的同时减少盲目性、趋利型投资；开拓营销运营制度，运用"传统＋互联网"新型技术和营销手段，开展立体营销和联动营销。同时，加强法制监管和落实，加大违法惩戒力度，不欺客、不宰客，实现有法

可依,有法必依,执法必严,违法必究。第二是积极发挥民宿协会的作用,目前我国民宿协会多以地方组织为主,作用主要以服务企业、获取利润为主,功能较为单一,作用相对较小。应起草、制定好民宿协会的规章制度,成立专门委员会对其工作进行考核和评定,改变以往"空匣子""不作为"的现象。一方面发挥其作为政府与企业沟通的桥梁,做好政策、指令的及时通知、法规执行的即时监督,做好项目规划指导、资源的推介。另一方面协会应加强对民宿从业人员的专业培训,做好对经营者的日常管理和纠纷处理,在宏观上统一管理的同时处理好与经营商家微观层面的运营管理的关系,做到统一管理与开放管理的有机统一;积极策划相关文案活动,网上投票宣传、营销运营等,帮助经营个体进行宣传造势。

(二)设计创新:立足当地生态资源,致力民宿氛围营造

民宿业开发应该立足自身的价值分析,梳理区域独特的地理、人文资源,从而确定一个或一条鲜明的主题。然后进行市场发现和生活发现,市场发现即找准自己的目标受众和潜在客户,民宿体验者多为"80后""90后"等年轻一代的群体,生活方式、消费观念、价值取向等都与上一代人有所不同,这就要求民宿经营者从他们的视角出发,使建筑设计、订购住宿、餐饮休闲、互动体验、营销宣传等策划、实施环节更加符合年轻人的口味;生活发现即从美学角度来看待生活,不仅强调民宿经营的环境布局、民宿氛围个性化、生活化,使游客像当地人一样生活,还要强化引领客人发现生活、发现美,回归生活、回归自然的责任。如苏州同里正福草堂打造的"住一夜古民居,圆一个千年梦";上海淮海中路长乐路的花样年华,打造老上海的奢华摩登,享受老洋房的迷幻时光,品味夜灯初上的纸醉金迷;花莲回音谷森林民宿结合当地森林资源特色,为保证视觉层面的森林全境采用全玻璃制作,花瓣身边落、萤火眼前飞、星空在头顶,浪漫、唯美、隐居山间,这些都是回音谷的标签。

（三）体验创新：推进跨界互动体验，加强民宿"活融"区域

当前国内民宿业大都停留在突出资源个性，强化舒适度、满意度的阶段，虽然较之早期有了很大改观，但是深层互动、人文交融仍显不足，导致民宿的核心——主人文化、"老板娘"文化、体验文化缺失，使人们体验之后总是感觉缺了什么东西，从而降低了体验满意度或达不到体验目的。

深层互动体验一方面要强化民宿经营者的主人意识，民宿经营实际上是情怀型经营，经营者多为经历丰富、回归生态的有故事的夫妇，而游客或是与其有相似经历体验、寻求情感共鸣的人，或是慕名前来想听故事的人。故事和情怀才是卖点，要让有故事的人来这里尽诉衷肠。另一方面应加强区域政府、企业、协会、民户的多方交流，畅通民路，倾听民意，许多隐含在当地特色的习俗、传说、故事等或许只有当地居民才最为详知，多方汇总资源进行体验项目开发。早期旅游观景式活动现已转换为休闲体验式消费，民宿纵深发展要转换发展思维，整合资源，如"民宿＋农庄"体验，体验当地的特色农业养殖活动；"民宿＋书店"体验，将当地特色的人文艺术与民俗文化融入民宿，既提升了民宿的文化内涵和体验，又为人文与民俗、地域文创产品提供了很好的展示空间。还有"民宿＋温泉""民宿＋遗产""民宿＋技艺""民宿＋花园"体验等，结合地域特色打造深层体验项目，增加游客满意度，加强对地域特色文化的交流和传播。

发挥当地居民的力量，聘用当地居民参与民宿管理和服务，保证体验的真实性和原生性。陕西省特色民俗小镇袁家村一天可以接待18万游客，而那么多模仿袁家村的相同小镇却面临破产倒闭、难以维持的境地，这其中除了有袁家村经营不求急、坚持严格的质量监督管理这两点因素外，还有非常重要的一点因素就是袁家村在旅游运营上最大限度地发挥了当地村民的力量，商户几乎全部都是当地村民百姓，游客来这里不仅体验美食，也体验这里最地道的乡愁、民俗和人

情，并且保证了体验的真实性和原始性。袁家村以民俗和美食产业不仅带动了当地村民共建共享，共同致富，还满足了消费者的情感体验和文化消费。笔者曾去黎平肇兴侗寨进行民宿调研，有幸入住寨内天籁文旅酒店，酒店经营者是位在上海做文创产品的侗族人，为弘扬传承侗族文化回到家乡投资民宿。酒店雇员为当地淳朴的侗族姐妹，擅长侗族大歌，晚上常在酒店内进行琵琶弹奏、大歌表演，常常宾客满堂甚至吸引邻近住宿者前来观赏。与经营者交谈被其丰富的人生阅历和对传统侗族文化的传承所做的贡献深深折服，其曾捐献希望小学、修建贵宾楼、网罗"侗族大歌"非遗传承人、组织并拍摄侗族歌舞表演等，民宿内演出人员的服装、头饰搭配甚至比当地政府组织的大型演出服装还要考究。天籁文旅酒店不仅是在售卖住宿，更是在做体验、分享情怀、弘扬文化。

（四）运营创新：探索新型经营方式，开展多元互动营销

民宿的经营离不开政府的支持和资本的投入，结合对民宿的探讨与实践，建议探索"新型政府＋资本＋经营者＋协会＋当地居民"的经营模式，政府及时对民宿经营中的人力、物力进行指导和支持，提供招商引资平台，落实法规、政策等措施；经营者以"创意＋主题"氛围制胜，吸引多元资本投资；协会提供规划、设计、策划、营销指导和资源推介；鼓励民户以按劳付酬或作为地区支持者分红的形式积极参与到民宿运营、策划中来，充当民宿的宣传大使，为民宿建言献策等，使物尽其财人尽其用，政府达到了地区宣传、区域扶贫的效果，企业投资分红获利，民宿经营（者）打响品牌，民宿协会功能逐步完善、社会效益增加，当地居民解决就业、增加收入。同时，积极运用互联网思维进行宣传和营销，对浏览用户、流量及时进行信息收集，通过大数据分析用户喜好和关注度比较高的民宿及其相关信息，有针对性地进行活动宣传。营销上与"两微两端"结合、线上与线下联通开展立体营销。在经营上，可以借鉴台湾地区民宿营销管理经验，推行消费积分制度，提供相应优惠、打折、返利等服务。始终以标准化、精细化、品牌化理念做

好服务和产品，打响品牌知名度；做好菜单定制、产品定做、个性化视觉识别系统等，使民宿经营具有资源独特性和地区复制性。

（五）理念创新：加大生态环境保护，鼓励身心回归自然

民宿发展有极强的资源依赖性，而当地独特的生态资源也使民宿更加神秘具有吸引力。在利用自然的同时，寻求与生态的共生共融才是发展的最终责任和义务。台湾地区苗栗"树也 ChooArt Villa"民宿的经营理念便是用谦卑的态度，写下与自然共生的故事。

在自然、人文等旅游资源富庶的地区兴建民宿应与当地的生态环境零破坏、社会可持续发展协调统一，不仅要从法律层面进行规范和约束，政府和协会也要加大宣传、教育、引导力度。建立健全惩罚机制，进行"文明使者""文明民宿"等活动评比，重视环保知识的普及；民宿经营者与游客填写生态环境倡议书，认识生态环境与人类发展的关系，约束自己不做有害于当地环境的行为，保护环境，保全生态完整性。帮助广大游客了解和认识到人是民宿活动的主体，在享受自然给予的资源同时，保护自然的生态和环境也是我们民宿活动的一部分，使身心都能回归自然，真正接受洗涤和释放。

五、结　语

"十八大"提出的生态文明超越了单纯的节能减排、节约资源、保护环境等问题，上升到了实现人与自然和谐共生、提升社会文明水平的现代化发展高度。民宿业作为生态文明与社会经济共同发展的结合点，越来越受到资本和市场的青睐，同时伴随旅游业的发展，民宿在我国已呈"井喷"状发展。从生态旅游视域下创新性探索民宿行业的发展，既有利于彰显民宿的文化和生态内涵，凸显民

宿情怀，还能改善民宿同质化、低端化恶性竞争，有效缓解当前民宿行业供给与需求不对称的问题，同时使生产、生活和生态有机融合，形成可持续发展的良性循环。

参考文献

1. 杨欣，殷燕．两岸民宿比较研究 [J]．经济研究导刊，2012 (34)．

2. 胡敏．乡村民宿经营管理核心资源分析 [J]．旅游学刊，2007 (9)．

3. 余虹．依托旅游资源周边乡村民宿建设的可行性研究——以黄山市宏村镇芳村为例 [J]．绿色科技，2016 (19)．

4. 周琼．台湾民宿发展态势及其借鉴 [J]．台湾农业探索，2014 (1)．

5. 陈可石，娄倩，卓想．德国、日本与我国台湾地区乡村民宿发展及其启示 [J]．开发研究，2016 (2)．

6. 石坚韧，高秀秀，柳骅．浙江民宿经济发展趋势分析 [J]．住宅科技，2017 (2)．

7. 胡英鹏．旅游标准化背景下民宿个性化发展对策 [J]．经济发展研究，2017 (5)．

8. 徐亚，谢乐．地域文化背景下的民宿空间设计研究 [J]．建材与装饰，2017 (36)．

9. 叶鹏，何燕燕．大学生民宿创业思路探讨——基于江西婺源民宿调查分析 [J]．农村经济与科技，2017 (12)．

10. 苏咏梅，赵鹏．"互联网＋"背景下的乡村民宿营销策略探讨 [J]．皖西学院学报，2017 (3)．

11. 莫燕林，史小珍，马丽卿．共享经济背景下的民宿发展对策研究 [J]．江苏商论，2017 (2)．

12. 罗清．关于中国生态旅游发展前景的分析 [J]．消费导刊，2008 (8)．

13. "生态旅游"如何定位？[EB/OL]. 搜狐新闻网 [2016 - 09 - 06]. https：//www. sohu. com/a/113709655_ 223299.

14. 葛蔓. 民宿在生态文化旅游中的发展路径研究 [J]. 安徽农业科学，2013（23）.

15. 潘颖颖. 民宿在浙江发展的可行性分析 [J]. 科技风，2010（11）.

16. 2016 年中国民宿行业市场现状分析及发展趋势预测 [EB/OL]. 中国产业信息网 [2016 - 06 - 28]. http：//www. chyxx. com/industry/201606/426790. html.

17. 孙以栋，胡明慧，许晓娴. 民宿经济与区域文化协同发展策略探究 [J]. 浙江工业大学学报（社会科学版），2016（2）.

18. 潘东燕，胡文辉，吴国清. 生态文明视域下的旅游产业发展创新 [J]. 质量与标准化，2015（10）.

电影《三块广告牌》对中产阶级美学的挑战

赵　佳①

【内容提要】长久以来，我们都处在对中产阶级趣味的幻象中，文化全球化和消费主义的盛行让中产阶级的审美呈现多元化的假象。在电影作品中，观众和创作者都有意识无意识地向消费主义倾向的审美文化靠拢，导致目前电影市场出现大量以商业市场为导向的缺乏深度的电影作品。本文以法律剧情片《三块广告牌》为例，分析该部影片何以能够突破当前盛行的剧情套路，挖掘出中产阶级审美趣味背后暗藏的人性的复杂，并对我国电影制作者和观众带来一些启示。

【关键词】中产阶级　中产审美　消费主义　广告　享乐主义

1999 年经济学家赵海均在《什么在左右中国》一书中首次提出"橄榄型社会"，得到经济学家和社会学家的普遍认同。扩大中产阶级的人口占比成为我国实现"共同富裕"的重要指标。改革开放和互联网让我国越来越多的人看到了更多样化的生活方式，欧美中产阶级及其生活方式伴随着电影、汽车和广告进入群众的视野，消费主义导向的论述在媒体上愈加频繁。当我们阅读一篇文章、一条微博，观看一则自媒体视频、一部影视作品，甚至逛一次街，这些日常行为中我们被无数直接或间接的广告包围，我们是广告的接

---

①　赵佳，华东政法大学文化产业管理专业研究生。

收器，是"单向度的人"。而电影《三块广告牌》则为我们展示了一个与众不同的突破口，从单向到双向的沟通，个人通过"广告"这一载体与法律体系的对话，通过"广告"反向地反省享乐主义和消费主义统治下的中产阶级生活，用黑色幽默的手法引领观众重新回归那些中产阶级文化下回避的"不可理喻性问题，诸如悲剧与死亡"。①

导演 Martin McDonald 新作《三块广告牌》在威尼斯电影节、金球奖、奥斯卡学院奖均有所斩获。编剧兼导演麦克唐纳延续了一贯的高质量剧本，把一部充满矛盾和火药味的法制题材剧情片拍出了绝对的新意。《三块广告牌》的剧情也被中国观众戏称为"美版秋菊打官司"。电影以一个愤怒的母亲的视角展开，看似平和的小镇实际发生了一起少女被奸杀惨案，小镇生活平静无波地继续向前。但母亲的愤怒和自责无处可解，她将矛头对准了无能的警察，刊登在广告牌上刺眼的质问迫使邻居和媒体正视这起案件。愤怒的母亲、保守的小镇居民、深受爱戴却身患绝症的警长、有暴力倾向的警察、善良怯懦的广告商、见缝插针的煽情媒体相继登场，环环相扣的剧情不停反转，突破套路，最终揭示出中产阶级生活隐藏的焦虑和人性的复杂。

一、中产阶级的定义、意义与困境

（一）中产阶级的定义

尽管我们一直把中产阶级这个词挂在嘴边，实际上它的确切定义至今没有定论。不同机构和国家都有不同的标准。比较流行的定

---

① 丹尼尔·贝尔：《资本主义文化矛盾》，赵一凡、蒲隆等译，三联书店 1989 年版，第 5 页。

义是，从经济地位、政治地位和社会文化地位上看，均居于现阶段社会的中间水平的一群人。换言之，界定的标准分别是经济水平、社会地位和受教育程度。单是收入这一点，就存在诸多标准。比如，最为广泛使用的衡量标准由经济学家 Branko Milanovic 和 Shlomo Yitzhaki 于 2001 年提出：购买力平价调整后的日收入介于 10 美元到 50 美元的人群在经济能力上被划为中产阶级，根据该标准，世界人口中仅有 8% 是中产阶级。① 狭义的中产阶级分类法将中产阶级定义为，收入接近或超过发达国家中等收入者的人，其收入大约为人均 31 000 美元或者 85 美元/天。② 世界银行发布的《经济活动和拉美中产阶级增长》报告中，对中产阶级的定义为日薪 10 至 15 美元。③ 瑞信研究院 2017 年的《全球财富报告》指出：以每人拥有 10 000 至 100 000 美元的净财富来界定中产阶级成年人，以此标准，全球有 11 亿中产阶级人口，而中国占其中的 35% 。④

财富量化的标准各有不同，社会地位和受教育程度就更加难以描述。作家王朔曾提出，"中产阶级不见得要从经济收入上划分，安于现状的，尊重既有社会等级和道德规范的都可在观念上列入中产阶级"。⑤ 按照他的标准，中国的十亿农民都符合中产阶级标准。中产阶级这一概念横跨经济学、社会学和艺术等多个领域。我们虽然无法理性地统计出一个确切的人口数字，但我们脑中对于中产阶级生活通常都存在一个生动的 image（印象），体面的、时髦的、精致的、举止良好的城市阶层。这类人最先出现在"二战"后的北美

---

① Milanovic, B. , & Yitzhaki, S. (2001). Decomposing world income distribution：Does the world have a middle class. The World Bank.

② Ali, S. , & Dadush, U. (2012). A new measure of the global middle class. VOX CEPR's Policy Portal.

③ 中华人民共和国商务部官网：世界银行报告显示加勒比和拉美中产阶级增长 50% http：//www. mofcom. gov. cn/aarticle/i/jyjl/l/201211/20121108437631. html，2018 年 9 月 3 日访问。

④ AG, G. (2017). ANNUAL REPORT 2017.

⑤ 侯虹斌："盘点中国的中产阶级"，载《江苏经济报》2004 年 1 月 31 日。

和西欧国家，20 世纪 50 年代，由经济地位带动社会地位，从而拥有稳定的社会心态的一群人。因为历史原因和国家体制各有不同，中产阶级在世界各地、不同的历史阶段甚至国家内部出现的时间点和姿态都各不相同，中产阶级是一个动态的概念。这也是我们只能暂时停留在感性认知层面而无法得出普遍定义的根本原因。

（二）中产阶级的意义

中产阶级的存在有什么意义？为什么要追求橄榄型社会？温家宝曾提出"要逐步形成中等收入者占多数的'橄榄型'分配格局，否则，收入差距继续扩大必将成为重大社会经济隐患"。[①] 其中，"中等收入者"被许多经济学家狭隘地等同于中产阶级。橄榄型社会中，中产阶级实际上担任着多重角色，政治上他们是社会稳定的基础，经济方面则是促进消费和内需的重要群体，在文化上又被看作现代文化的承载主体。与橄榄型社会相对的金字塔型的社会结构中，经济社会资源的分配存在很大问题，贫富分化比较严重，阶层之间的矛盾和冲突比较激烈，没有庞大的中产阶层作为缓冲带。

总而言之，橄榄型社会是从经济学角度出发，落实到社会的安定和民众的稳定，对社会总体和统治阶级来说，是一个有利于发展和管理的社会状态。而对于社会个体，学者刘瑜曾生动地描述一个中产阶级美好的日常生活画面，在美国康涅狄格州：延绵不绝的草坪，随着大地的弧度起伏……在草坪和绿树的掩映下，露出一栋栋独立的小楼……草坪周围，是一道道低矮的栅栏，精致、平和，一点不像防范外人的样子。[②] 平静祥和，令人神往，是一个全方位优化过的"老婆孩子热炕头"美好生活画面，大多数社会人追求的生活目标。

---

① 温家宝："关于发展社会事业和改善民生的几个问题"，载《求是》2004 年 4 月 1 日。

② 刘瑜：《送你一颗子弹》，上海三联书店 2010 年版，第 166－167 页。

（三）中产阶级的困境

刘瑜在文中说，她仿佛看见了福山所说的"历史的终结"具象化的样子。历史在这里好像停下了风尘仆仆的脚步，这里就是全人类追求的终点，资本主义生活方式全面胜利后的大同世界。这群人人称羡的社会中坚力量的生活中最大的烦恼难道只剩下朋友的聚会应该如何搭配服装、带什么产地的红酒这样的问题了吗？

以上只是电视和广告里的中产阶级，带有意识形态的渲染意味和消费主义导向的无瑕疵画面。在布努埃尔的电影《资产阶级的审慎魅力》中，三男三女衣着光鲜、步履一致地行进在一条仿佛没有尽头的道路上，镜头外是飞机的阵阵轰鸣，但是渐渐地，他们开始感觉无所适从，失去方向。这个贴切的隐喻镜头展示了中产阶级的内在状态永远是也只能是"在路上"。拉康曾说，欲望仅是一串不断滑动的能指链，无穷无尽的欲望驱使着中产阶级不断向前，绝望的是欲望的道路始终看不到尽头。

除了消费主义和享乐主义的无尽驱动，《三块广告牌》展示出更多中产阶级完美生活背后被各种内心的和社会的问题拉扯得千疮百孔的虚无本质。一桩奸杀案和三块广告牌，暴露出这个平静的南方小镇有着美国中产阶级共同的焦虑，犯罪率高、恐同、种族主义、媒体泛道德化、宗教势力、军队特权等，最终还有全人类都无法回避的议题——如何面对死亡。

二、电影对中产阶级审美惯性的突破

（一）对"广告牌"的重新赋值

电影标题"三块广告牌"预示了这三块广告牌一定不是普通的

广告牌。广告牌原本作为消费社会中的一大标的物，在媒体中均有大量呈现，北京三里屯、上海新世界、香港中环、纽约时代广场都是生动的中产阶级消费生活展台。消费主义的实质在广告牌这一表象中得以展示。广告的出现，使得消费者作出反应：我需要，我购买。广告不是物质主义的帮凶，而是物欲的载体。广告最初的目的就是传播物欲症。约翰·格拉夫在《流行性物欲症》中写道，广告最重要的社会功能在于，把个人和美国当前的高速消费经济结合起来。① 普通人并不会自己制造东西。在很大程度上，广告创造出的欲望，使得人的购物速度一步步提高。而我们的经济，则需要适应人们不断提高的购买速度。② 我们整个社会体制的健全，无不依赖于广告带给消费者不断想要的动机。人们的欲望是贪得无厌的，因此商业机会也是无穷无尽的。

《三块广告牌》突破了电影和社会中对广告牌功能的消费主义和享乐主义导向，回归到广告牌最原始的字面意义——广而告之。女主角海耶斯的广告牌不含故作亲切的蛊惑，没有令人愉悦的视觉元素，反其道而行之，直白得让人不适。荒芜的乡间路边，草地上依次树立着三块巨大的广告牌，分别印着三句红底黑字的话，"强奸致死""依然没有抓捕凶手""怎么回事，威洛比警长"，女主角因为这三块广告牌遭到了几乎所有人的反对，包括她的儿子，受害者的亲弟弟，群众的普遍回应是为什么不让大家慢慢地遗忘这件事？为什么要提醒所有人这里发生过惨案？威洛比警长是个好人，还得了绝症，为什么还要公开责难他？有人质问海耶斯，有人烧掉广告牌，有人试图替威洛比警长进行小小的报复。

广告牌在这里撕碎了小镇表面的平静生活，女主角用这一途径大声地疾呼，在这个平和详睦的小镇上还存在巨大的悲痛，这种悲

---

① 约翰·格拉夫：《流行性物欲症》，闫佳译，中国人民大学 2006 年版，第 163 页。
② 同上。

痛长久地存在于她的内心，凶手没有被逮捕，警察几乎放弃了这个悬案，所有人的生活继续向前流动，等着时间把这条不太愉快的小镇新闻埋没掉。只有海耶斯还在自责和愤怒中挣扎，她选择放弃等待和沉默，通过广告牌向懒政的警察放大和宣泄这份悲痛。

　　除了"广而告之"这层价值，电影中的广告牌还有另一层本质作用，就是吸引眼球，无论观感是否愉悦，乡间小路边竖立起巨大的对公权力的质疑显然能够成功地引来新闻媒体的报道。这和我国目前为止的很多案例都有相似之处，利用民间舆论压力迫使官方调查已经下定论或早已尘封的案子。当一个事件受到的围观的眼睛越多，被认真追溯的可能性也就越大。海耶斯也达到了她的目的。

（二）摆脱中产阶级审美趣味

　　电影好像通过高高竖起的广告牌营造出海耶斯和警方的二元对立，似乎暗暗地呼应电影开头广告商捧着的一本奥康纳的小说——《好人难寻》，观众也期待一个末路狂花式结局，看女主角如何大杀四方痛击无能的警察和麻木的群众，最后成功复仇，战胜这个无聊的世界。但这样的剧情套路只是停留表面的，类似昆汀的 B 级片、伍迪艾伦的絮叨叙事，或是电视里的手撕鬼子，这类作品无论质量高低，都具有强烈的作者观点和人为导向性。角色所说的话和所做的一切都只有一个动机，那就是实现本片的主旨。主旨是如此的重要，以至于角色都是日常生活中难以遇见的异类，观众对这类影片都有一种猎奇的或是先验性的立场。莎士比亚对人物复杂性的那套角色塑造好像变得不太流行。

　　《三块广告牌》和以上这种好莱坞盛行的剧情套路的巨大分水岭在于，后者在观众和市场驱动下创造人物，意在展示一种寓意，而前者试图自然而然地展示人性。后者在超级英雄类影片中十分常见，并在全球电影市场中大受欢迎。作为具有叙事和美学功能的图像符号商品，电影实际上是创造梦想和欲望的最合适的媒介，在实现消费偶像崇拜和自我理想建构方面的特点也最为突出。好莱坞成功地迎合观众心理需求，打造出多个系列的超级英雄并捧红了大批演员。两届奥斯卡最佳女主角朱迪福斯特批评"超级英雄电影正在毁掉好莱坞的未来"。"人们看电影变得像到主题公园游玩一般。"她说，"电影公司为了吸引股东和大众的眼球而不惜拍摄糟糕的内容，表面上你似乎得到了不错的经济回报，却破坏了这个行业的底线，超级英雄电影系列，对美国乃至全球的电影业并无益处"。①

《三块广告牌》没有选择这种"大快人心"的套路，事实上乍看之下还有些不习惯。身患绝症时日不长的警长前一秒和女主角针锋相对，后一秒因情绪激动无法控制地喷出一口病血；而当他躺在担架被送往医院途中，他却不忘叮嘱下属不要因此为难女主角。最让人感到有悖常规逻辑的是，威洛比警长自杀前在信中主动提出帮海耶斯支付内容为一个月公开责问自己的广告牌的租金。海耶斯放火烧了警察局；而暴力警察迪克森作为火灾受害者，尽管猜测到了纵火的真相，却丝毫不放弃帮助海耶斯捉出嫌犯的蛛丝马迹。迪克森无处发泄警长自杀的悲愤，把广告牌出租方痛打一顿扔出窗户造成住院，却意外受到后者慷慨的安慰和关心。

最后，《好人难寻》所预设的主题被稀释了，一切因暴力而起，但最终未必要以仇恨终结。小镇上最初的沉闷和暴力氛围并不是电影的核心。麦克唐纳一开始架构的二元对立经历了观众预想中的激烈碰撞后，走向了意料之外的柔和与平静。与媒体常见的新闻报道相似，活生生的人物被过分地设定，过分地戏剧化，但事实上人与人、人与法律、人与自我之间并不是那么你死我活的关系，人都带着自己的经历和伤疤被生活裹挟前行，一切都化作海耶斯最后的结论"路上我们再决定"。

---

① 王筱丽："超级英雄电影正在毁掉好莱坞的未来"，载《文汇报》2018年1月5日。

三、《三块广告牌》的启示

首先，对于国产影视作品中展现的中产阶级形象，呈现出单一且同质化的特征。中产阶级的形象，尤其是一线城市女性白领的生活方式、婚恋观、职业生涯等沦为影视作品中的主要元素。《欢乐颂》《翻译官》《杜拉拉升职记》《离婚律师》等影视作品中，出现谈恋爱多于谈工作、专业性不足的严重缺陷，① 影视制作人员把角色身上的大牌衣饰、住的精装公寓、开的名贵跑车等消费主义符号作为重点展示对象。而叙事合理性和剧情完整性都让位于这些符号的生硬展示，导致影视作品成为广告合集或是纯粹的金钱至上观念的集中展示。这些中产阶级元素的植入广告和宣传手段，除了是一笔不菲的制作赞助费用，更重要的是这些符号可以制造梦幻泡影，诱惑性地向观众推销某种用物质堆砌出的"生活方式"，从而找到自我身份认同，这也是当前生存压力极大的部分观众所迫切需要和向往的神话。

其次，粉丝群体对这类严重扭曲现实、忽视人的复杂性的作品往往具备奇高的容忍度。这造成烂片屡获市场成功，观众的理性感知力越来越钝化，从而导致探讨复杂性的电影逐渐失去受众的恶性循环。朱莉·詹森认为，粉丝现象可被解释为底层民众对社会现实的一种批判方式，一个碎片化的现代社会对应地会产出一群碎片化、不完整的现代自我。粉都（fandom）现象，尤其是过度的粉都，被界定为心理补偿的一种形式，弥补现代性生活缺失的一种尝试。② 所谓"粉都"指的是粉丝群体，以及这个群体创造的文化空

---

① 吴翔："'职场剧'需职业规划"，载《新民晚报》2018 年 4 月 18 日。
② 朱莉·詹森："作为病态的粉都——定性的后果"，见陶东风主编：《粉丝文化读本》，北京大学出版社 2009 年版。

间。粉丝群体内部创造的独有语言和行为模式被看作一种对主流文化的反收编。作为亚文化的粉丝身份让普通人在孤立、单向、原子化的现代生活中获得一种独特的自我安慰。因此，粉丝既是一个抹杀个性的身份，也是青年个体展开对抗的认同舞台，它酝酿着危险和无序，也可以成为用爱好和个性去抵消现代社会焦虑的牺牲品。粉都生来就是用于捍卫他们所追求的明星光环的，具备牺牲品的特质，但往往这种牺牲性会被广告和媒体商业所利用，如今大量的粉丝电影就是其最好的注脚。

《三块广告牌》的贡献在于解构了现代中产阶级建立在消费主义之上的幻象，暴露出现代社会在解决温饱问题之后社会个体的内在焦虑。与大量受欢迎的粉丝电影不同，《三块广告牌》倾向于展示生活不可知的痛苦的一面，引起观众对人性的复杂性更深层的思考，而不是商品经济带来的麻醉式狂欢。

参考文献：

1. 丹尼尔·贝尔. 资本主义文化矛盾 [M]. 赵一凡，蒲隆，等译. 北京：三联书店，1989.

2. 约翰·费斯克. 理解大众文化 [M]. 王晓珏，宋伟杰，译. 北京：中央编译出版社，2006.

3. 刘瑜. 送你一颗子弹 [M]. 北京：三联书店，2010.

4. 约翰·格拉夫. 流行性物欲症 [M]. 闾佳，译. 北京：中国人民大学出版社，2006.

5. Credit Suisse Group. Annual Report 2017 [R].

6. 陶东风. 粉丝文化读本 [M]. 北京：北京大学出版社，2009.

7. Milanovic, B., & Yitzhaki, S. Decomposing world income distribution：Does the world have a middle class [M]. The World Bank，2001.

8. Ali, S., &Dadush, U. A new measure of the global middle class [M]. VOX CEPR's Policy Portal，2012.

法制·权利保护

······

交易成本与制度选择：
电影著作权配置的经济学分析

崔　煜[①]

【内容摘要】当前学界多数学者从激励的视角论证我国电影作品著作权"创作者立法例"修改意见的合理性。但在其论证中，一方面将创作者视为理性经济人以说明激励效应，另一方面则忽略这一基本假设，漠视权利移转过程中产生的巨大的交易成本及其对相关主体的影响。本文则从经济学路径出发，探讨交易成本与著作权制度选择之间的复杂关系，分析指出"创作者立法例"因权利人的不确定性而使得总成本远高于"制片人立法例"；在引入张五常对科斯"无关性定理"的批判研究后指出"制片人立法例"具有更高的资源利用效率，具有明显的制度优势，而"创作者立法例"实则难以实现预期激励目的。因此，从交易成本视角来看，"制片人立法例"仍应是我国的选择。

【关键词】电影作品　著作权　交易成本

一、现有学术研究成果总结

在技术进步、经济发展与利益博弈等因素驱动之下，各国关于"电影作品和以类似摄制电影的方法表现的作品"（以下统称"电影

---

① 崔煜，华东政法大学传播学院文化产业管理专业研究生。

作品"）著作权的法律设计呈现出多样化的特征。其中，一个关键的差异在于不同国家对电影作品著作权归属的认定不同，主要可以分为以德国与法国为代表的"创作者立法例"和以英国与美国为代表的"制片人立法例"两种类别。概括而言，前者主张将电影作品著作权赋予创作者，包括导演、编剧等，与著作权法保护"创造性表达"的一般思路相一致；而后者则坚持将电影作品著作权赋予制片人，强调电影作品完成的主体多样性及其利益权衡对法律设计的影响。

随着我国对《中华人民共和国著作权法》（以下简称《著作权法》）有关电影作品著作权归属条款进行修改，国内学界对于"创作者立法例"的制度设计讨论颇多。大体看来，除少数学者对其过度保护创作者利益提出质疑外，绝大多数学者抱以支持态度。究其原因，有学者认为，现行《著作权法》将电影作品著作权赋予制片人显然存在"逻辑之缺失"，包括与创作主义矛盾、背离精神性权利不可转让原则、忽视演员的个性贡献、违背我国著作权法在作者确认层面的浪漫主义传统等，而"创作者立法例"则实现了法律体系的逻辑自洽与立法理念的纵向一致。相比之下，更多学者溯源著作权制度设计的基本宗旨和价值主张，表现为从激励视角切入，讨论权利在不同主体间配置的激励效果及其补偿机制设计。后者的基本观点是，将电影作品著作权赋予创作者有利于激励其进行作品创作，同时肯定电影作品完成的复杂性及制片人投资对电影作品的重要性，并承认这种立法取向将在一定程度上抑制资本进入；有鉴于此，进一步提出通过"推定财产权利移转"实现投资激励补偿。

可以肯定，上述讨论对于电影作品著作权归属的制度设计均有所裨益。然而，就研究路径而言，溯源著作权法律设计的基本宗旨与价值主张更具现实意义。这是因为法律从来不仅是逻辑的结果，更是经验的表达。正如布鲁尔所言，"法律的生命在于逻辑中充满着经验，而经验又要受逻辑的检验。"① 从制度演化的视角来看，制

---

① ［美］斯科特·布鲁尔：《从霍姆斯的道路通往逻辑形式的法理学》，张芝梅、陈绪刚译，北京大学出版社2005年版，第69～84页。

度是人为设定并用以塑造人类互动的约束，其本质在于观念的规制化，因而对于制度设计的思考——包括规制不同领域的法律——不能脱离其所在的社会情境。具体到著作权法领域，政治经济学的研究表明，著作权制度的出现，内生于17、18世纪政治经济结构的整体变迁，是制度演化意义上技术突破、权力斗争等动力综合作用的结果。也正是基于此，戈斯汀极具透彻性地指出，与其将著作权制度归入法律的范畴，倒不如将其视为一项公共政策。

　　但是，在此路径下，诉诸激励视角的讨论对于我们所关注的问题而言，作用仍十分有限。事实上必须指出的是，这些研究存在着明显的逻辑矛盾。在著作权制度所依据的激励理论中，权利主体被视为具有经济理性的个体，而国内学界对"创作者立法例"的支持同样基于这样的预设。进一步而言，这些研究承认这种著作权制度设计将抑制制片人的投资并试图通过"推定权利移转"实现激励补偿，即当且仅当创作者与制片人没有约定或约定不明时，电影作品的著作财产权由创作者移转到制片人。但问题在于，同样基于理性经济人的预设，创作者面对著作财产权可能带来的预期收益时，将倾向于选择与制片人订立契约并使预期收益转化为当前可得利益。这意味着电影作品的著作财产权在由创作者向制片人移转的过程中存在着以缔约为核心的交易成本。由此，可以预见的是当交易成本足够大时，将进一步影响制片人的决策行为与创作者的预期收益，权利配置的激励效应也将耗散殆尽。

　　可见，当前支持"创作者立法例"的理论研究仅考虑到权利配置对于个体的激励作用，却忽略了在此过程中产生的交易成本，而后者往往对个体行为影响巨大。在此，一个明显的逻辑矛盾在于一方面将创作者视为理性的经济人，并以此论证制度选择的适当性；而另一方面则期待创作者抛开自利的本性并以超然的姿态把自我的权利让渡给制片人，这样的研究结论显然是难以令人信服的。

二、问题与研究路径

以上的分析指出了当前关于电影作品著作权归属讨论中的一些问题，尤其是诉诸激励视角的逻辑矛盾。而事实上，对于"创作者立法例"制度设计的论争实则在更大视域中关涉两种不同制度的选择，问题并不在于探讨电影作品著作权"应当"归属于谁，而在于我们如何在现有的制度设计方案中做出更优的决策，而这一点也正是我们关注的核心所在。

正如本文第一部分指出的那样，对于著作权制度的思考不能脱离其社会情境，包括文化、政治、经济等多个维度。而这一点也为多数学者认可。具体到电影作品著作权领域，戈斯汀的研究极具代表性并富有启发意义。他的结论之一是，大陆法系与英美法系在电影作品著作权制度上的差异植根于二者相异的文化价值之中。但即便如此，他同样引用了肯尼斯·阿罗及德姆塞茨等学者的观点，这实际上肯定了经济学视角对这一问题的意义。事实上，自斯密以来，运用经济学理论（包括福利经济学、政治经济学和以产权理论与交易成本理论为重要分支的制度经济学等）研究著作权问题已取得丰硕的成果。在此，我们承认文化差异对著作权制度选择具有重要影响，而本文的意图则在于沿着经济学路径做出更进一步的努力，即讨论交易成本与电影作品著作权制度选择的复杂关系。而这一点——正如下文将要述及的那样——恰恰在以往的研究中被严重忽视。

就著作权本身而言，在承认文学、艺术等创造性表达是公共物品或准公共物品的前提下，必须对因其不同程度上的非竞争性与非排他性特征造成的市场失灵予以合理补救，以使得其产出的全部收益①——包括经济收益与非经济收益——完全地归于其所有者，并进而形成良性的生产激励。② 在此意义上，著作权法体系的作用便在于建立一个有权使用作品的市场。而政治经济学的研究表明，受新自由主义思想及信息经济学的影响，产权关系覆盖的范围不断拓宽，涵盖了"水、基因，以及知识产权、软件专利……及其使用感受"。这事实上为"创造性表达"的产权界定与公权力救济构建了理论基础。

尽管运用产权方法和交易成本方法进行经济学分析存在差别，但就产权与交易成本而言，二者往往如影随形。科斯的《企业的性质》一文从交易成本的角度为企业的出现给出了新的解释，企业通过一个契约取代一系列契约的方式影响了资源配置——即阿尔钦与德姆塞茨意义上的产权交易——的方式，换言之，交易成本至少影响了产权配置方式，即使不是决定性的影响；而在《社会成本问题》一文中，科斯则进一步指出，在市场中，权利的移转与合并同样会产生很高的交易成本并进一步影响最终的产值。

具体到电影作品著作权领域，在权利归属的制度选择中，经济学视角至少还需考虑交易成本维度。而实际上，长久以来，交易成本在著作权领域的讨论尚主要集中于合理使用制度的设计层面，其观点是，就某些频繁受到使用的作品而言（如音乐作品），让所有潜在使用者一一与著作权人进行许可合约的谈判，其成本无疑是巨大的，这无论对于著作权人还是社会福利均无裨益。显然，这些研究关注的是著作权人与作品使用者——即私人利益与公共利益——之间的平衡。相比之下，对于权利在不同主体间配置差异可能造成

---

　　① 出于利益平衡的考量而设计的"合理使用（满足一定条件可不经权利人同意且不支付相应报酬即可使用作品）"与"法定许可（满足一定条件且支付相应报酬后可不经权利人同意而使用作品）"两种制度是整个著作权法的例外部分，当另论。

　　② 对于创作者的激励思想早在 1709 年英国颁布的《安娜法令》中便得到明确肯定：该法令的全称即为《为鼓励知识创作授予作者及购买者就其已印刷成册的图书在一定时期内之权利的法令》，而其序言则声称，其目的是为了防止印刷者不经作者的同意擅自印刷、翻印或者出版作者的作品，以鼓励有学问、有知识的人编辑或者出版有益的作品。

的影响则鲜有涉及，而这一问题固然关涉作品制作者之间的利益平衡，但如下文将要述及的那样，从制度层面来看，实则涉及制度的选择与运行。

据此，本文的研究路径是，从经济学视角出发，基于不同的产权配置条件，讨论交易成本与制度选择间的复杂关系。具体而言，本文第三部分将对目前两种不同的电影作品著作权归属制度予以进一步考察；第四部分将对不同制度框架下的交易成本进行分析；第五部分则基于前述分析对本文关注的核心问题予以再检讨，以利于讨论本文关注的制度选择议题；第六部分将对全文进行总结，并以德国实施"创作者立法例"为例，通过对其辅助制度设计的补充说明，以证实我国当前进行这样的制度设计实则属于对西方法律的片面移植。

三、对制度设计的进一步考察

为了对本文所关注的核心问题——电影作品著作权归属的制度选择——进行讨论，在此有必要对两种制度设计本身做更进一步的考察。

首先是"创作者立法例"。2014 年《著作权法》（修订送审稿）第 19 条第 2 款、第 3 款规定："电影、电视剧等视听作品的作者包括导演、编剧以及专门为视听作品创作的音乐作品的作者等。电影、电视剧等视听作品的著作权中的财产权和利益分享由制片者和作者约定。没有约定或者约定不明的，著作权中的财产权由制片者享有，但作者享有署名权和分享收益的权利。"

这里表达了两层意思：第一，通过不完全列举的方式将电影作品的著作权赋予导演、编剧等创作者；第二，尊重创作者与制片人的意思自治，并进一步规定当且仅当创作者未与制片人约定或内容约定不明时，电影作品的著作财产权才推定发生由创作者到制片人的移转效力，这意味着，创作者拥有决定是否与制片人建立契约以及建立何种内容契约的选择权利。

其次是"制片人立法例"。《著作权法》第 15 条规定："电影作品和以类似摄制电影的方法创作的作品的著作权由制片者享有，但编剧、导演、摄影、作词、作曲等作者享有署名权，并有权按照与制片者签订的合同获得报酬。电影作品和以类似摄制电影的方法创作的作品中的剧本、音乐等可以单独使用的作品的作者有权单独行使其著作权。"

由此可见，与"创作者立法例"相比，我国现行《著作权法》在电影作品著作权归属上遵循了"类制片人立法例",① 将电影作品的著作权赋予制片人，并以但书的方式规定创作者拥有人身权中的署名权和获得报酬的权利。

但是，到此为止，对两种制度设计的考察尚停留在表面，必须思考的是，这样的制度设计对其规制的对象本身具有怎样的影响。

在"创作者立法例"中，创作者不仅是著作权人，而且拥有契约订立的优先选择权。赋予导演、编剧等创作者著作权，意味着未经这些创作者同意的作品使用行为将被禁止，即创作者对电影作品的使用享有专有权（exclusive right），在本质上，这代表了"个体对资源的支配能力"，这种能力意味着"一个人决定处置一定的资源的期望会被有效实施或实现"。由此，电影作品产生的全部收益将归于创作者，并用以偿付作者为电影作品完成所付出的各种成本（包括资金、时间及智力劳动等）或彰显作者的人格价值，这将进

---

① 有学者对我国现行《著作权法》对电影作品著作权归属的立法模式是否属于"制片人立法例"存有异议，事实的确如此，我国现行《著作权法》尽管将著作权赋予制片人，但其内在的逻辑与英美法系的"制片人立法例"有所区别，因此，本文采用了"类制片人立法例"以示区别。

一步鼓励作者投入新的电影作品创作活动。而问题在于，创作者在拥有契约订立的优先选择权条件下，是否会选择与制片人建立内容明确的著作权移转契约？

著作权始于作品，而现实的情形是，作为极具复杂性的作品类型，电影作品的完成不仅需要创作者投入，而且必须得到制片人在资金、设备、行政公关等多方面的支持。考虑到对电影作品未来收益的期待，可以认为创作者与制片人将倾向于达成合作的契约。进一步要问的是，契约的内容是否会涉及创作者享有的著作权？因为可以预见的是，创作者与制片人达成契约的选择具有多样性，除围绕著作权移转这一方式之外，还可以做如下选择，即约定制片人通过电影作品获取收益而著作权仍由创作者保留。而无论替代性缔约选择在细节上存在怎样的差异，其核心都在于由创作者拥有并运作著作权以获取收益。但是，这些替代性选择显然违反了产业发展的分工与专业化原则，因而也将不会是市场活动主体的选择。原因在于，从现实的情况来看，创作者往往缺乏通过权利运作获取经济收益的能力或基础条件，同时，制片人也将惮于由此产生的投资风险。概言之，创作者将倾向于做出权利移转的缔约选择，在作品产生之前便对未来的权利归属问题进行讨论。所以，"创作者立法例"的本质便在于政府通过权利归属的初始界定，建立了一个电影作品著作权调整的市场交易框架。

而我国现行的"类制片人立法例"则以科斯意义上的"行政指令"替代市场交易进行权利安排，即公权力已经规定可以做什么或不可以做什么，并以国家强制力予以保障。这意味着，无须创作者与制片人进行电影著作权移转的缔约过程，电影作品著作权（除署名权与获得报酬的权利）在初始安排上便合法地由制片人享有。在此情况下，只要创作者与制片人就电影作品的制作达成合意，不论合意的内容是什么，电影作品著作权（除署名权）均将在作品产生之际当然地归属于制片人。在此，不可否认的是考虑到权利的集合性质和获得报酬权的议定行为，"类制片人立法例"中同样存在缔约行为，但基于创作者的获得报酬权而进行的报酬商定契约显然不同于电影作品著作权移转契约。

四、交易成本分析

如果权利的移转不需要付出任何成本，则有关电影作品著作权归属制度的经济学分析或可仅在产权激励的维度下展开。但问题恰恰在于，权利的配置——无论是通过市场交易完成，还是通过行政命令完成——都不可避免地存在成本。而就交易成本自身而言，也许正是基于其与产权之间的紧密关系，许多学者的定义——无论是宏观的制度运行费用还是微观的权利移转费用——都从产权的视角入手。尽管本文关注的是制度选择与运行问题，但在技术层面则集中讨论微观层面的权利交易，因而在交易成本的界定上采用科斯的观点，即为了实现以权利的移转与合并为实质的市场交易所付出的预见成本、缔约成本及证实成本等各类成本的综合。

在"创作者立法例"中，除缔约成本外，围绕权利移转的缔约行为还将产生预见成本和证实成本，即寻找合适交易对象所需的成本及缔约完成之后可能因权利归属争议出现时付出的代价。

就预见成本而言，一个基本的事实是创作者与制片人都试图在一系列约束条件下做出满意——甚至是最优——的选择并建立合作契约，而成本将在这一过程中产生；在将约束条件解释为信息的基础上，可以认为其原因关键在于创作者与制片人处在明显的信息不对称地位。从制片人的角度来看，寻找满意的创作者远非单一契约可以完成。作为一种高度复杂的作品类型，电影作品的制作需要多个创作主体共同努力，即凯夫斯意义上的"一体性"创作投入，这意味着制片人在寻找有意愿且满足预期要求的创作者时，需要从整体结构出发进行思考，这无疑增加了成功匹配的难度。不仅如此，更为关键的是，制片人往往难以确定市场中若干的创作者是否可以达到自己的要求并使作品获得最终的成功。从创作者的角度来看，制片人并不仅是资金的供给方，更是影片制作的全程组织者与后期权利运作者，了解制片人的所有相关信息对创作者而言显然存在巨大的困难。

当然，必须承认的是，创作者与制片人都可能因各类信号的释放而减少信息不对称的影响，并由此降低预见成本。正如阿克洛夫指出的那样，作为质量的象征，品牌可以作为减少信息不对称影响的制度安排，事实上，在电影产业的发展中，创作者和制片人都在建立自我的品牌并以此作为吸引合作者、实现更进一步产出的关键机制。例如，创作者和制片人都可以因以往完成的电影作品的成功而在受众中形成良好的口碑，而这样的口碑对合作的双方而言同样是积极的信号；不仅如此，作为电影产业发展的一个环节，专业或非专业的评价阶层（如影评人）的形成在一定程度上也降低了创作者与制片人进行选择的信息不对称性。但即便如此，区别于一般的物质性生产（如汽车制造），电影作品的制作具有更为显著的不确定性，在创作性产业中，"人们往往无法根据过去的表现做出新的选择"。一个典型的例子是电影《天堂之门》的失败。导演西米诺完成电影《猎鹿人》并获得五项奥斯卡大奖，联美公司则据此与之签订了电影《天堂之门》的合作协议，具体负责融资与发行工作。即使在影片上映之前，好莱坞仍普遍认为该片会取得成功；但事实则是联美公司因《天堂之门》的失败而被迫拆分拍卖。

缔约成本与证实成本的产生固然可以从交易成本理论乃至后来的信息经济学研究中得到解释，而问题的关键在于在"创作者立法例"中，由于权利人的不确定性，这两项成本被难以预估地放大。

"创作者立法例"将著作权赋予创作者，但无论是《著作权法》（修订送审稿）的不完全列举还是学界的争议都已经表明，在这一制度设计中，权利主体的界定难以达成共识。由此，在权利移转的缔约环节，将有多个明确的权利人（如导演、编剧）与若干潜在的权利人（如演员）进行权利主张。而从 2014 年的《著作权法》（修订送审稿）的行文和学界的讨论来看，基本的观点是除非构成电影作品的部分可以被认定为独立作品，否则相关创作者应视为电影作品的合作作者。这意味着遵循《著作权法》对合作作者权利行使的规定，在电影作品著作财产权移转的契约缔结环节，可能出现两种情况：其一创作者内部需要先就权利移转问题达成一致意见，而著作财产权包含复制权、发行权及信息网络传播权等多个权利项，不同的合作作者基于各自不同的利益诉求可能做出不尽相同的权利移转选择，因而协商的过程可能很长；其二，进一步地，在某些合作作者无正当理由阻止其他合作作者行使权利的条件下，权利人可单独行使权利并与其他合作作者共享收益，此时制片人必须与之进行讨价还价。无论出现哪一种情况，这样的过程均会产生缔约成本并使交易的总成本提高。

不仅如此，权利人的不确定性还将对事后的证实成本产生关键影响。在面对权利占有所产生的潜在收益时，可以认为，电影作品的制作参与者将选择通过各种方式——如私下的沟通或诉诸法院——进行权利主张，而制片人为了表明自己对争议权利的作为行为具有合法性，必须对此做出回应，付出相应的时间、金钱等诸多代价。事实上，这样的情况早已在实施"创作者立法例"的法国与德国出现。例如，在法国，曾有摄影指导就自己在影片摄制中的工作向法院提出主张，要求认定自己是电影作者之一，而巴黎地区法院最终认可了这一主张。而在慕尼黑州立高等法院 1956 年的一项判例中，一位演员试图通过诉讼的方式使得自己的著作权人身份主张得到支持，但法院的判决则拒绝认可这位演员的合作作者身份。这两个判例的具体内容并不是我们关注的重点，援引的目的旨在说明，"创作者立法例"的制度设计可能诱发一系列的权利人身份认定的诉讼或非诉讼争议，而成本将随之增加。

而在"制片人立法例"下，同样存在预见成本、缔约成本和证实成本。从经验的视角来看，在"制片人立法例"中，创作者与制片人为了缔结契约将面临与"创作者立法例"框架下相同的问题，因而在此不做赘述，本文下一节将简要述及理由。相比之下，需要关注的是这一制度之下的缔约成本与证实成本。"制片人立法例"下的契约缔结基本围绕电影作品创作者的报酬展开，这实际上是一系列的劳务合同签订的过程。合同的实质在于为完成令人满意的电影作品，制片人与创作者做出约定，明确创作者的职责及其应得报酬，在这一过程中，不仅参与的创作者身份确定，而且契约主要围绕报酬一项内容。这意味着，一方面，缔约成本因权利人与契约内容的相对确定而低于"创作者立法例"；另一方面，确定性避免了权利归属及行使争议，降低了可能出现的证实成本。

五、问题的再检讨与制度选择

对两种电影作品著作权归属制度的考察再次表明，权利配置方式的差异将产生不尽相同的交易成本。而制度经济学的研究已经表明，存在如下这样一种可能，即"为了使产权得到扩张而需要的附带支付（side – payments）所产生的交易成本"可能过高，并使得"产权集合的现状得到维持"，权利移转的效力无法产生。[①] 这意味着，在某种制度框架下，由产权配置而产生的生产激励也将难以实现。这是因为，激励源自对潜在租金（预期收益）的追求，而租金则是"人们拥有的产权的函数"；[②] 但这一结论的基本前提在于产权可以实现流动，当产权难以流动时，激励效应将趋于耗散，制度

---

① ［美］道格拉斯·C. 诺思，张五常：《制度变革的经验研究》，［美］李·J. 阿尔斯通，［冰］思拉恩·埃格特森等编，罗仲伟译，经济科学出版社2003年版，第38页。
② ［美］道格拉斯·C. 诺思，张五常：《制度变革的经验研究》，［美］李·J. 阿尔斯通，［冰］思拉恩·埃格特森等编，罗仲伟译，经济科学出版社2003年版，第37页。

设计的预期目的将无法实现。由此，本文的讨论实则关涉权利的初始界定对经济制度运行的影响。

而事实上，科斯早在《社会成本问题》一文中便对这一命题有过讨论。在科斯的研究中，显然存在外部（即市场交易）与内部（即行政配置）两个系统。在不同的系统中，权利的配置方式不同，由此产生的交易成本也有所差异，主要表现为市场交易的配置方式必然产生预见成本与缔约成本并可能出现事后的证实成本，而行政配置的成本则主要源自组织内部的科层管理。相比之下，在电影作品著作权归属的初始安排中并不存在外部与内部之分，或者说仅存在科斯意义上的"外部"。"创作者立法例"提供了一个可供电影作品著作权交易的市场框架，而"制片人立法例"尽管取消了产权的市场交易，但并未形成权利配置的行政组织结构，且仍需通过市场框架进行合作者的选择并进行报酬议定活动。从这一点来说，在两种著作权归属的制度框架下，预见成本是相同的，而有所不同的则是缔约成本与证实成本。在"创作者立法例"中，不仅权利人具有不确定性，而且要完成交易的权利项也具有多样性，因而必然使缔约成本和证实成本高于"制片人立法例"。因此，可以认为，"创作者立法例"框架下的总成本要高于"制片人立法例"。

进一步来看，从科斯的《社会成本问题》一文中可引申的一个观点是，如果产权被明晰地界定且交易成本为零时，资源的利用效率与谁拥有产权无关。对此，张五常做了更深入的分析，他指出，"交易成本可以解释为资源利用效率，由此，权利的结构与交易成本的性质通常是同一枚硬币的两面"，二者考虑其一即可。此外，由于"权利"要远比"成本"更抽象，更难以在技术层面进行操作，在本文对电影作品著作权的分析中，对制度选择的判断将从交易成本的角度切入。

本文第四、五部分的分析已经表明，"创作者立法例"的交易成本远高于"制片人立法例"，因此，可以认为在效率层面后者将优于前者。正如我们可以预测的那样，在"创作者立法例"中，权利主体的不确定性会使交易成本难以预估地放大，当交易成本足够大时，制片人将不会选择与创作者缔结契约，那么电影作品将无法产生，创作者也将难以获得预期的收益，激励无从谈起。所以，"创作者立法例"——从成本的角度来看——不是最优的制度选择，坚持现有的"制片人立法例"并在从法律体系的逻辑层面进行优化更为适当。

六、思考与讨论

回顾我国的"创作者立法例"，本文的观点是，国内学者对"创作者立法例"的支持实则是对西方法律制度的片面移植。以德国电影著作权归属的法律设计为例，尽管同样规定作品著作权由创作者享有并在没有约定或约定不明的情况下推定移转给制片人，但同时，《著作权与邻接权法》第 94 条为制片人设置了一项邻接权："电影制片人享有对固定有电影作品的图像载体或音像载体进行复制、发行、公开放映、广播或者公共传播的专有权。此外，对于对图像载体或音像载体进行歪曲或删节而威胁到其在这些载体上的合法利益的行为，电影制片人有权禁止。"这意味着，制片人可以针对电影作品载体实施一系列行为以获取经济收益，其本质是对制片人的激励补偿。可见，即使德国在电影作品著作权归属上实施了"创作者立法例"，但同时承认"推定权利移转"规则难以实现对制片人的补偿激励，因而需要新的激励方式予以弥补，而这一点恰恰为国内很多学者忽略，进而出现对国外的法律设计片面移植的局面。

进一步地，本文认为，如果依靠国家的强制力推行"创作者立法例"，则可以预见的是，作为这一正式制度的替代选择，在现实的商业运作中，非正式制度——或者说是行业惯例——将出现并作为规避正式制度的新规范框架，这一点已经为安德鲁·斯通及布莱恩·利维等学者证明。而在戈斯汀的研究中同样表达了这样的观点，那便是，"如果决定将著作权运用于交易成本过高的领域，就有可能激发为降低交易成本所必需的市场力量。"

七、总　结

在此应当重申，本文的全部分析建立在以下的基本认识之上，即对于法律制度的设计，首先要从制度所在的社会情境出发进行思考，其次才能考虑法律体系内在的逻辑自洽，一个典型的例子是赫尔南多·德·索托对美国有关所有权法律设计的政治经济学分析。在此，我们沿着广为认可的经济学路径，对学界普遍持有的"电影作品著作权归属设计应采用创作者立法例"的观点进行反思，特别是针对产权激励视角的辩护予以检视，指出了其中的逻辑错误。但是，就目的而言，本文旨在重审当前学界关注的电影作品著作权归属的法律制度选择问题，并从新的视角切入并阐释理由。

大体看来，当前学界多数学者从产权激励的视角论证我国电影作品著作权"创作者立法例"修改意见的合理性。但这些研究一方面将创作者视为理性经济人以说明权利配置合理性，另一方面则忽略这一基本假设，漠视权利移转过程中产生的巨大的交易成本及其对相关主体的影响。鉴于此，本文从交易成本的维度出发，探讨电影著作权归属的制度选择问题，分析指出，从交易成本角度来看，"创作者立法例"与"制片人立法例"具有相同的预见成本，但"创作者立法例"因权利主体的不确定性使得缔约成本和证实成本均远高于"制片人立法例"。通过引用张五常对科斯的"无关性定理"的批判研究，在技术层面，比较两种制度安排的成本后得出，

"制片人立法例"因其较低的交易成本而更具制度优势，"创作者立法例"实则难以实现制度设计的预期激励目的的结论。

参考文献：

1. 曲三强．论影视作品的著作权 ［J］．中外法学，2006（2）．

2. 胡云红．著作权法中电影作品的界定及作者精神权利的保护——以中日著作权法制度为中心 ［J］．学术论坛，2007（2）．

3. 刘晓．电影作品著作权的归属与行使：现状、比较与完善 ［J］．中州大学学报，2012（2）．

4. 刘银良．著作权归属原则之修订——比较法视野下的化繁为简 ［J］．政治与法律，2013（11）．

5. ［英］帕斯卡尔·卡米纳．欧盟电影版权 ［M］．籍之伟，俞剑红，林晓霞，译．北京：中国电影出版社，2006.

6. ［德］M．雷炳德．著作权法 ［M］．张恩民，译．北京：法律出版社，2005.

7. 罗施福．论电影作者的法律确认——以我国《著作权法》第15、21 条的修改为背景 ［J］．时代法学，2012（6）．

8. 唐建英．国内电影版权制度的建构：一种利益平衡的分析框架 ［J］．电影艺术，2013（1）．

9. 曾青未．论视听作品的利益分配——以作者的公平获酬权为视角 ［J］．知识产权，2017［4］．

10. 罗施福，徐雁．我国电影著作权归属制度的缺失与改进 ［J］．西部法学评论，2011（6）．

11. 罗施福．著作权法对电影导演权利配置的制度选择 ［J］．中国版权，2012（1）．

12. 王占海．影视作品著作权归属之我见——关于《著作权法（修订草案送审稿）》的建议和理解 ［J］．中国版权，2014（5）．

13. 张春艳．论我国电影作品著作权的归属 ［J］．法学杂志，2012（9）．

14. 衣庆云. 电影作品著作权立法问题之意见［J］. 知识产权，2012（9）.

15. 李雨峰. 著作权的宪法之维［M］. 北京：法律出版社，2012.

16. 张春艳. 我国视听作品著作权归属模式之剖析与选择［J］. 知识产权，2015（7）.

17. 李雨峰. 著作权制度的反思与改组［J］. 法学论坛，2008（2）.

18. ［美］保罗·戈斯汀. 著作权之道：从古登堡到数字点播机［M］. 金海军，译. 北京：北京大学出版社，2008.

19. ［美］迈克尔·迪屈奇. 交易成本经济学：关于公司的新的经济意义［M］. 王铁生，葛立成，译. 北京：经济科学出版社，2000.

20. ［澳］戴维·索罗斯比. 文化政策经济学［M］. 易昕，译. 大连：东北财经大学出版社，2013.

21. ［英］大卫·赫斯蒙德夫. 文化产业（第三版）［M］. 张菲娜，译. 北京：中国人民大学出版社，2016.

22. ［美］迈克尔·迪屈奇. 交易成本经济学：关于公司的新的经济意义［M］. 王铁生，葛立成，译. 北京：经济科学出版社，2000.

23. 杨志祥. 著作权许可使用的经济学分析［J］. 学术论坛，2007（7）.

24. 姚鹤徽. 交易成本和价格歧视理论在著作权合理使用中的定位与适用［J］. 知识产权，2012（3）.

25. 刘廷华. 版权合理使用制度的法经济学分析［J］. 商业研究，2014（3）.

26. 张春艳. 论我国电影作品著作权的归属［J］. 法学杂志，2012（9）.

27. ［美］R. H. 科斯，A. A. 阿尔钦. 财产权利与制度变迁［M］. 刘守英，译. 上海：上海人民出版社，1994.

28. 张维迎. 博弈论与信息经济学［M］. 上海：上海人民出版社，1996.

29. ［美］理查德·E. 凯夫斯. 创意产业经济学——艺术的商业之道［M］. 孙绯，译. 北京：新华出版社，2004.

30. 李宗辉. 论"表演"的类型［J］. 中国版权，2012（1）.

31. ［英］帕斯卡尔·卡米纳. 欧盟电影版权［M］. 籍之伟，俞剑红，林晓霞，译. 北京：中国电影出版社，2006.

32. 道格拉斯·C. 诺思，张五常. 制度变革的经验研究［M］. 北京：经济科学出版社，2003.

33. ［美］保罗·戈斯汀. 著作权之道：从古登堡到数字点播机［M］. 金海军，译. 北京：北京大学出版社，2008.

34. 赫尔南多·德·索托. 资本的秘密［M］. 王晓冬，译. 南京：江苏人民出版社，2001.

35. Hayek，Friedrich A. The Constitution of Liberty［M］. Chicago：University of Chicago Press，1999.

36. Goldstein，Judith，and Robert O. Keohane，eds. Ideas and Foreign Policy：Beliefs，Institutions，and Political Change［M］. Ithaca：Cornell University Press，1993.

37. Hodgson，Geoffrey M. What Are Institutions［J］. Journal of Economic Issues，2006，40（1）.

38. Hartley J，Potts J，Cunningham S，et al. Key concepts in creative industries［J］. Media International Australia Incorporating Culture & Policy，2013.

39. Streeter，Thomas. The Net Effect［M］. New York University Press，2011.

40. Coase R H. The Nature of the Firm：Meaning［J］. Journal of Law Economics & Organization，1988，4（1）.

41. Coase R H. The Problem of Social Cost［J］. Journal of Law & Economics，1960，3（4）.

42. Alchian A A. SOME ECONOMICS OF PROPERTY RIGHTS［J］. IL Politico，1965，30（4）.

43. Allen D W. What Are Transaction Costs ［J］. Research in Law & Economics, 1988 (14).

44. Akerlof G. The Market for "Lemons": Quality Uncertainty and the Market Mechanism ［M］ // Essential Readings in Economics. Macmillan Education UK, 1995.

广告法律规制的发展特点与策略性反思

冉高苒①

【内容提要】在我国广告法律法规体系发展与演变的 30 年中，加强政府监管与主体责任追究一直是其核心思想与行动逻辑。具体表现与特点可以总结为参与主体的多样化、权利义务的明确化与法律空白的不断填补。但是，从广告产业的实际发展与市场反应来看，这样的制度设计与行为逻辑值得我们深刻反思。面对互联网带来的技术与逻辑挑战，非市场性逻辑、行政强制干预、运动性执法等问题严重地影响了广告市场的活力与发展。在现有的条件下，我们应纠正逻辑与策略上的偏差，转变传统的管制思维，采取市场性治理与激励性措施以改善广告产业的发展环境，提升广告市场的信息效率与治理水平。

【关键词】广告产业 法律规制 市场性逻辑 策略反思

一、引 论

广告取"广而告之"之意，首先源于拉丁语 advertere，意思表示为注意、传播与诱导。直到 17 世纪，西方"重商主义"思想盛

---

① 冉高苒，华东政法大学传播学院传媒法制专业研究生。

行，大规模的商业活动使广告开始流行并被广泛使用。广义的广告包括非经济广告和经济广告，非经济广告指不以盈利为目的的广告，又称效应广告，包括政府行政部门、社会事业单位乃至个人的各种公告、启事、声明等，主要目的是推广与宣传；狭义的广告仅指经济广告，又称商业广告，是指以营利为目的的广告，通常是商品生产者、经营者和消费者之间沟通信息的重要手段，是企业占领市场、推销产品、提供劳务的重要形式，主要目的是扩大经济效益。《中华人民共和国广告法（2015）》（以下简称新《广告法》）所指广告行为是"在中华人民共和国境内，商品经营者或者服务提供者通过一定媒介和形式直接或者间接地介绍自己所推销的商品或者服务的商业广告活动"。

布鲁斯·G.范登·伯格在《广告原理：选择、挑战与变革》一书中指出："广告应该在什么程度上受管束，取决于人们的看法。从商业或市场的角度来看，广告最好自由运作，不受约束，不受政府的管理和限制。根据这种观点，市场可以通过竞争来自我管理。相反，从消费者的角度来看，管控是必要的，否则不能保护消费者免受强大的市场力量的伤害。"① 我国对于广告活动的法律规制自1982年6月国务院颁布《广告管理暂行条例》起，随后相关广告法规的制定活动也随之展开。30多年时间里，国家及相关管理部门先后出台了多项规范广告活动的法律法规，如1987年颁布的《广告管理条例》，1988年颁布的《广告管理条例实施细则》，1994年颁布的《中华人民共和国广告法》，2015年颁布的新《广告法》，以及围绕一些特殊商品、重要领域，针对特定环节制定的相关广告管理办法和审核标准。可以说，我国广告法规的数量不少，在很大程度上保证了广告活动的规范运作和行业的健康发展。

30年来我国广告法规的制定与出台有其自身发展与完善的规

---

① ［美］布鲁斯·G.范登·伯格，海伦·卡茨：《广告原理：选择、挑战与变革》，邓炘炘等译，世界知识出版社2006年版，第86页。

律，其体系的构建过程体现了广告活动的多样性与创新性，也在一定程度上决定了我国广告产业发展的路径与现状，同时也暴露出许多值得我们反思的问题。毕竟，从经济活动的角度来看，广告活动不是目的而是手段。如果管理规制方式与思路出现偏差，严苛的法律规制反而会造成创新动力不足、价格虚高、质量参差、市场竞争效率低下等诸多负面影响。虽然在表面上起到了规制违法行为、减少广告侵权的作用，但实际上却是以牺牲市场活力、损失产业发展动力、削减社会整体福利为代价。从这个角度出发，本文将对我国广告法律法规体系进行数据化分析，试图寻找与归纳其中的立法逻辑与规制特点；从产业理论与市场理论出发，在宏观意义上思考法律规制的思路与目的可能给产业经济带来的影响；结合具体的市场效应与统计数据，反思我国广告产业法律规制的制度缺陷与逻辑误区，推进产业化治理思路的转变。

二、我国广告法律规制的特点

笔者于 2016 年 12 月 31 日在"国务院法制办公室法律法规全文检索系统"① 上设定关键词为"广告"进行了全文检索，搜索结果一共为 210 个，其中类别为"法律"的搜索结果为 2 个，"行政法规"类别的有 2 个，"部门规章"类别的有 47 个，从国家工商行政管理总局网站检索补充 3 个，共 50 个，地方性政府规章 159 个。所有这 213 份法律法规分布的时间横跨 34 年（1982～2016 年），如图 1 所示。

---

① 中华人民司法部法律法规检索：http：//search. chinalaw. gov. cn/search2. html，2017 年 2 月 2 日访问。

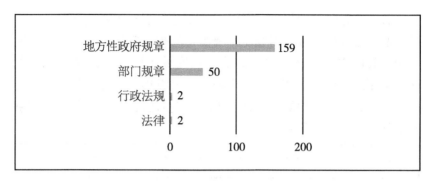

图1　法律法规发布数量

从法律法规发布主体看来，我国两部《广告法》的颁布主体是全国人民代表大会，两部行政法规则是由国务院颁布，地方性政府的规章由各地方政府及其职能部门发布实施，这些法律法规的制定主体相对确定。而部门规章则是由国务院各部委组织编写与颁布，由国家工商行政管理总局制定颁布的有 36 个，但近些年越来越多地出现多部委联合出台相关法规的情况，引起了我们的关注，共有 7 部法规、涉及 2 个以上的相关部门联合出台，如图 2 所示。

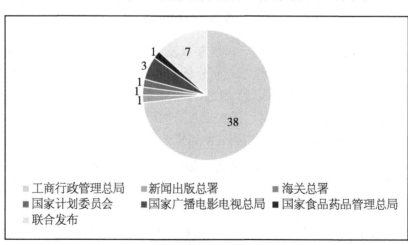

图2　部门规章发布主体

通过笔者的整理与研究发现，50 部部门规章主要是围绕一些特殊商品、重要领域或针对特定环节制定的相关广告管理办法和审核标准。其中需不断修订与规制的重点领域十分集中，涉及广告审核、发布环节的共 7 部，涉及印刷品、出版物和药品各有 5 部，农药、兽药、医疗等领域的也都有不断修订旧法、出台适应需求的新法的情形，如图 3 所示。

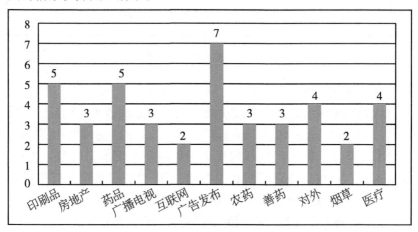

图 3　部门规章重点领域

由于各地方的地方性行政规章涉及不同地域特点的规范与制度，所以笔者没有将其作为研究分析的重点。而两部《广告法》、两部《广告管理条例》以及 50 部部门规章具有全局性和代表性，更能反映我国的立法趋势，因此成为这次研究的重点。特别是近几年的广告相关立法成为我们研究的侧重方面。如表 1 所示。

表 1　近三年发布的涉及广告的规范性文件

名称	发布主体	发布时间	关键词
国家工商行政管理总局关于废止《外商投资广告企业管理规定》的决定	国家工商行政管理总局	2015/6/29	对外

名称	发布主体	发布时间	关键词
《中华人民共和国广告法》	全国人民代表大会	2015/12/24	立法
《兽药广告审查发布标准》	国家工商行政管理总局	2015/12/24	兽药
《农药广告审查发布标准》	国家工商管理总局	2015/12/24	农药
《房地产广告发布规定》	国家工商管理总局	2015/12/24	房地产
《公益广告促进和管理暂行办法》	国家工商行政管理总局/国家互联网信息办公室/工业和信息化部/住房城乡建设部/交通运输部/国家新闻出版广电总局	2016/01/15	公益广告
工商总局等 17 个部门关于印发《开展互联网金融广告及以投资理财名义从事金融活动风险专项整治工作实施方案》的通知	工商总局/中央宣传部/中央维稳办/国家发展改革委/工业和信息化部/公安部/财政部/住房城乡建设部/中国人民银行/国务院法制办/银监会/证监会/保监会/国家网信办/国家信访局/最高人民法院/最高人民检察院	2016/4/13	互联网
《广告发布登记管理规定》	国家工商行政管理总局	2016/11/17	发布
《互联网广告管理暂行办法》	国家工商行政管理总局	2016/12/6	互联网

通过对上述法律法规的梳理与分析，我们不难发现，我国广告法律制度是社会与经济体制大背景下的一个缩影，与我国市场经济发展有着密不可分的关系。随着市场经济体制的不断健全，相关的产业政策与法律法规体系逐渐的完善，我国对于广告活动的监管与规制的方式与特点也在不断地发展与演变。总体上的立法趋势与特点包括以下三个方面。

　（一）制度演进趋向多方主体参与

　　从我国 30 年的广告法规发展历史看来，对于广告活动监管制度的逐渐完善是主要的趋势与目标，特别是逐渐摆脱单一的政府主导，丰富并采用了多方位、多角度的规制手段与方式。这一趋势在新《广告法》的修订中体现得尤为明显。相较于旧《广告法》单一的政府管理，新《广告法》在监管方式上有了明显的进步，即构筑了政府管理、行业协会自律、消费者协会监督的全方位监督管理系统。旧《广告法》仅在第 6 条做出说明："县级以上人民政府工商行政管理部门是广告监督管理机关"，而新《广告法》则对于广告监督管理的主体和方式进行了扩大与延伸，第 6 条规定："国务院工商行政管理部门主管全国的广告监督管理工作，国务院有关部门在各自的职责范围内负责广告管理相关工作。……县级以上地方人民政府有关部门在各自的职责范围内负责广告管理相关工作。"从而为广告监督管理的多部门合作提供了法律上实现的可能。新《广告法》第 7 条明确做出规定："广告行业组织依照法律、法规和章程的规定，制定行业规范，加强行业自律，促进行业发展，引导会员依法从事广告活动，推动广告行业诚信建设。"这一条文第一次强调了行业自律的作用与意义，是我国对于广告活动的监管由单一的政府监管发展为自律与政府两种监管制度的结合。

　　特别需要注意的是，新《广告法》中规定了消费者组织对于广告活动监督的制度，第 54 条规定："消费者协会和其他消费者组织对违反本法规定，发布虚假广告侵害消费者合法权益，以及其他损害社会公共利益的行为，依法进行社会监督。"从而在制度上为消费者监督提供可能。依靠广大消费者构筑消费者监督系统，是实行国家宏观管理、行业自律保障秩序的又一有效的监督系统，是我国在对于广告活动的监管制度上的又一大进步。

（二）逐渐明晰的主体权利义务

我国广告产业法治化的过程，也是不同广告主体权利义务明确的过程。在先后修订的《广告管理条例》《药品广告审查办法》《农药广告审查发布标准》等法律法规中都体现了主体范围、主体权利、主体义务特别是主体责任逐渐明确化、清晰化与具体化的特点。其中以新《广告法》的修订体现得最为明显。

相对于旧《广告法》，新《广告法》在主体法律责任划定方面更加具体与细化。对广告主、广告经营者、广告发布者、广告代言人以及工商管理部门每个行为主体的法律责任都予以明确的界定。新《广告法》在总则第2条明确提出了广告活动参与者的权利义务主体地位。在第4条就规定"真实性义务"即"广告不得含有虚假或者引人误解的内容，不得欺骗、误导消费者。广告主应当对广告内容的真实性负责。"而在第56条进一步规定："广告经营者、广告发布者不能提供广告主的真实名称、地址和有效联系方式的，消费者可以要求广告经营者、广告发布者先行赔偿。"通过明确法律责任主体地位，一方面有利于广告活动各行为主体加强行为自律，另一方面在广告活动出现问题后也便于追责，增强了法律的实际效果与现实可操作性。对于主体的违法方式与惩罚方式，新《广告法》也更加明确，第58条规定："有下列行为之一的，由工商行政管理部门责令停止发布广告，责令广告主在相应范围内消除影响，处广告费用一倍以上三倍以下的罚款，广告费用无法计算或者明显偏低的，处十万元以上二十万元以下的罚款；情节严重的，处广告费用三倍以上五倍以下的罚款，广告费用无法计算或者明显偏低的，处二十万元以上一百万元以下的罚款，可以吊销营业执照，并由广告审查机关撤销广告审查批准文件、一年内不受理其广告审查申请：……"，并列举了14种违法情形。以此为依据，根据主体违法情节的严重性，设定了不同的责任承担方式与处罚方式。另外，对于监管部门也明确提出责任的划分与归属。在工商行政管理部门权责方面，新《广告法》从第49到第53条，用五个条文明确规定了工商行政管理部门履行广告监督管理的职权，使权限更加明确。对于工商行政管理部门履行的义务也充分明确，新《广告法》规定工商行政管理部门"应当建立健全广告监测制度，完善监测措施，及时发现和依法查处违法广告行为"①。

以《广告法》的修订为代表，我国对于广告活动监管与法律规制发展的过程就是广告主体权利、义务与责任明确与具体化的过程。明确界定广告活动主体类型、管理机关工作职责和权力范围，并对管理人员提出明确具体要求，有效地保证了广告行业的健康发展，同时保护了社会公共利益与道德。

（三）法律空白的适时填补

从1982年颁布的《广告管理暂行条例》到1994年颁布的旧《广告法》都是适应当时广告业的发展与需要而制定的。而技术环境与市场环境的变化带动了新广告活动的产生，新媒体技术、互联网技术以及电子商务的发展孕育出了新媒体广告、互联网广告等新的广告形式，而之前的广告法律法规制定时这些广告形态并未出现，加之互联网广告等新型广告形式自身的特殊性又不完全适用于原广告法律法规，使陈旧的法律法规的局限性逐渐暴露出来，规范内广告涉及内容不够完备，针对性不强，药品、医疗器械、农药、兽药、烟草等广告准则内容较为单薄，而保健食品、医疗、房地产、特别是互联网领域等广告缺乏专门规定，属于法律规制的空白地带。所以，30年来的广告法规具有明显填补法律空白，适应时代需要的特点与发展趋势。

针对涉及重点领域广告的法律法规，长期处于不断地废除、修改与制定的过程中。在涉及广告发布与审查的法律法规中，从1982年最先出台的《广告管理暂行条例》就开始对这一问题的规范与监

---

① 新《广告法》第49条第2款规定："工商行政管理部门应当建立健全广告监测制度，完善监测措施，及时发现和依法查处违法广告行为。"

管，到 2016 年为止前后出台了相关法律法规共 9 部，其中涉及广告活动的各个环节，如《广告经营资质审查办法》《广告经营许可证管理办法》《广告管理条例实施细则》等。目的在于最大限度地使广告监管与审查活动适合当时的市场与技术要求，既可以促进行业发展也可以保证市场秩序与行业环境。与此相类似的还有涉及农药、兽药、药品、医疗器械、烟草、房地产、印刷品等领域的广告监管制度与规范，都经历了旧法的修改与废除，新法的出台与适用。在 2015 年国家工商行政管理总局还修订颁布了《兽药广告审查发布标准》《房地产广告发布规定》和《农药广告审查发布标准》，一方面体现了对这些重点领域广告监管的持续关注与监管力度，也从另一角度体现了监管法规的与时俱进。

除了对重点领域的持续关注，还有针对新兴广告类型与领域的法律空白的填补。在 2015 年出台的新《广告法》中首次体现了对于"公益广告"的关注。2016 年 1 月国家工商行政管理总局出台《公益广告促进与管理暂行办法》，采取明确公益广告主体权利、义务，促进公益广告的交互功能，构建公益广告传播法律路径的方式，为公益广告的有效传播提供法律保障。面对互联网与新媒体的挑战，2016 年 12 月我国出台《互联网广告管理暂行办法》以满足互联网时代对于互联网广告规制与监管的制度需要。纵观 30 年的广告法规发展历史，市场与技术对法律制度提出的挑战最为引人注目。而我国广告产业的法治建设历程也成为不断适应新兴市场与技术提出挑战的过程。

综上所述，我国广告法律规制的发展历程就是主体多元化、权责明确化与体系逐步完善的过程。这一过程一方面反映了管理者与制度设计者规制逻辑的发展，另一方面也是政府、社会、市场三者互动与制约的结果。但不可否认，虽然随着市场经济发展的需要，产业活动的繁荣，制度设计者已经意识到市场在资源配置与管理机制中的重要作用，但我国长时间的计划经济思维与"强制干预式"的行动逻辑依然占据了主导地位。社会公共领域话语权的缺失、法律主体与法律责任的扩张与加重都反映出我国的广告产业规制体系中行政权力依然是主导，"增长压倒一切、稳定压倒一切"的传统规制逻辑依然没有被突破。在下文，笔者将结合广告产业法律规制体系的发展特点，对现有的法律法规做出反思，寻找出其中的逻辑误区与思维偏差。

三、制度缺陷与市场性反思

通过前文对于我国广告法律规制历史与发展历程的梳理，我们不难发现我国对于广告也管理的思路与逻辑一直是坚持第二种价值判断的产物，即"始终坚持加强干预与严格规范的不变策略"①。不可否认，这种思路在计划经济与市场经济构建初期作用巨大，效果明显。然而，随着中国加入世贸组织，市场经济的发展与改革进入"深水区"，传统的管理与规制思维与逻辑开始面临前虽未有的挑战。一方面，互联网技术的影响不断加强，网络带来的思维转变开始深入人心；另一方面，非市场性逻辑给产业活动带来巨大阻力。从产业经济的实践来看，非市场逻辑"导致企业内部管理效率下降；行政部门滥用支出、官僚机构膨胀；推动了成本扩张、浪费为主的竞争；取代了消费者与市场对产品与服务质量和价格的选择。"② 正是对于广告产业采取严格法律规制引发了"高压——规避"现象：过严的规制大大削弱了广告的灵活性及其营销效果，广告投放回报率下跌，企业投放广告的意愿也随之降低；变相的产品营销逐渐取代正常的产品营销；广告行为的潜在法律风险升高，产品企业和广告企业将会"合谋"选择更为隐蔽的边缘性广告，市场

① 杨彪：" 广告法律规制的市场效应及其策略检讨"，载《法学家》2016 年第 4 期，第 76 页。
② 王丙毅主编：《产业经济学教程》，北京大学出版社 2016 年版，第 315 页。

的整体信息效率进一步恶化。从长远来看，这种市场营销的规避行为势必会对产品市场产生很多负面影响。这些由规制思路与价值逻辑导致的不足与缺陷值得我们深刻反思。

（一）互联网带来的技术与逻辑挑战

法律是保守的监管活动，也是滞后的规制行为。任何一项立法都不可能做到一劳永逸，法律法规要在社会生活中不断经受实践的检验，更要在科技的发展和市场的需求中不断进行调整和完善。因此，坚持相关法律规范的"立、改、废"并举，就是要增强法律法规的及时性、系统性、针对性、有效性，弥补其先天的保守性与滞后性，使法律真正符合市场环境的要求。纵观我国广告立法30年的历史进程也基本上遵循了这一原则。但结合广告活动的自身特点，来自市场环境、科学技术方面对于法律制度的挑战依然不断出现，并成为广告产业法律规制主要的难题。

随着互联网技术和多媒体技术的异军突起，互联网广告得以迅速发展。据国家工商管理总局数据统计，2014年互联网广告行业市场规模达1540亿元，增幅为40%；2015年上半年，互联网广告行业市场规模为888亿元，同比增长38.8%，增速小幅下降。但移动互联网市场规模在2014年达297亿元，增幅高达122%，占互联网市场规模比重为19%，表现出移动互联网广告增长强劲的态势，预示这一比重在2016年将持续得到提升。根据艾瑞数据统计（见图4①），2010至2016年互联网广告成为增速最快的广告投放形式，2019年预测将达到6319.9亿的庞大产业规模。在2016年各媒介广告增长贡献量上，互联网以1.8%成为所有投放渠道的最高值（见图5）。互联网正以其自由、开放与低成本信息交换的特点成为广告产业的最重要关注渠道。但也正由于网络的开放性和自由性，多媒体

---

① 艾瑞咨询："2017年中国网络广告检测报告"，http://report.iresearch.cn/wx/report.aspx?id=2980，2017年2月2日访问。

2010-2019年中国五大媒体广告收入规模及预测

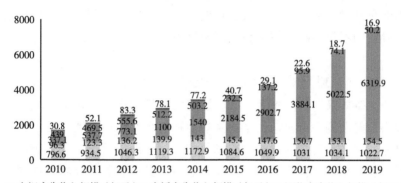

图4　2010－2019年中国五大媒体广告收入规模及预测

数据来源：艾瑞咨询"2017年中国网络广告检测报告"。

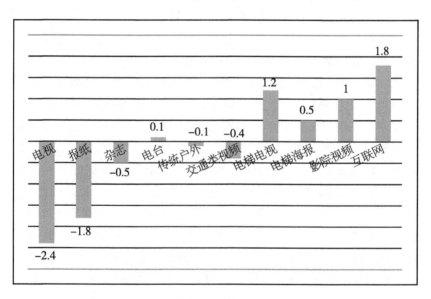

图5　2016年各媒介广告增长贡献量（单位：%）

数据来源：中国传媒大学广告主研究所"2017广告主蓝皮书"。

特别是自媒体广告的发布渠道呈现出隐蔽化、多样化的特点，有关网络广告的法律法规的制定相对滞后、监管制度与手段难以应对市场与技术的变化，再加上监管模式无法完全适应网络环境下广告活动的不断变化和发展要求，导致"互联网广告因缺乏有效的监管而成为违法行为的沃土"。[①]

尽管我国在 2016 年颁布《互联网广告管理暂行办法》，但网络广告的形式多样及内容的复杂性决定了不可能采用一部只有二十几个条文的部门规章将与互联网广告有关的问题全部解决，《互联网广告管理暂行办法》只能担当"互联网广告法律总则"的角色。传统广告活动的法律关系是清晰的，包括广告主、广告经营者、广告发布者等。而互联网广告由于其存在于一个虚拟的空间中，制作、经营、发布广告变得极为简单，两种或三种主体职权于一身，广告主、广告经营者、广告发布者间的界限变得模糊。"ISP 成为集广告经营者与广告发布者两种身份于一身的重要角色，宣传企业自身产品或服务的网站则将广告主、广告经营者和广告发布者三种角色集于一身，甚至任何拥有网络使用权的人都可以在网上发布广告。"广告互动主体定位的不明导致各方权利义务关系的模糊化，给互联网广告规制带来了很大的困难。原广告监管体系已经无法适应"互联网时代"多媒体广告规制的需要。另外，在互联网领域，原有的按地域划分进行监管的广告监管体系已经无法适应互联网广告规制的需要。

正是因为互联网技术带来了这种革命性改变，使互联网与传统的报纸、杂志、广播、电视等媒介产生本质上的区别，它给广告产业带来的不仅是一种新的广告形式与发布渠道，某种意义上更是对广告本质的一种重构。因此，仍然采用传统的广告产业法律规制思维来进行思考是不可行的。这也是互联网广告法律规制的真正困境所在。在新《广告法》刚颁布不久时，有学者就提出"互联网广告本身面向全球市场，而各国法律对互联网广告的规定可能是不完全

---

① 林承铎、杨彧苹："网络广告监管法律问题研究"，载《华北电力大学学报》2012 年第 5 期，第 50 页。

相同的，在一国合法的互联网广告在他国有可能就是违法的，因此互联网广告如何规制成了新广告法颁布后市场呼声最大的问题，但市场环境和技术环境的演进更要求广告法要与时俱进，有关互联网广告的修改成了下一次修改重点。"①

（二）非市场逻辑的偏差与失衡

在学界对于我国广告活动的研究中，普遍将 1994 年《广告法》的出台视为治理思路转变的重要标志，前一阶段在计划经济的思维控制下，"过分强调与夸大政府行政管理在广告管理中的主导地位，根本不重视或者忽略广告行业自律、广告审查和广告社会监督对广告行业的重要性"。② 广告行政管理系统长期从事对广告行业和广告活动的日常监督、规制和管理市场主体的活动。而后一阶段对广告产业的规制开始进入转型性，我国开始逐步放弃计划经济时代的惯常做法，更多地学习国外成熟的市场经济经验，学习国际的通行做法。开始"改革我国现行的行政主导型广告管理体制，实现与国际惯例的接轨和自身的转型。"③ 然而，从现实的状态看来，外部环境与主观诉求的变化并没有改变既有的广告产业规制思路与逻辑，相反，强大的体制历史性影响与单一的利益诉求使得这样的思路得以愈加深入的贯彻，更加"强调从源头上遏制质量隐患，信息规制是其中重要的手段之一，广告法律干预的力度不松反紧。"④

这些措施与手段完全符合了"提升法律干预广告市场的能力，治理技术日臻丰富，监管体系趋于严密"⑤ 的法律规制要求，但除此之外，也对广告产业的活力与信心造成了严重打击，产生了一系

---

① 程兰兰："新《广告法》的法律规则与法制理念"，载《中国广告》2015 年第 10 期，第 106 页。

② 周茂军：《中国广告管理体制研究》，人民出版社 2012 年版，第 33 页。

③ 周茂军：《中国广告管理体制研究》，人民出版社 2012 年版，第 27～34 页

④ 杨彪："广告法律规制的市场效应及其策略检讨"，载《法学家》2016 年第 4 期，第 76 页。

⑤ 杨彪："广告法律规制的市场效应及其策略检讨"，载《法学家》2016 年第 4 期，第 76 页。

列意外后果。笔者将通过药品领域广告的市场表现予以说明。

药品具有其性质和影响上的特殊性，所以药品广告一直是我国对于广告产业监管的重点关注领域。我国前后共发布了包括《药品广告审查办法》《药品广告审查发布标准》等 5 部行政法规，旨在规范药品领域的广告行为，打击虚假的药品广告。面对药品广告领域的强力管控与干预，药品广告市场的表现与反馈则是广告体制效用的最好体现与说明。图 6 就显示了 2006 年至 2012 年间中国医药行业新投放广告及违法广告数量的变化情况。其中新药品广告的数量基本保持平稳，没有十分明显的波动。而根据《国家食品药品监督管理总局统计年报（2006 - 2012 年）》相关数据显示，我国药品行业规模与收入在此期间却增长了 475%。这不难说明广告投入并不是我国药品行业发展的推动力量，"制药企业广告投入热情不足这一事实还意味着，广告对近年来医药行业市场的贡献极为有限，非正常营销成了拉动销售增长的主动力。"① 而我国查处的违法药品广告却以惊人的速度快速增长，这一表现则反映出我国对于药品领域广告管控的持续收紧。特别是新的《药品广告审查发布标准》将"发布内容与审批内容不一致"作为违法情形，"这类广告的违法情形几乎是 100%。"② 杨彪教授就断言：过于严格的广告法律规制，不仅会人为地营造药品广告市场混乱不堪的假象，阻碍公共决策的正常进行，而且加重了药品领域的信息偏差，对医药行业产生了难以估量的消极影响。图 7 则直观反映出药品企业广告投入与科研、管理投入的线性关系，药品研发的高昂成本必须通过市场推广和提高销量来回收，如果广告的营销效果因广告管制大打折扣，那么必定将影响广告投入与新一轮的药品研发，对于药品产业产生的将是严重的抑制效果。

---

① 杨彪："广告法律规制的市场效应及其策略检讨"，载《法学家》2016 年第 4 期，第 76 页。

② 陈柳裕，唐明良：《广告监管中的法与理》，社会科学文献出版社 2009 年版，第 248 页。

我国药品广告数量及其违法情况

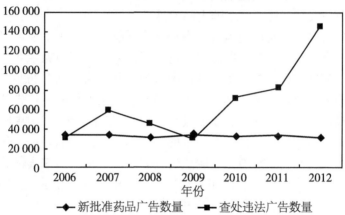

图 6　我国药品广告数量及其违法情况

数据来源："国家食品药品监督管理总局统计年报"。

我国医药企业广告投入费用及其研究开发费的比重情况

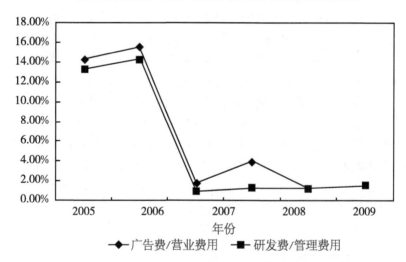

图 7　我国医药企业广告投入费用及其研究开发费的比重情况

数据来源："中国医药统计年报"。

　　以上是通过对中国药品广告市场的总体性表现来反映我国广告法律规制的市场性反馈。总的来说，严格的法律规制提升了广告活动的法律成本，使中国药品市场在创新、价格、质量和竞争等方面出现了不同程度的效率流失与活力丧失，并且"显示出广告法律规制目标与市场效率结果之间的分离和潜在冲突"。虽然药品广告有其特殊性，但我们也可大胆类推其他类型广告的市场反馈表现。我国这种一以贯之的非市场性规制思维在追求广告活动的严格性与标准性时青睐于优先使用行政管制措施，并且对控制社会风险确实十分有效，但对于商业性言论的管制可能成为阻碍市场竞争和科技创新的壁垒，其结果是取消了更重要的"机会利益"并导致"替代风险"的产生。①

　　（三）运动性执法的盲目与误导

　　与我国行政权力主导的"强势干预式"的广告产业规制体制相配套的就是众多的、声势浩大的运动式执法。运动式执法是社会学家周雪光教授提出的"运动型治理机制"理论的实践产物。他认为"运动式治理"是集中体制与有效治理矛盾的调节机制，并且有着历史遗留的传统印记。这种治理方式最大的特点就是"暂时叫停原科层制常规过程，以政治动员过程代替之，以便超越科层制度的组织失败，达到纠偏、规范边界的意图"，② 而且常常采用大张旗鼓、制造舆论声势、全面动员的形式来开展。其本身的目的是"通过间或的运动来规范灵活的边界，从而在权威体制与有效治理间保持一个动态的平衡。"但现实中，运动式治理机制在整治过程中对个别案例严厉处罚，以儆效尤；但惩处做法和对象有很大的随意性，

----

① Lars Noah：Truth or Consequences？ Commercial Free Speech vs. Public Health Promotion，21 health Matrix （2011），pp. 33～35.
② 周雪光："运动型治理机制：中国国家治理逻辑再思考"，载《开放时代》2012年第9期，第120页。

"纠偏"努力常常矫枉过正，导致始料未及的后果，最常见的是"一管就死"，当风头一来，人们随之谨慎行事。①

在我国广告产业的法律规制中，运动式执法更是尤为常见。在行政执法中，以"集中整治""专项行动""专项治理"等为代表的运动式执法方式几乎已经成为打击虚假广告、规范广告行业的常态化举措。据不完全统计（见表2），从2005年开始，我国基本上每年都要展开以"打击虚假广告"为名义的专项整治行动，另外，还有相关部门临时发起、由某些社会热点事件所引发的"专项打击行动"，如2013年开展的"打击虚假医药广告专项行动"、2016年开展的"打击互联网金融广告专项行动"等。这些运动型执法行动一般为期3个月到半年不等，打击力度也十分强大，当时的惩治效果十分明显，但对于市场稳定与产业发展则十分不利。首先，运动式执法凸显了管理体制中的"事前审查"失效。运动式执法的诱因往往是社会普遍关注的热点事件，这些热点事件的影响力巨大，损害事实往往已经发生而且波及范围广泛。这时的"专项行动"往往已经是"亡羊补牢"式的补救工作，证明制度性的事前程序已经失效，进入市场的主体一般标准与要求已经被破坏，对于一般的广告主体将会造成连带的负面效应与失信怀疑，降低市场主体的活力与安全感。其次，暴露出制度缺陷，形成"常态化"补救思维。执法懈怠与运动性执法是当前产业监管的"一体两面"，相伴相生，屡见不鲜的执法不作为、部分作为势必引发"运动补救"作为事故发生后的应急之道。以至于会出现监管主体"不运动时不作为"，选择等待"运动式执法"，打破原有制度设计的完整性，甚至突破法治统一原则，出现立法与司法脱节，司法不统一的现象。最后，从市场经济环境与产业环境出发，运动式执法将会严重降低市场主体

---

① 周雪光："权威体制与有效治理：当代中国国家治理的制度逻辑"，载《开放时代》2011年第10期，第78页。

的合理预期，提高其活动的合规成本。在运动式执法中，合法主体
往往无法自证清白，"法律的规范性要素隐而不见，即便是合法的
企业也裹挟其中，不知自己的正当性边界止于何处，合法预期无从
建立。"①

表 2　历年"专项治理"活动统计表

时间	名称
2005	"打虚假、树诚信"广告专项整治行动
2006	整治虚假违法广告专项行动
2007	整治虚假违法广告专项行动、整治非法"性药品"和性病治疗广告专项行动
2009	整治虚假违法广告专项行动
2012	整治虚假违法广告专项行动
2013	整治虚假医药广告专项行动
2014	整治互联网重点领域广告专项行动
2016	整治互联网金融广告专项行动

数据来源：中华人民共和国国家工商行政管理总局官网。

　　可以这么说，运动式治理机制是市场治理机制尚未完善的特殊
阶段的特殊产物，在具体的历史发展阶段有着特殊的作用。正如周
雪光教授所言"若基本治理机制未变，替代机制缺失，则运动型治
理机制不废。"但随着市场规则的逐步确立，产业秩序原则需要的
是可预期与可接受，继续坚持这样缺乏稳定性与可预期性的运动式
执法思维往往会出现"寒蝉效应"，加重市场的信息不对称，降低
市场的效率，削弱广告产业活力。

---

　　① 吴元元："双重博弈结构中的激励效应与运动型执法——以法律经济学为解释视
角"，载《法商研究》2015 年第 1 期，第 59 页。

四、讨论与总结

　　笔者通过对于我国广告产业 30 年的法律规制历程的梳理发现，我国对于广告活动的监管与规制有着鲜明的特色，是我国市场经济发展与法制建设的缩影。制度方面，以政府为主导，快速、高效地推动着广告行业的立法与制度建设，填补法律制度的空白。同时逐步重视行业自律与市场自我调节，发挥社会监督功能，调动市场与社会的积极性。权责方面，法律法规对于广告主体的权利义务规定更加具体、明确，特别是对于监管主体的权责划分愈加清晰，对于消费者权益保护力度逐渐加强，对虚假广告的打击力度、惩处力度逐渐加大。这一系列的发展与进步都促进了我国广告业法制化的进程，保证了行业活动的基本运行。

　　但是，我国广告业法治化的进程中依然面临许多问题，有的甚至是方向与目标选择的问题。一方面，互联网、新媒体技术不断发展，新兴广告技术与形式对已有的法律规范提出巨大挑战，在适应性与广泛性上传统的法律法规依然落后于时代技术发展的步伐。大跨步地推进立法是否真的行之有效，值得我们深思。另一方面，市场价值与利益的平衡是所有产业立法的永恒问题，是"放手"还是"握紧"，我国"强势干预式"的监管方式是否真正适合广告产业的发展与市场经济的发展；这种"头痛医头，脚痛医脚"的"常识性思维"对于我国广告行业的影响又是怎样，这些都是摆在我们面前的难题与挑战。因此，将传统规制思维转变为符合产业发展的"商业思维"，将"非市场逻辑"转变为市场逻辑，建立真正可以调动市场活力、提高市场效率的激励性管理体系，"情势性地设计法律机制"①，才能寻找到适合我国广告产业发展的产业治理路径。

参考文献:

1. ［美］布鲁斯·G. 范登·伯格，海伦·卡茨. 广告原理：选择、挑战与变革 ［M］. 邓炘炘，等，译. 北京：世界知识出版社，2006.

2. 胡光. 新媒体环境下公益广告有效传播的法律保障——以《公益广告促进和管理暂行办法》为视角 ［J］. 当代传播，2016 (1).

3. 杨彪. 广告法律规制的市场效应及其策略检讨 ［J］. 法学家，2016 (4).

4. 程兰兰. 新《广告法》的法律规则与法制理念 ［J］. 中国广告，2015 (10).

5. 周茂军. 中国广告管理体制研究 ［M］. 北京：人民出版社，2012.

6. 应飞虎，葛岩. 软文广告的形式、危害和治理——对《广告法》第 13 条的研究 ［J］. 现代法学，2007 (3).

7. 李剑. 植入式广告的法律规制研究 ［J］. 法学家，2011 (3).

8. 姚海放. 论信息规制在广告法治中的运用 ［J］. 政治与法律，2010 (5).

9. ［日］山本武利. 广告的社会史 ［M］. 赵新利，陆丽君，译. 北京：北京大学出版社，2013.

10. 陈柳裕，唐明良. 广告监管中的法与理 ［M］. 北京：社会科学文献出版社，2009.

11. 周雪光. 运动型治理机制：中国国家治理逻辑再思考 ［J］.

---

① 杨彪："广告法律规制的市场效应及其策略检讨"，载《法学家》2016 年第 4 期，第 85 页。

开放时代，2012 (9).

12. 吴元元. 双重博弈结构中的激励效应与运动型执法——以法律经济学为解释视角 [J]. 法商研究，2015 (1).

13. Nelson P. Advertising as Information [J]. Journal of Political Economy，1974，82 (4).

14. Kihlstrom R E，Riordan M H. Advertising as a Signal [J]. Journal of Political Economy，1984，92 (3).

15. Noah L. Truth or consequences? Commercial free speech vs. public health promotion (at the FDA) [J]. Health Matrix，2011，21 (1).

网络传播中言论表达的良性监管

——网络实名制的隐忧与反思

华又佳①

【内容提要】在网络匿名互动常态化的背景下,《中华人民共和国网络安全法》(以下简称《网络安全法》)从立法层面规定了网络实名制,随之出台的一系列细则规定以及微博等平台采取的要求用户提交真实身份信息强制性措施,则在实际操作层面将网络实名制全面铺开。然而官方强制推行网络实名制的背后,是民众对于其净网成效的质疑和对个人信息安全的焦虑,且在言论自由和网络秩序的冲突中,新媒体时代的大众传播又有了走向沉默螺旋的隐忧。网络实名制继续推进的过程中,更需要寻找到虚拟空间和现实社会的平衡点,思考法律对文化传播、社会表达的良性监管。

【关键词】网络传播 实名制 言论表达 法律监管

如今网络已渗透到我国民众通信、娱乐、消费等各个领域,成为人们日常生活的重要组成部分,匿名或使用网名是虚拟空间中常态化的互动基础。近年来微博作为社交媒体类应用,有效地利用名人明星、网红的粉丝效应,且加入了短视频、移动直播等新型媒体内容,用户量持续回升,仅次于微信朋友圈、QQ空间,在社交应用中排名第三。然而在 2017 年 9 月 8 日,新浪微博发布了"关于

---

① 华又佳,华东政法大学传播学院文化产业管理专业研究生。

微博推进完成账号实名制的公告"，要求所有的新浪微博用户，包括2011年之前注册的用户，必须在9月15日之前完成实名验证，否则将无法再发送评论及新的微博，这一公告再一次引发了民众对于网络实名制的热议。

一、我国网络实名制的发展历史

网络实名制，是将上网者的网络账号与其个人信息相对应的制度。而这里的个人信息，按照《网络安全法》第76条规定，是指"以电子或者其他方式记录的能够单独或者与其他信息结合识别自然人个人身份的各种信息，包括但不限于自然人的姓名、出生日期、身份证件号码、个人生物识别信息、住址、电话号码等"。[①] 我国从匿名到实名的网络监管，自21世纪初起，至今已有十余年的发展历史。

（一）特殊情况下的网络实名制规定
我国网络实名制方面的规定，最初是与防止未成年人进网吧以及防止未成年人沉迷网络游戏相关。自2003年起，网吧顾客必须提供身份证进行登记方可上网的规定逐步开始实施，各地的相关部门也对此开始监督管理。2005年8月5日，中国文化部、信息产业部联合下发《关于网络游戏发展和管理的若干意见》。该意见指出"网络游戏企业应当依法经营，按照国家有关标准，开发网络游戏产品身份认证和识别系统软件，对未成年人上网游戏和游戏时间加以限制，对可能诱发网络游戏成瘾症的游戏规则进行技术改造，其中PK类练级游戏（依靠PK来提高级别）应当通过身份证登录，

---

① 《网络安全法》，2016年11月7日发布。

实行实名游戏制度，拒绝未成年人登录进入。"① 2010 年 8 月 1 日，《网络游戏管理暂行办法》由文化部颁布，这意味着网游的实名制正式开始。

随着电子商务的兴起，网络交易方面的实名制也应运而生。2010 年 6 月，国家工商总局出台的《网络商品交易及有关服务行为管理暂行办法》，就在涉及商品和服务交易的网络行为中，明确了实名制度。不仅是已经工商行政管理部门登记注册并领取营业执照的法人、其他经济组织或者个体工商户，即便是自然人，也要向网络交易平台提供"姓名和地址等真实身份信息"。除此之外，人们对于网上银行、网上购买火车票、网上考试报名系统等和现实生活更为密切相关的领域的实名制已经习以为常了。

（二）网络信息服务领域的普遍实名制要求

2011 年 12 月，北京市和广东省首先宣布施行微博管理的新规定，其中就有任何组织或者个人注册微博客账号时需提供真实身份信息的要求。不过因为其"不溯及过往"的原则，2011 前注册的用户并没有被要求核验身份信息，而且因为具体落实到新浪微博等平台时，并没有采取强制性手段，所以也是"雷声大，雨点小"。

2015 年 2 月 4 日，国家互联网信息办公室发布了《互联网用户账号名称管理规定》，该规定自 2015 年 3 月 1 日起施行。"在中华人民共和国境内注册、使用和管理互联网用户账号名称"都被纳入该规定的适用范围，具体"涉及在博客、微博客、即时通信工具、论坛、贴吧、跟帖评论等互联网信息服务中注册使用的所有账号"，② 账号的名称、头像和简介等都将受到监管，总体而言是采取"后台实名、前台自愿"的原则。这项规定的实施，意味着在全国范围内对网络实名制进行了推动。

---

① 中国文化部，信息产业部：《关于网络游戏发展和管理的若干意见》，2005 年 7 月 12 日颁布。
② 国家互联网信息办公室：《互联网用户账号名称管理规定》，2015 年 2 月 4 日颁布。

　　（三）网络实名制在立法中的明确及平台强制措施

　　网络实名制真正被各方关注、被有关部门和相关平台正式落实起来，最大的推动力还是 2016 年 11 月 7 日十二届全国人大常委会第二十四次会议通过的《网络安全法》。这是我国第一部全面规范网络空间安全管理的基础性法律，该法于 2017 年 6 月 1 日正式施行。

　　《网络安全法》第 24 条第 1 款规定："网络运营者为用户办理网络接入、域名注册服务，办理固定电话、移动电话等入网手续，或者为用户提供信息发布、即时通讯等服务，在与用户签订协议或者确认提供服务时，应当要求用户提供真实身份信息。用户不提供真实身份信息的，网络运营者不得为其提供相关服务。"并且提出了"网络可信身份战略"，支持研究开发安全、方便的"电子身份认证技术"，推动不同电子身份认证之间的互认。

　　正是基于有了正式的法律依据，2017 年 8 月 25 日，国家互联网信息办公室出台《互联网跟帖评论服务管理规定》，自 10 月 1 日起正式施行。该规定的第 5 条明确提出了跟帖评论服务提供者应当严格落实主体责任并依法履行 8 项义务，其中，第一项就是依法按照"后台实名、前台自愿"原则，对注册用户进行真实身份信息认证，不得向未认证真实身份信息的用户提供跟帖评论服务。① 所谓的"跟帖评论服务"，则可以说是涉及了论坛、微博、即时聊天应用等各种网络平台上，这些都是基于《网络安全法》进行的细化规定。而且，该规定第 12 条规定："互联网跟帖评论服务提供者违反本规定的，由有关部门依照相关法律法规处理。"②

　　2017 年 9 月 7 日，国家互联网信息办公室印发《互联网用户公

---

　　① 中华人民共和国国家互联网信息办公室：《互联网跟帖评论服务管理规定》，2017年 8 月 25 日颁布。
　　② 同上。

众账号信息服务管理规定》，第六条再次重申了"后台实名、前台自愿"的原则，强调了互联网用户公众账号信息服务提供者应当"对使用者进行基于组织机构代码、身份证件号码、移动电话号码等真实身份信息认证。使用者不提供真实身份信息的，不得为其提供信息发布服务。"因为《网络安全法》的法律基础以及此规定对互联网用户公众账号信息服务提供者认证使用者真实身份信息义务的再次明确，同年9月8日，新浪微博积极响应，新浪微博通过官方号"微博管理员"发布"微博社区公告"，对2011年的新注册用户实名验证规定进行了补充，要求包括2011之前注册的用户在内的所有用户，都落实以手机号验证为主，同时支持第三方授权实名登陆的身份验证。以9月15日为时间节点，未完成实名制验证的用户，将在之后无法发布微博或评论。无论是出于对法律法规主动响应的动机，还是迫于遵守法律法规的需要，以新浪微博为代表的网络平台确实已经开始落实"强制性措施"。

从防止未成年人沉迷网游、规范网络交易，到使用即时通讯应用、发布信息、跟帖评论，我国网络实名制在规范的对象上有明显的从特殊到一般的特点。原本出于保护未成年人、规范电子商务等目的出台的特殊领域的网络实名制的规定，人们大多觉得应该如此，而当"一刀切"的模式产生，并且有了《网络安全法》作为法律基础，随之而来的一系列与每个网民切身相关的强制性措施，才引发了民众的热议甚至质疑。

二、网络实名制在落实中的隐忧

网络实名制的初衷固然是好的，先撇开其是否限制了言论自由之类的问题，单从其落实过程来看，就存在着两方面的隐忧：落实程度的"可靠性"，以及"遵守规则"的网民交出了个人信息后的"风险性"。

（一）"净网"成效的疑问

近年来，"水军""喷子""键盘侠"等群体的泛滥，已经让整个网络环境呈现出一种人心浮躁的状态，随之而来的谣言、诈骗和言论暴力等，都让网络环境的"净化"显得很有必要。尤其当一些人以营利为目的，与网络公关公司合作，雇佣水军，对某个人物或者话题进行集体炒作，对某些人物、产品夸张吹捧或恶意攻击，他们利用了微博等新媒体平台上信息传播迅速、广泛的特点，制造所谓的浩大声势，以达到其某些目的。

故而网络实名制规定的出台，以及新浪微博这样有着庞大用户群体的平台的积极响应，可以说是都以"防小人"为目的。然而，这样"一刀切"的粗暴模式最终导致的结果，会不会反而是"防君子不防小人"呢？

普通用户为了继续正常在平台上发帖评论，会遵守规则，以绑定自己的手机号等方式提交自己的真实身份信息。但是广大网络平台的信息审核，是否能够达到现实生活中的身份证核验那样的程度，这都是不得不质疑的。提交虚假信息，平台是否能够察觉；冒用他人信息，平台又该如何发现？在匿名的网络环境中，你不知道网络的另一端坐着的是什么人；而在实名的网络环境中，我们又有多少信心断言，和你互动的那个人，和其账号绑定的身份信息是一致的呢？

早在 2007 年，韩国就颁布了《促进使用信息通信网络及信息保护关联法》等一系列法案，从法律层面规定了网络实名制，即允许用代码替代真实姓名留言，但必须以后台身份认证为前提。但这种静态口令的认证方法非常容易因冒用他人信息实施网络操作而造成技术上的监管盲区，加上身份证伪造软件随之产生，网络实名制几乎是名存实亡。

（二）个人信息安全隐患

从《网络安全法》这个网络管理领域的基础性法律文件的出台，到微博等平台响应，实施用户身份信息绑定措施，网络实名制已经是大势所趋。但是，亿万网民都把个人信息交给了网络平台，究竟是谁在负责保管用户的个人信息；平台在利用这些数据的时候，是否能够有效地保护好用户的个人隐私，这都是人们担心的问题。信息公开，就会有信息安全的隐忧，这在当前大数据的信息环境中，是一对不可避免的矛盾。虽然《网络安全法》中对用户个人信息的保护也有许多条款，但是就当前的情况看还是不甚乐观的。

而且，网络信息安全是一个综合性的概念，我们需要注意的不仅是网络空间及其中呈现的内容，更需要关注每一个互联网终端背后作为网络空间主体存在的网民，个人信息安全隐患是对网民权益的威胁。网络实名制的本意，是便于监管部门追查制造、散播谣言等不法行为的人，但这也的的确确把每一个普通用户的信息都和其本人联结了起来，加上第三方平台授权登录体系被越来越广泛地使用，一旦人们在某一平台上的信息被泄露，很可能就造成"牵一发而动全身"的后果，让个体完全暴露在整个网络环境中。信息泄露的背后，连带着的更是商业性信息的骚扰，不实信息诈骗等一系列的问题，大量用户的信息被非法窃取，随之而来的是信息的贩卖，而购买方往往利用这些信息进行电话推销，俨然成了一个无形的产业链。尤其是手机用户，基本上都会被各种陌生的广告推销电话烦扰。除此之外，这是否也为一些别有用心的不法分子提供了"顺藤摸瓜"窃取公民隐私信息的途径，甚至在一个人的各种信息数据被泄露后，是否会有进一步的人身财产安全隐患，都是未知数。

而根据中国互联网协会对中国网民权益保护的调查报告显示，"我国有54%的网民认为个人信息泄露严重，其中21%认为非常严重，84%的网民亲身感受到了由于个人信息泄露带来的不良影响。"① 虽然不能以此推论网络实名制弊大于利，但是也凸显了一些负面影响，在思考其是否真的能成为"净网良方"的同时，如何解决这些显而易见的问题也是不容忽视的。

三、言论自由和网络秩序的冲突与反思

在网络实名制实效性与安全性的背后，民众更深切的感受便是其对言论自由的冲击，这是自由与秩序的冲突，关系着虚拟空间与现实责任联结过程中，文化传播、社会表达应该如何有效实现。

（一）新媒体时代的沉默螺旋

诺利－纽曼的"沉默的螺旋"理论主张，大众传播媒介在影响公众意见方面确实有明显的效果。在具有争议的话题上，人们试图判断自己的意见是否与大多数人站在一边，其结果就导致"如果他们觉得自己是站在少数人的意见这一边，他们会倾向于对该议题保持沉默"。② 而他们越是沉默，就越给之后加入这个话题的人造成了暗示，少数派更加沉默，不发声的他们就会越来越势单力孤。最终，大众传媒所表达的"优势意见"增多，对"异常意见"的人际支持逐渐减少，合并形成了"沉默的螺旋"，其中表达"优势意见"或不愿意表达"异常意见"的人数日益增加。③

---

① 中国互联网协会："中国网民权益保护调查报告2016：54%的网民认为个人信息泄露严重"，http：//www. isc. org. cn/zxzx/xhdt/listinfo－33759. html，2017年9月25日访问。

② Noelle－Neumann，E，The spiral of silence：Public Opinion——Our Social Skin，2nd ed. Chicago：University of Chicago Press，1993，p. 212.

③ ［美］沃纳·赛佛林，小詹姆斯·坦卡德：《传播理论：起源、方法与应用》，郭镇之等译，华夏出版社2006年版。

在"沉默的螺旋"效应中,大众传播媒介起到了很大的主导作用,而随着互联网的兴起的广泛普遍,不一样的情况——网络空间中的匿名性信息传播模式出现了。这使信息内容和信息传播者的真实社会身份被分离,似乎进入这个隐匿真实身份、信息量庞杂却又极具互动性的虚拟社会,"沉默的螺旋"就会失去存在的基础。就算发现自己观点是"异常意见",但有了"马甲"的养护,网民们便不再怕自己成为那个"与大环境格格不入"的人了。现实也的确如此,在微博这样的网络平台中,活跃的自媒体用户们发出的"不同的声音"远远比在传统媒介上的人们接受采访时要多。由自上而下进行信息传播的大众媒体和自下而上进行信息扩散的特定个体社群各自形成一支意见螺旋,彼此互动,对社会舆论和个体观点及行为产生决定性影响。① 网络社会中被不断细分、更加多元化的舆论模式,相较于传统大众社会同质性的舆论格局,在言论表达上无疑是一种更接近于多方参与、互动的进步。

而网络实名制所带来的"压力",让网民们再次"有所顾忌",尽管不可否认,其对于谣言、暴力言论等会有一定的"威慑"效果,但对于原本合理的"异常意见"持有者,也会造成影响。在这种情况下,自下而上的社会表达受到了阻力,一切又将回归到"优势意见"主导话语权的局面。资本、权力和精英利用所掌控的优势资源,迅速扩大社会意见生产和传播的优势地位,甚至实现了"控制互联网议程设置",导致了网络公共领域的"单极化"。②

(二)虚拟空间和现实责任的联结

网络所代表的虚拟空间,对于言论表达而言,本身也是一个利弊兼有的载体。一方面,互联网技术空前提升了民众言论表达的参

---

① 高宪春,解葳:"从'消极沉默'到'积极互动':新媒介环境下'沉默的双螺旋'效应",载《新闻界》2014年第9期,第153~168页。

② 吴靖:"精英控制互联网议程的机理分析——资本裹挟下的'网络公共领域'单极化",载《人民论坛·学术前沿》2013年第12期。

与性，网络信息内容和信息发布者、传播者的真实社会身份的割裂，又造就了前所未有的言论多元性。另一方面，网络简单快捷的传播模式、广泛的传播范围，数量庞大、内容纷繁复杂的信息，造成了空间的喧嚣，"优势意见"的消解也会动摇一些理性的社会共识，舆论的分化和相互攻讦也会降低社会的包容度。

虚拟空间的实名制，归根结底是依托于现实社会中的实名体系。实名制意味着人们必须使用自己真实的姓名和身份证号码作为进行某些社会活动的身份标识。撇开网络，就实名制本身而言，其实早已渗透在人们日常生活之中，是现实社会秩序维护的重要手段。从这个角度来看，我们在质疑网络实名制带来的隐患的同时，也应正视其存在的合理性与必要性。然而在讨论网络实名制的意义时，不应止于预防网络言论暴力、打击网络犯罪。利用实名制让隐匿在网络中的违法者现形，以目前的侦查技术，通过 IP 地址等途径的查找，也完全可以实现。而一些更为隐蔽的具有高技术手段的网络犯罪，则是连 IP 地址都可以伪造的，更何况仅有实名制。技术的升级和法制体系的进一步完备，比起实名制，更加能从本质上治理网络上的谣言诈骗、言论暴力等问题。

四、结　语

面对庞大数量的网民以及各类网络平台迅速、广泛的传播特点，不将包括微博实名制在内的网络实名制继续落实下去，的确是不现实的。但是，网络实名制是否能在目前言论表达自由性、多元性较高和缺乏理性责任的喧嚣环境兼有的网络空间中，寻找到虚拟空间和现实社会的平衡点？现代信息社会网络技术发达背景之下，如何通过有效的法律制度和相应的技术支持，对文化传播、社会表达进行良性的监管与保障？这都将是继续需要思考的问题。

参考文献：

1. 肖勇. 论国家信息政策法规的制定原则［J］. 情报科学，2003（12）.

2. 董俊祺. 韩国网络空间的主体博弈对我国信息安全治理的启示——以韩国网络实名制政策为例［J］. 情报科学，2016（4）.

3. ［美］沃纳·赛佛林，小詹姆斯·坦卡德. 传播理论：起源、方法与应用［M］. 郭镇之，等，译. 北京：华夏出版社，1999.

4. 高宪春，解葳. 从"消极沉默"到"积极互动"：新媒介环境下"沉默的双螺旋"效应［J］. 新闻界，2014（3）.

5. 吴靖. 精英控制互联网议程的机理分析——资本裹挟下的"网络公共领域"单极化［J］. 人民论坛·学术前沿，2013（12）.

6. Noelle&x，Neumann，Elisabeth. The Spiral of Silence［J］. Journal of Communication，1993（2）.

关于新媒体时代图片侵权问题的探讨

——从"林志颖 P 图案"说起

秦彦琳①

【内容提要】新媒体时代是一个图片井喷的时代，互联网上各种图片被援引、转载及修改，但由于署名意识、版权意识不强，或者维权成本太高，图片侵权事件也就变得司空见惯。"林志颖 P 图案"事件引起了大家对微博图片侵权的关注。本文从微信、微博平台上存在的图片侵权的情形、原因、维权现状等入手，分析立法保护可行性及启示。

【关键词】微博 图片 著作权 侵权

随着移动互联网技术的快速发展，手机网民数逐年攀升。截至 2017 年 12 月，我国手机网民规模已达 7.53 亿②。毫不夸张地说，网络时刻与我们相伴，就如同水和空气一样不可或缺，常用的社交媒体如微信、微博等成为公众获取信息的重要平台。但与此同时也带来了一些问题，例如，在滑屏读图的新态势下，对于图片作品的侵权行为正在呈现逐步扩大化的趋势，微信、微博平台尤为明显。新媒体时代有个特别的现象就是，网民热衷于 P③ 图自制或者转发

---

① 秦彦琳，华东政法大学传播学院传媒法制专业研究生。
② 数据来自第 41 次《中国互联网络发展状况统计报告》。
③ P（PS）指的是使用图像处理软件处理图片。Adobe Systems 开发和发行的 Adobe Photoshop 就是一款大家熟悉的软件。

各种 P 过的有特色的图片、表情包等，但在使用、转发之前鲜少有人意识到图片版权问题。2017 年，"林志颖①P 图案"事件引发了大家对网络图片侵权的热议。

一、"林志颖 P 图案"事件回顾

2013 年 8 月 25 日，为了庆祝微博粉丝量达到 2100 万，林志颖在其新浪微博上发布了一条图文微博，微博配图为篡改后的《中华男儿》作品，配图中，左起第三名战士的头像换成了林志颖自己的头像，并配上容易带来误导的文字"2100 万粉丝礼物提前来啰！光头的我造型还是可以的"。

令人意想不到的是这个图片被原摄影师看到后，"悲剧"就跟来了。原作者认为林志颖的微博配图侵犯了其享有的署名权、保护作品完整权、修改权以及信息网络传播权，要求停止侵权、赔偿及道歉。除了以林志颖为被告，连新浪微博运营的公司北京微梦创科网络技术有限公司也一同被诉至法院。最初总共要求的赔偿金额高达 110 万，数目之大令人咋舌。

据了解，涉案作品来自知名摄影师朱庆福，拍摄时间是 1992年，展现的是那个时期我国侦察兵的风采。作品中，摄影师将中华民族的气节和民族精神很好地诠释了出来，该作品也因此获得了全国金奖。

2017 年 2 月 16 日下午，林志颖发文作出了回应，他表示图片被 PS 后觉得很有趣就发了微博跟大家分享，未意识到照片是改动自权利人的摄影作品，这是身为公众人物的疏忽，在此承认错误，

---

① 林志颖，华语知名男演员、歌手，台湾第一位授薪职业赛车手，微博大 V，至2018 年 5 月新浪微博"梦想家林志颖"主页显示其拥有 6774 万关注用户。

他还表示尊重法律，此事已交由律师事务所全权处理，自己也会谨言慎行，多做思量，并感谢各方的监督。

2017 年 9 月 8 日，北京海淀区人民法院审结此案，判决林志颖在其名为"梦想家林志颖"的新浪微博首页置顶位置连续 72 小时发表声明，向原告朱庆福赔礼道歉并赔偿原告朱庆福经济损失 30 万元、合理开支律师费 4 万元和公证费 5000 元，合计 34.5 万元。①

虽然林志颖认错态度良好，并做出应有的赔偿和道歉这一事情也就告一段落了。但网友们受此案结果的影响，纷纷表示今后发图会更加慎重，因为未曾想过在微博发一张图片会有这么严重的后果。

二、新媒体时代图片侵权现状

在人人都是"摄影师"的海量图片时代，比起传统媒体领域，网络中特别是社交媒体上的图片滥用、盗用现象可谓是比比皆是。据"视觉中国"创始人柴继军说，现在有 1700 多万个公众号，其中 700 万机构运营的公众号在使用图片上均存在不规范的情况，盗版情况突出，大部分配图都是随意从网上下载的。②

（一）网络中图片著作权的认定

著作权主体即著作权人，根据《中华人民共和国著作权法》（以下简称《著作权法》）第 9 条、第 11 条的规定，著作权人包括作者和其他依照本法享有著作权的公民、法人或者其他组织，著作权属于作者，本法另有规定的除外。网络中的图片，其著作权通常属于图片的创作者。

除了个人账号以外，还有一些单位和组织的账号，背后可能是

---

① 北京市海淀区人民法院的判决书。
② 张贺："图片侵权何时了？"，载《人民日报》2017 年 8 月 3 日，第 17 版。

一个团队或多个人在共同运营。那么这些非个人性质的账号发布的内容，很难判断其著作权是属于发布的某位管理员还是其隶属的单位或团体，这种时候也就很难界定图片的版权属于谁。

要注意的是，在虚拟的网络空间里，有些人会使用"马甲"号，也就是在常用的账号以外另行注册一个不想被熟人所知道的账号来保护隐私。从学术角度来说，"马甲"号是虚拟人格，而虚拟人格不具有著作权，其页面上发布的图片的著作权应该属于现实中对应的人。

此外，我们还需要区分"转载"与"转引"这两种形式。其中，"转载"很有可能触及版权，而"转引"要具体问题具体分析。我国著作权法明文规定，为介绍或评论某一作品或者说明某一问题，在作品中可以适当引用他人已经发表的作品。"转引"的目的如果是评论，那么评论部分的创造性智力成果，属于转引人的版权，但其对转引使用的图片内容并不享有版权。

(二) 网络图片侵权发生的情形

新媒体时代，微信、微博这类社交媒体上图片的创作大致可以分为原创、转载、再加工三类。除了纯原创的图片以外，其他两类在没有"合理使用""法定许可"这样的法定情节或者类似权利人主动提出放弃著作权的约定事由下，出现以下列举的情形，从理论角度来讲，就大概率构成了图片著作权的侵犯。

转载的创作是使用他人的图片作品并配上与图片相关的文字或者对图片进行评论，这类创作增加了图片传播的互动性，丰富了朋友圈、微博等的内容，然而也很容易侵犯到别人的著作权。例如，无任何修改地转载使用可能侵害图片作者的信息网络传播权。如果是对网络上的图片进行挑选、编排、重组，则可能侵害到图片作者的汇编权。

再加工是类似"林志颖P图案"中的情况，就是把一张图涂抹、涂鸦、裁剪、PS等再发出来，这样的图片质量好差不等，常见的有具有娱乐性质的痕迹明显的 P 图，其他的形式有以假乱真的 PS 作品，还有比较恶劣的就是如将头移在一个暴露的身体上的低俗化 P 图。无论是哪种，在未征得初始图片作者的同意的情况下，基本可以判断侵害了作者的保护作品完整权。如果是为了传播时的美观效果隐去水印，这种做法则侵害了作者的署名权。

当前，为了避免承担责任，在不清楚图片来源的情况下，很多自媒体人会注上"图片来自网络，侵权删除"字样，其实这并不能成为对图片侵权的有效抗辩。殊不知这样标注恰恰说明了其存在未经许可而使用的行为，已经构成了侵权。

（三）网络图片侵权案件诉讼情况

事实上，"林志颖 P 图案"并非个例。早些年，考虑到诉讼需要时间、律师费，单张图获赔金额有限及诉讼时间成本过高等因素，很多人选择不诉讼，只有一些大的图片公司会集中打击图片侵权行为。但是近年来，随着大家版权保护意识的提高，图片版权诉讼案件数量大幅提升。据北京海淀区人民法院知识产权庭统计，近 3 年来，图片版权诉讼案件数量增长了 3 倍。2015 年，收到的图片类案件 1013 件，而在 2017 年，截至 7 月，该庭收到的图片类案件已达 2879 件。而这其中，据庭长杨德嘉表示，网络图片案件所占的比重也越来越大，其中微博、博客、网站在被告中占到了 83%。

这里不得不再提一下"视觉中国"，其作为中国图片版权生意的垄断者，在图片版权领域具有极强的维权意识。在过去的 2017 年，煎蛋网被"视觉中国"索赔两年来的部分图片版权使用费，每张图片索赔 200 元，最后索赔额达 25 万，最后两家公司以"侵权赔偿＋合作"的方式达成秘密协议后和解。就像煎蛋网站主 sein 说的，此前对版权的认识还停留在署名及保留链接的原始阶段，《著作权法》对个人自用转发的免责条款让包括煎蛋这样的中小网站忽略了图片背后严苛的版权条款。① 也是在 2017 年，腾讯因为曾用了"视觉中国"9 张图而被告，最终被法院裁决判罚 4 万元。

在海淀区人民法院知识产权庭已判决的图片版权诉讼案件中，原告的胜诉率超过 80%，绝大多数被侵权方都能获得经济赔偿，并且单幅图片的赔偿标准也从 2015 年的 1500 元上升到 2017 年的 2500 元。可以说，图片侵权诉讼的胜诉率非常高，但是为什么很多人还是会有使用网上随意搜索的无水印、无来源图片而不会侵权的错觉？

（四）图片侵权现象频发的原因

图片经过网络长时间的传播，就可能出现不知道版权归属于谁的困境。最新看到图片的人只能够确定他所确定的直接来源，也就是他看到的图片出处，或者是通过"以图搜图"的方式找到一个更早使用该图片的某人或某网站，但多数情况下，仍然难以确认其是否为原作者以及图片是否已进入公有领域。

近年来，市场的版权意识在不断加强，互联网公司纷纷推出了内容付费业务，例如，视频 App 相继推出了付费会员才能看的视频业务，"网易云音乐"等音乐 App 相继买断音乐作品的独家版权。但是相较于互联网版权保护范围下的视频、音乐、文学作品等，图片更容易被创作，随之而来的是其版权的保护似乎成为一个"痛点"，究其原因，主要包括以下几个方面。

1. 图片作者署名意识不强

《著作权法》第 10 条明确规定作者享有在作品上署名的权利。网络生活中，大家对作品的署名意识没有实体生活中强，如在朋友圈、微博发个状态配上使用手机拍的图片，不会想到去署名。微博可以设置水印，因此情况还稍微好一点，但一张原本带水印的图片

---

① 煎蛋网站主 sein "关于图片版权事件，一些想说的话"，http：//jandan. net/2017/ 04/26/thanks. html/page-12，2017 年 12 月 24 日访问。

经过多次转发，水印模糊，在传播中也可能"失去"了署名，就这样，经多次转载之后，很难再确认图片原作者或者作品原件的所有人是谁。网络图片若没有水印或者来源的显示，这也给想追根溯源取得合法授权的人带来了较大的难度。

2. 公民普遍版权意识不强

有版权意识的人看到喜欢的图会问一问 PO 主①是否可以"盗图"，在得到享有版权的 PO 主同意后再用。更多的人则是看到"好图"随手保存到手机相册后用于自用了，很少有人会在"再利用"前思考作者是谁、不署名的转发妥当与否。有的人还为了美观去裁剪或用涂鸦遮盖水印，把署名隐去了，其实也是恶意侵犯原图作者的权利。很多时候，我们并没有去换位思考，自己的图如果未经同意被别人用了是否会有被冒犯的感觉？法律人、摄影人、新闻人也常会犯这种错，丢了应有的警觉，更不要说普通网友。

3. 网络图片维权并非易事

一张图在网络中可能会经过无数人转发、保存、单独编辑使用等，在某些夸张的情形下图片被多次转发后像素变得很低甚至因此出现泛绿的情形，有的时候发出过了几小时会发现你不认识的人居然在正大光明地用你创作的图。维权成本高，让很多原创作者担心收不回本还嫌麻烦，这样一来大家习惯成自然，发现被侵权了在网上抱怨几句就不再追究了，并没有实际上的维权行动，心态好一点的还会自我安慰自己的图片突然火了。这种怪象也助长了很多侵权人的侥幸心理，觉得自己反正不是商用，不觉得有问题，而且"盗图"这么多年似乎也没引发过什么纠纷，假如真的被追究，最多道

---

① PO 主，指的是在网络上发布帖子、视频、音频、图片的人。一般多指论坛上的楼主或者微博博主。

歉删除即可的错觉。此外，网络上随意转发或盗用图片难以取证，更难以维权，除了依靠法律的约束，更柔性的自律也很必要。

三、由"林志颖 P 图案"出发
探讨对网络平台图片作品的保护

（一）"林志颖 P 图案"对网络图片侵权现象的启示

这个世界每样东西背后都有成本，林志颖因为使用一张粉丝为他 P 的图而付出了金钱与时间成本，也对自己的声誉造成了一些影响。这也给我们关于在网络空间中图片的使用带来一些启示。

1. 公众人物应带头尊重知识产权

"林志颖 P 图案"发生后，有网友评论："90% 的网友都在 P 图，幸好我们不出名！"网友的侥幸心理并不值得推崇，但表达的内容还是有一定道理的，因为公众人物曝光率高，一言一行都会引来极大关注，与普通人相比，一条微博的传播影响力更是巨大的，因而公众人物更应该谨言慎行。

2. 著作权人应提高自我保护意识

有些知名度的图片作者想必都有过被侵权的经历，但诉诸法律维权的其实不多，很多人不了了之。"林志颖 P 图案"其实也给了摄影师、绘制人提醒，教他们增强自我保护意识，敢于拿起法律武器保护自己的作品。另外，面对防不胜防的"盗图"现象，在图片上添加一些有技术含量的水印在一定程度上也是对自己作品的一种保护。

3. 网民"恶搞"图片要注意度的把握

虽然"林志颖P图案"引起了网友热议，有人说摄影师是"穷疯了，蹭了明星热度还不忘赚一笔"，但无论其出于什么原因状告林志颖，至少此事件给了大家一点警示：网络图片不能随意PS、随意转载。

不是所有的图片都能拿来恶搞，具有创造力的网友们在自我发挥制图才华时，也要有法律意识时刻提醒自己，否则，当遇到一个法律意识比较强的作者坚持维权时就会使个人陷入不利的境地。

4. 加大图片侵权行为处罚力度

图片侵权主要集中在微信、微博等社交平台上，面对图片侵权乱象，对个人，我们不能仅停留在删除、道歉层面，还要加大赔偿力度。对企业或者组织这类非个人侵权行为，更应该加重处罚。要加深大家对盗用图片会面临法律风险的认识，让大家重视网络中的图片版权问题。

（二）维权现状与立法保护的可行性分析

2017年，国家版权局的成立标志了版权问题在我国逐步得到了重视。但是，一方面由于部分图片广泛传播导致图片版权的所有人不是很明确，另一方面转发失控、数量过大的情况下会难以确定诉讼对象，再加上利益损失计算烦琐、诉讼周期长等困难，使得著作权人无法快速得到有效的救济。

新媒体与传统媒体不同，其不具有固定的传播方式和途径，也比传统媒体更容易传播、复制以及灭失，因此，以传统知识产权法的范畴来套用网络著作权，这显然是远远不够的。[①] 滑屏读图的时代，面对图片侵权乱象，有相应的法规来规范当然是最优保护途径，

---

① 薛虹：《网络时代的知识产权法》，北京法律出版社2000年版，第60页。

但立法是需要过程的，移动互联网技术发展很快，互联网方面的立法不可避免地存在滞后性。眼下，考虑现有法律的适用性是最重要的。

著名律师于国富在搜狐微博举办的"微博版权保护倡议研讨会"上提出："我们传统上已经有法律法规可以延伸到新生事物的时候，我们就用传统的法律法规来延伸。将《著作权法》《信息传播保护条例》延伸过来就可以了。如果有延伸不到的地方，我们可以用司法解释、具体的判例来进行补充和完善。"① 无论微博还是微信或者其他的平台，涉及图片作品侵权，可以将整体内容作为著作权的客体，借助相关法律延伸进行保护。

随着移动互联网技术的发展以及智能手机使用度的提高，新媒体时代，微信、微博等图片的版权产生了和以往载体不同的法律问题，也为当前的版权保护领域带来了一定的挑战。眼下，亟待解决的问题是让大家树立图片的版权观念，未来如果要建立完善相关法律法规，则要尊重互联网信息传播规律，考虑到公共舆论空间的特性，司法机关不能主动介入，而应被动保护。

参考文献：

1. 余萍. 微博读图：以更直观方式沟通互动［J］. 传媒观察，2011（9）.

2. 王敏静. 传统媒体对微博的应用现状探析——以新浪微博为例［J］. 东南传播，2011（11）.

3. 王荣彬. 微博著作权法律保护问题研究［D］. 西南大学，2014.

4. 刘桉呐. 基于微博著作权侵权问题的研究［J］. 世纪桥，2014（9）.

5. 韩学志. 网络著作权司法保护机制之构建［J］. 软科学，2013（10）.

---

① 陈静、胡京武："微博中摄影作品的版权保护"，载《传媒》2013 年 9 月，第 31 页。

个人游戏主播直播内容版权浅析

梁晓静①

【内容提要】近年来，互联网游戏产业迅猛发展，随着网络应用技术的进步，网络游戏直播行业也在近年来呈现井喷的趋势，2016 年更是被称为"直播元年"，众多游戏直播平台、游戏主播雨后春笋般的出现。随之产生的是游戏直播画面的版权归属问题，即游戏主播直播游戏时产生的侵权问题。探究其版权问题，不能仅凭著作权法的内容一概而论，而是要通过个案分析直播的目的，和直播所带来的利益，综合各方因素进行界定，使个人主播对游戏直播画面的合理使用和著作权人对游戏版权的合法权利之间达到平衡。

【关键词】游戏直播　版权　著作权法

一、背景：电竞游戏市场前景，游戏直播火爆

我国网络游戏产业发展迅速，中国游戏市场实际销售收入达到 1655.7 亿元，同比增长 17.7%，② 是同期电影票房的 3 倍以上。促

---

① 梁晓静，华东政法大学传播学院传媒法制专业研究生。
② 中国音数协游戏工委、伽马数据、国际数据公司编："2016 中国游戏产业报告"，http://www.doc88.com/p－1826347354144.html，2017 年 7 月 8 日访问。

成网络游戏市场的蓬勃发展有两个原因：一是电竞概念的推广，社会对游戏的认知发生根本性的改变，游戏也可以变成体育竞技的一种类型。二是直播的发展使游戏得到的更广泛的推广。有研究数据表明，2013 年我国的游戏直播用户数量为 1200 万，到 2015 年达到了 4800 万，翻了将近 4 倍，从数据表明，我国游戏直播行业的观众规模呈逐年上升趋势，并且增速迅猛。[①] 2015 年国内游戏直播市场规模达 11.7 亿元，[②] 到 2016 年，网络直播市场实现井喷式发展，仅上半年同比就增长了 209.3%，直播用户更是突破 1 亿大关。[③]并且这些数据在接下来几年内将呈稳定增长趋势。

不断扩大的游戏直播市场份额使 2016 年被称为"直播元年"，吸引了众多资本的目光。如 2014 年 Twitch 以 9.7 亿美元高价被亚马逊收购，随后 YouTube 于 2015 年出品自己的网络游戏直播平台。在国内，斗鱼 TV 得到腾讯为首的 6.7 亿人民币融资，市值 10 亿美元，其他网络游戏直播平台如战旗、pandatv、yy 等纷纷崛起，并且获得红杉、软银等投资公司的注资。游戏直播行业将在未来几年迎来黄金时期。

游戏直播行业的发展，催生了游戏主播职业的诞生。游戏主播是基于兴趣或盈利的角度利用直播平台对游戏进行直播，吸引大量时间不足、操作能力不足的观众，通过观看他人游戏而提高对游戏的认识度和兴趣度，从而成为游戏的潜在玩家和消费者。因此，许多游戏厂商对玩家直播采取默认的态度，甚至有些厂商主动赞助玩家进行游戏直播。默认的态度说明了游戏厂商与游戏主播之间的权利界限并未分明，随着游戏直播受众体量的不断发展，许多主播成为知名主播，获取粉丝和流量，在视频中插入广告，从而换取大量

---

① 刘青："网络游戏直播平台现状概述"，载《商（Buisiness）周刊》2015 年第 29 期，第 222 页。

② 艾瑞咨询："2015 年中国游戏直播市场研究报告（行业篇）"。

③ 刘青："网络游戏直播平台现状"，载《商（Buisiness）周刊》2015 年第 29 期，第 222 页。

的经济利益。据媒体报道，有一位名叫若风的主播年收入已经超过两千万元，他曾是《英雄联盟》的职业选手，退役后加入了国内游戏直播平台斗鱼 TV，成为签约主播之一。除了他之外，包括 Miss、小苍、小智等主播的年收入也超过千万元。① 但是游戏产权所有者对于游戏利益的获取仍然停留在传统的游戏广告、账号充值等，直播的火热发展，游戏主播的狂热捞金，游戏产权所有者并未受益，这明显不是追逐资本的厂商所愿意见到的。因此，针对游戏直播画面的版权归属和利益分配，游戏厂商、游戏直播平台、游戏主播等各利益主体竞相开展角逐。2015 年网易收回梦幻西游的直播权，梦幻西游游戏只能在网易 cc 上播出②，2016 年腾讯先收购拳头公司的剩余股份，又投资了斗鱼直播。这些行为说明了游戏开发者开始进入游戏直播领域，进行产业链的相关规划，减少直播平台对于游戏主播对直播受众的高黏性，通过资本打通游戏内容和直播平台，形成从内容生产到画面传播的完整链条，以期在游戏直播行业发展中得到利益的最大化。

对游戏主播在游戏中基于本人技术操作所形成的画面进行界定，探寻其是否具有著作权规定的传播权和复制权，成为本文讨论的首要问题，游戏主播对其在直播过程中形成的画面主要有以下两点贡献：一是基于操作在游戏界面呈现的画面具有独创性贡献；二是固定或录制下来的游戏画面。学术和实务界对于此类用户直播画面的法律性质并没有明确界定。③ 因此，游戏主播所直播的游戏画面的版权问题是游戏直播行业发展需要厘清的问题。

---

① 雅菡："疯狂的游戏直播"，载《新金融观察》2015 年 3 月 23 日，第 32 版。
② 杨直："游戏版权下一个战场"，载《电子竞技》2016 年，第 57 页。
③ 欧修平、孙明飞、吴东亮："庖解中国网络游戏直播第一案：权利属性及责任归属"，载知产力网站，http：//www.zhichanli.com/article/16303，2015 年 12 月 28 日访问。

二、游戏主播直播画面的分类

游戏主播所直播的游戏画面是否能够被认定为著作权法上的作品，从而运用著作权法加以保护，学界有不同的观点。支持的人认为："基于游戏程序，网络游戏赛事才得以展开，游戏比赛画面属于游戏作品中的内容，是直接呈现在计算机屏幕上，具有可感知性和可复制性的连续画面。""网络游戏画面构成作品"应当受到著作权法的保护。反对的观点则以"耀宇诉斗鱼游戏直播侵权案"这一网络游戏直播节目侵权第一案为例，法院对网络游戏的直播，拒绝以著作权法加以保护，认为游戏比赛所生成的画面不是著作权法所规定的作品，由此而是运用反不正当竞争法加以保护。①

本文拟通过探究游戏直播画面的分类，来厘清游戏画面在著作权法上的定性。学界以游戏内容是否固定对其进行分类，包括如下几种。

（一）固定的游戏画面②

游戏内容纵然千变万化，说到底是基于计算机算法而衍生的一系列变化，因此可以将繁杂多变的游戏内容分为以下两部分。

1. 游戏引擎：指令序列组成的单纯的计算机程序

它是"运行某一类游戏的机器设计的能够被机器识别的代码

---

① 周高见、田小军、陈谦："网络游戏直播的版权法律保护探讨"，载《中国版权》2016年1月，第52～56页。

② 崔国斌："认真对待游戏著作权"，载《知识产权》2016年第2期，第18页。

（指令）集合""像一个发动机，控制着游戏的运行"。① 显然，游戏引擎属于《著作权法》第3条意义上的"计算机软件"，更确切地说，是其中的计算机程序。②

2. 游戏素材库：指计算机游戏程序中由各种素材片段如图片、视频、音频、文字等组成的素材库

在著作权法中，这些素材片段可能分别归属于摄影、美术、电影、音乐、文字等类目中进行分类保护。在游戏运行过程中，根据用户的操作，游戏引擎程序相应地为用户调用素材库中的各种素材片段，使其出现在用户面前，呈现出各种各样的游戏画面。可以说，游戏能够顺利地进行，离不开素材库中资源被游戏引擎顺利地完整调动，因此，也可能将其视为汇编作品——"汇编若干作品、作品的片段或者不构成作品的数据或者其他材料，对其内容的选择或者编排体现独创性的作品"。③ 这一概念在司法、学界、商业活动领域得到一致的认可。

（1）司法实践。在我国目前的司法实践中基本采用这一分类对版权进行保护。在上海游易网络科技有限公司与暴雪娱乐有限公司的诉讼中，法院针对暴雪娱乐有限公司的游戏《炉石传说：魔兽英雄传》，以视听作品和美术作品认定该游戏中的部分内容，并加以相应的知识产权保护。④ 在北大方正诉暴雪娱乐有限公司等案件中，最高人民法院对于字库软件和通过软件后台运行所呈现的字体的区

---

① 百度百科："游戏引擎"词条，http://baike.baidu.com/view/33343.htm，2015年12月28日访问。

② 《计算机软件保护条例》（2013）第3条第1项规定："计算机程序，是指为了得到某种结果而可以由计算机等具有信息处理能力的装置执行的代码化指令序列，或者可以被自动转换成代码化指令序列的符号化指令序列或者符号化语句序列。……"

③ 《著作权法》第14条。

④ "暴雪娱乐有限公司诉上海游易网络科技有限公司案"，上海市一中院（2014）一中民五（知）初字第23号。

分是显而易见的。① 在翁正文案中，福州外星电脑科技有限公司主张其游戏既属于计算机软件，又属于试听作品，最高人民法院在判决书中没有肯定也没有否定这一主张。

（2）学界观点。有知识产权法官也指出："由于除了整体将网络游戏认定为计算机软件外，网络游戏不属于著作权法中规定的作品，不能将网络游戏简单认为其整体享有著作权，而应将其中不同素材类别对应著作权法的不同主张进行分别保护。"②

（3）商业实践。在游戏行业中，游戏制造商也运用分解的思路来理解游戏作品中直接固定的内容。如美国暴雪公司的用户协议将游戏公司对游戏所享有的版权规定在计算机代码、景观设计、音乐、视频、动画、声音、游戏主题、角色形象、角色名称、游戏故事、对话、物品等内容中。③

固定的游戏内容，更多地体现游戏制作公司在其中制作游戏享有的独创性，包括音乐、画面、声音、文字、视频游戏主题、游戏物品、角色名称、角色外貌、情节故事、人物对话、游戏景观设计等。用户在其中所发挥的作用极小、独创性极低，因此涉及游戏直播画面中用户基于游戏算法而形成的各种画面，应该归属于游戏制作公司的版权。

（二）临时的游戏画面

基于用户的临时操作，变化性更大、种类更多，对其版权的归属学界暂无确定的观点。

---

① 最高人民法院（2010）民三终字第6号。

② "观察 网络游戏著作权案件审理中的四大难题"，http：//mt. sohu. com/20150605/n414496360. shtml，2016年12月25日访问。

③ Blizzard, The Battle. net End User License Agreement（last updated Febrary 28, 2015），http：//us. blizzard. com/en － us/company/legal/wow ＿ eula. html （last visited December 23, 2015.

1. 搜索引擎基于用户的指令，调用资源库中的素材，形成的一系列画面的合集

如游戏用户带有个人特色和实力的操作，团队比赛中基于谋略而作出的排兵布阵等带有用户个人操作特色的游戏画面。

2. 用户基于素材库的内容，经过其独立的美术观点，组合而成的临时画面外观

如在直播游戏画面中进行事先情节的设计，对游戏画面进行再拼接，或是基于不同的美术观点，做不同画面渲染和配乐，都将成为临时的游戏画面。

笔者认为，临时的游戏画面更多地呈现游戏主播个人对游戏的独创性的思考，形成的画面素材虽然来源于游戏的素材库，但后期的加工仍能体现独创性的特点，在界定其版权归属问题时，更加要考虑游戏主播在其中的作用，而不能简单将这些画面直接划入游戏制作公司的对游戏享有的著作权内。

三、直播中游戏画面的著作权属性

（一）固定的内容

游戏厂商基于享有版权，主播直播这些游戏画面需要得到授权。

1. 直播解说大型赛事游戏录像

如 LPL、WCG 等大型赛事的展开，首先需要游戏公司对整个竞技活动进行主题策划、规则设定、过程设定、选手选拔、游戏画面录制、剪辑、配乐、动画制作等各个环节都基于游戏公司的创意而呈现出整个赛事，付诸了大量的人力和财力，属于上文所说的著作

权法可以保护的固定内容。美国 Twitch 网站发生过盗播事件，游戏主播直播解说大型赛事可以参考这次事件的处理方式。事件的开始是因为一位游戏主播通过《英雄联盟》自带的 OB（观察者）功能，在 Twitch 上对韩国职业选手 Faker 的游戏画面进行了直播。Faker 本人及其签约直播平台 Azubu 并未允许该直播行为。于是，Azubu 以违背 DMCA 法案（《数字千年版权法》）为由认为他们拥有对该玩家所直播游戏画面的直播权，要求该玩家立即停止直播。这名玩家最终停止了直播，该案也是首次对游戏直播版权进行公开主张。

2. 直播一段完整的游戏情节画面

完整的游戏过程侧重整个游戏的情节设定的完整性、逻辑性与合理性，用户在其中虽然有其独特的操作，使其与游戏的互动呈现千变万化的特点，但是这些内容的变化无法避开创作者对于游戏的预先设定。虽然不同的操作导致游戏画面产生一定的差别，但是其美术、音乐、人物形象、故事情节、画面变化等实质性的部分是相似的，并且以重复的方式出现。美国法院对此表明，不同用户的不同操作，对游戏画面的生成明显存在实质不变的内容，而这也是游戏开发者为用户设置的所要共同体验的内容。① 其应属于录音、录像作品。

在斗鱼案的诉讼中，法院指出："比赛画面是参赛选手基于游戏规则、通过各自独创性的操作所形成的画面组合，并无事先的剧本设计，是一种对比赛进程直观的表达方式。由于比赛的走向可能性多样，随机性较大，比赛结果也难以预料，不具有复制性，因此不能将比赛画面认定为著作权法所规定的作品。"② 按照国外的判例来看，游戏主播直播解说的游戏画面，基本源自于游戏厂商的游戏

---

① Williams Elecs., Inc. v. Artic Int'l, Inc., 685 F. 2d 870, 874 (1982).
② "上海耀宇文化传媒有限公司诉广州斗鱼网络科技有限公司"，上海市杨浦区法院 (2015) 浦民三（知）初字第191号民事判决书。

素材库以及游戏程序对这些素材加工整合所产生的画面，据上文所述，应该算作著作权法所保护的作品。在斗鱼案中，游戏比赛中所呈现的画面被法院认定为不被著作权法所保护的内容，这相当于认定作品的集合不属于著作权法所保护的作品。但是，只有在游戏素材、内容、呈现画面都没有独创性时，才能定义游戏画面不算著作权法意义上的作品。因此法院的判决有待商榷。

（二）非固定的内容

版权归属尚未厘清前，游戏制造商不应直接以简单版权侵权为由限定主播的主播，因此维权更加复杂。由于非固定的内容基于游戏主播的创意呈现多样化的特点，笔者也只能有限地罗列以下部分内容。

1. 主播基于个人创意，对游戏画面进行创意剪辑编排

在网上进行直播，对于这些游戏画面版权该如何界定问题，该类直播能让游戏画面和游戏趣味性得到最广泛的传播，而利益焦点又不够突出，暂时未引起游戏厂商的关注。

2. 主播个人游戏操作解说

操作解说虽然基于游戏的程序，涵盖游戏的画面音乐等素材，但是不算游戏的整体，只是就游戏的具体操作情节进行解说，包含了主播个人的操作技巧和对游戏的理解在其中，并且能够帮助广大的游戏群众更好地玩厂家的游戏，因此矛盾焦点亦不突出，不是游戏版权争议的焦点。

3. 主播出境直播其所玩的游戏和玩游戏时自己的画面

该类直播对于直播受众来说，主播个人的吸引力大于游戏的吸引力，因此其中的版权问题也较为模糊。

非固定内容的游戏画面，目前虽然尚未引起矛盾争议，但是随

着游戏直播行业的不断发展，对于版权归属、直播画面的界定不断完善，也终将得到更加明确的权利归属划分。

四、结　语

2016 年是游戏直播的井喷之年，伴随着市场份额的不断发展，个人主播对游戏画面进行直播所面临的问题与挑战只会变得更加复杂。探究其版权问题，不能仅凭著作权法的内容一概而论，而是要通过个案分析直播的目的和直播所带来的利益，综合各方因素进行界定，平衡个人主播合理使用的保障和著作权人的合法权利的保障，才能使游戏直播行业得到更好、更健全的发展。

参考文献：

1. 崔国斌. 认真对待游戏著作权 ［J］. 知识产权，2016（2）.

2. 周高见，田小军，陈谦. 网络游戏直播的版权法律保护探讨 ［J］. 中国版权，2016（1）.

3. 王迁. 电子游戏直播的著作权问题研究 ［J］. 电子知识产权，2016（2）.

4. 崔智伟. 电子竞技游戏网络直播相关著作权问题研究 ［J］. 公民与法（法学版），2016（4）.

5. 王欢，王勇. 我国游戏直播行业现状浅析 ［J］. 新闻传播，2016（2）.

6. 王丽娜. 网络游戏直播画面是否构成作品之辨析——兼评耀宇诉斗鱼案一审判决 ［J］. 中国版权，2016（2）.

7. 沈熙菱. 网络游戏赛事中玩家的法律地位——耀某诉斗某直播侵权案之反思 ［J］. 法制与社会，2016（17）.

8. 潘滨. 论游戏直播的著作权侵权行为 ［J］. 法制博览，2016

（24）．

9. 刘超．网络游戏及其直播的法律适用——以"耀宇诉斗鱼案"为例［J］．福建警察学院学报，2016（3）．

10. iResearch．中国电子竞技及游戏直播行业研究报告2016年［R］∥艾瑞咨询系列研究报告［C］．2016（8）．

11. 杨直．游戏版权 下一个战场［J］．电子竞技，2016（2）．

12. 孙磊．电子游戏竞技网络直播中的IP保护［J］．电子知识产权，2016（11）．

13. 张铃．电子竞技视频直播著作权问题探析［J］．知与行，2016（11）．

14. 王雅菡．疯狂的游戏直播［N］．新金融观察，2015–03–23.

15. 王治国．我国首例电竞游戏直播侵权案宣判［N］．中国知识产权报，2015–09–30.

16. 陈颖颖．上海审结首例电竞游戏赛事直播纠纷案［N］．人民法院报，2016–05–17.

17. 雷作声．从战旗TV看游戏直播类网站的运营之道［D］．山西大学，2015.

互联网背景下公众人物的隐私权问题探析

——以"王宝强离婚事件"数据调查为例

王英鸽[①]

【内容提要】 互联网背景下公众人物的隐私权问题是近年来人格权领域研究的重点，本文以"王宝强和马蓉离婚事件"为依托，在数据调查基础上分析得出网络时代公众人物隐私的属性和范围发生了本质变化。网络的匿名性、片面性和不确定性是引发公众人物隐私保护困境的主要原因。资本和技术控制下的媒体逐渐主导了人们获取信息的方式和内容，人们对于信息的被动获知已经远远超过了主动寻求，所谓"公众兴趣"也很难再成为"公众"的兴趣。在此基础上从国家、社会和主体三个层面出发，探讨公众人物隐私权保护的重点问题，就显得更加必要。

【关键词】 互联网 公众人物 隐私权 公众兴趣

我国关于公众人物隐私权问题的研究始于 2000 年，早期学界普遍主张公众人物因自身社会关注度、影响力及社会责任，其隐私权范围应受到限制；后来陆续有学者开始关注公众人物的隐私权保护问题，特别是 2010 年以后互联网技术的发展催生了各种新兴媒体形式，不仅改变了隐私的性质和界限，更使公众人物的隐私权问题变得复杂起来。

---

① 王英鸽，华东政法大学传播学院传媒法制专业研究生。

2017年6月7日下午，北京市互联网信息办理依法约谈微博、今日头条、腾讯等网站，责令其遏制渲染演艺明星绯闻隐私、炒作及媚俗等问题，随后"风行工作室官微""全明星探"等一批违规账号被关停，① 彰显了《中华人民共和国网络安全法》生效后，国家肃清网络空间环境的力度。现如今，传统媒体主导人们信息获取方式的时代已经过去，互联网时代资讯传播的方式和渠道日趋多元。两者相比，前者大多关注事件的公共属性，后者则更热衷关注事件的私人属性，这也给网络时代公众人物甚至普通民众的隐私界定和保护带来极大挑战。

一、调查说明及数据结果

对热点事件的了解和挖掘一定程度上反映着普通民众对公众人物隐私权范围的界定。调查以"王宝强和马蓉离婚事件"为依托，线上线下累计发放调查问卷400份，其中回收有效问卷390份，内容涉及"调查主体情况""公众人物隐私了解状况""娱乐报道与'王宝强离婚'了解情况""对公众人物隐私权的态度"四方面。从主体来看，18~40岁累计占比79.2%，是当前我国网络交往的主要年龄群体。大专及以上学历高达90%，其中硕士研究生占35%，在开放式高等教育的熏陶下，他们既是热点事件和娱乐信息的主要受众，同时又兼具理性意识和法律思维。

（一）公众人物隐私了解情况

表1数据表明，在390位受访人中，高达91.0%的人认同公众人物包括影视体育明星。同时分别有85.6%和69.5%的认为国家

---

① 人民网："北京网信办遏制追星炒作 微博腾讯等网站60个账号被关"，http：//media.people.com.cn/n1/2017/0608/c14677-29326548.html，2017年9月8日访问。

领导人和各级政府官员属于"公众人物"，与西方国家由"公共官员"发展出"公众人物"的内涵本质趋同。如果从对公权力的有效监督角度考虑，这部分立法应予单独规制。

表1　公众人物的基本范围

	频次	百分比
国家领导人	334	85.6%
各级政府官员	271	69.5%
影视体育明星	355	91.0%
知名企业家	303	77.7%
艺术家	248	63.6%
事件当事人	173	44.4%
其他	8	2.0%

流行观点认为公众人物的隐私权范围应小于普通民众，支持此观点的人占受访人群37.9%，25.9%认为两者相同，另有25.9%认为应视具体情况而定。在问及公众人物的隐私内容时，家庭住所、个人通讯、情感生活、健康状况的占比分别为84.9%、81.5%、75.9%和69.7%，位居前四。与一般意义上个人隐私的三方面即私人信息、私人活动、私人领域相符合。

（二）娱乐报道与"王宝强离婚案"

66.9%受访人表示"偶尔关注"娱乐报道及公众人物的八卦，分别有17.2%、4.1%和11.8%表示"经常关注""非常关注"和"从不关注"。人们获取娱乐报道的最常用途径包括微博、微信、娱乐网站和道听途说，分别占比68.2%、63.5%、34.8%和35.9%。在受访390人中有358人表示对"宝马"案始末有所了解。"宝马"案中当事人王宝强和马蓉因其先前荧屏曝光率较高，所以属于公众人物。同时宋喆作为该事件中关键人物，尽管并非主动进入公众视野，但拥有与事件不可分割的高关注度，在受访者看来也属于公众人物。除此之外该事件中的其他利益相关人不属于公众人物，其隐私应予以严格保护。

（三）对公众人物隐私权的态度

当个人隐私可能被不慎曝光时，62.8%的受访人表示"强烈反对"，持"比较反对""无所谓"和"可以理解"态度的分别占23.1%、6.9%和5.9%。然而，面对网络中现存的曝光公众人物隐私问题的行为，44.6%的被调查者认为是侵权行为，20.0%认为是基于当事人合意的炒作手段，属商业行为，10.3%认为是媒体承担社会责任、满足公众兴趣的正当行为，另有累计25.1%的被调查者持消极态度，表示习以为常或漠不关心。图1显示面对媒体对公众人物隐私内容的曝光，持信任态度的累计占51.8%，其中38.7%表示"相信一点"，同时45.9%表示视情况而定。

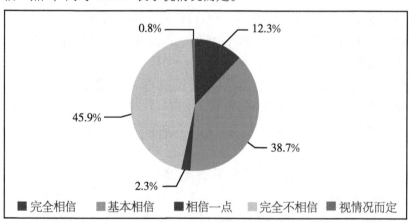

图1 对媒体曝光公众人物隐私内容的信任度

上述调查数据较为直观地反映了民众对于公众人物隐私问题的认知程度，但也在某种程度上暴露出许多的问题：其一，网络环境下普通民众对公众人物和隐私内容界定不清，更多依靠主观判断，缺乏客观统一的标准；其二，互联网本身的特性及其辐射作用一定程度上引发了公众人物的隐私权保护困境；其三，人们对于公众人物隐私内容曝光与否、真实性如何持冷漠、围观态度，这也就促使我们不得不对"公众兴趣"及其合理性来源进行探讨。

二、互联网时代的公众人物及隐私权

社会规范是人们社会行为的统一准则，由于每个人参与社会活动的程度、占有社会资源等条件有所差异，社会规范往往存在不同标准——这是一直以来"公众人物隐私权限制说"的理论基础。但事实上，在社会由传统媒体向网络媒体过渡中，"隐私权"及"公众人物"的属性也发生了根本性变化。

（一）网络时代的隐私权

1980 年美国学者塞缪尔·沃伦和路易斯·布兰代斯发表在《哈佛法律评论》第四期上的文章 The Right to Privacy 中强调：隐私权即一种独处的权利，是更为一般的个人受保护权——人格权的一部分，最终目的是"保障个人能够拥有控制与自身有关信息传播的能力"。[①] 后来逐渐有人在两学者提出的"信息隐私"基础上将隐私权保护范围发展为三方面：一是个人身体的秘密不被公开；二是个人对私人信息的有效控制；三是私人生活领域不被侵扰。隐私权的产生确立了"公共"和"私人"两种领域的明显区隔，以确保在与公共利益无关的私人领域，自然人可以自主支配个人信息的流通并排除他人侵扰。美国法学家理查德·艾普斯坦认为，隐私事实

[①] ［美］路易斯·布兰代斯等：《隐私权》，宦盛奎译，北京大学出版社 2014 年版，第 111 页。

上保护了人们对社会规范的"轻微不顺从""对隐私的要求，往往就是在要求向他人虚伪的呈现自己的权利。"①这一点似乎蕴含着隐私权保护的悖论，且在互联网时代尤为突出。传统熟人社会，个人的隐私范围较小、对名誉的影响程度低，隐私曝光所产生的负面影响持续时间短，可以通过改变生活环境而轻易躲避。而互联网社会，人与人之间通过虚拟网络连接，个人隐私空间巨大，却极易诱发非理性言论和刻板印象。一旦隐私曝光，传播速度快、影响范围广且永久保存，当事人几乎无处遁形。

一直以来，我国不断推进隐私权的立法保护，2017 年颁布的《中华人民共和国民法总则》最终确认将隐私权作为一项独立人格权加以保障。然而，网络时代隐私权却日渐呈现人格权和财产权双重属性。其财产权属性主要体现在个人隐私信息的两层交换价值：其一，个人"无意识的"用隐私信息换取网络服务；其二，互联网公司用其获取的个人隐私信息优化服务或直接出售转为收益。以上经济价值的实现均需大量隐私信息的集聚。除此之外，网络空间中个人开始拥有更大的自主权决定"私人信息"和"私人领域"的范围，且判断标准多取决于主体个人意愿，这也就导致了不同主体间隐私纠纷的频发。

（二）网络时代的公众人物

"公众人物"概念起源于美国，最早适用于诽谤案件中，后逐步拓展到隐私权领域。其形成主要经历三个阶段：第一提出"公共官员"具有容忍义务；第二将容忍义务从"公共官员"扩大到所有牵涉"公共利益"事件的主体；第三正式确立"公众人物"概念，并形成了"完全公众人物"和"有限公众人物"的划分。尽管这一概念在我国司法实践中广泛应用，但立法层面尚且没有相关制度安排。

网络时代，公众人物的范围被逐渐扩大，划分也渐趋模糊。人

---

① Richard A. Epstein: The Legal Regulation of Genetic Discrimination: Old Responses to New Technology, 74B. U. L. Rev. 1, 1994, 74 (74): 1~23.

们普遍认为，一切以注意力换取利益的人（如网红主播等）都应属于公众人物。但通过对现有理论研究和司法实践的回溯不难发现，公众人物应严格符合四条标准：在一定范围内拥有知名度、相当程度的社会影响力、与公共利益相关以及能从社会关注中获得利益。尽管一般人看来"知名度"要素至关重要，但事实上这四点缺一不可，这也就有效地将网络交往中诸多主体排除在外。从 2000 年"范志毅案"我国司法判决中首次引入"公众人物"以来，其本土化过程中逐渐形成两种分化：第一，在我国现有政治体制下对"公共官员"是否为公众人物认识不清。普通民众认为公共官员的行为事关社会公共利益，其权利来源于基层，决策过程也应受到监督，所以具有作为公众人物的容忍义务。但在现有司法框架下，基层法院对于官员身份的界定模糊，在诉讼中也很难将其作为公众人物看待。第二，究竟是否存在非自愿性公众人物。公众人物让渡人格利益的前提在于其能在社会的关注中获得物质和精神利益，但所谓非自愿性公众人物常常与偶然社会事件相关，其私生活的曝光也给个人带来极大痛苦，对于不想进入公共领域也无意成为公众人物的人，剥夺他们的个人人格利益显然是不公平的。有学者表示"尽管（非自愿公众人物）在卷入到某个争议事件中时引发了公众兴趣，也只能说该事件涉及了公共利益和公共兴趣，而对于该事件的报道，则不应当扩大到对有关个人隐私等方面的利益进行限制"。①

最后，我们必须客观地认识到网络时代瞬息万变，因此对"公众人物"身份的判断标准也不应该是一成不变的，有学者提出应考虑四个因素②：一是时间因素，尽管网络信息是永久保存的，但我们应当允许一旦某人退出公众视野，影响力和知名度衰退时，就享有与普通人同等权利，就不再属于公众人物；二是事件要素，某人只有在涉及公共利益的特定事件中才属于公众人物，在与公共利益

---

① 洪波、李轶："公众人物的判断标准、类型及其名誉权的限制——以媒体侵害公众人物名誉权为中心"，载《当代法学》2006 年 7 月第 20 卷第 6 期，第 88 ~ 93 页。
② 李新天、郑鸣："论中国公众人物隐私权的构建"，载《中国法学》2005 年第 5 期，第 93 ~ 101 页。

无关，或与该特定事件无关的其他事件中不属于公众人物；三是程度要素，公众人物要求一定在社会（或网络中）具有广泛影响力，仅在较小范围或特定行业内部具有一定影响力的不属于公众人物；四是主体要素，与公众人物相关的人，如子女、父母、亲友，尽管可能以各种方式被曝光，但在排除其主动走进公众视野可能性前提下，不属于公众人物，享有平等的受保护权。

三、公众人物隐私权保护的困境

部分心理学家的研究指出，公众人物拥有"两个自我"，即"公开的自我"和"私下的自我"。① 公开场合中名誉往往强烈地刺激着人们作出合宜的行为，以尽可能达到他人的心理预期；但私下则表现得更加轻松自在，接近人的本真。所以网络中普遍认为挖掘公众人物的隐私信息可以还原给大众一个更真实可靠的形象。但精神病学家阿诺尔德·路德维希表示："两种自我对正在经历的人来说都是同样真实的，都是自然力下的产物，真假自我间的差异，仅代表主观的价值判断。"现有网络中涌现出了大量"社会规范的维护者"，他们自愿揭露各种不符合社会规范的行为，一定程度上协助着规范的运行。但往往与此同时也进行着对个人行为的强势追踪和披露，其行为在正义的外表下几乎不承担曝光过度或指控有误的风险。由此造成公众人物隐私保护的困境，显然与互联网自身的特性是分不开的。

（一）网络的匿名性
在民众与公众人物共同参与的网络社会交往中，匿名既保护了

---

① Arnold M. Ludwing: How Do We Know Who We Are? A Biography of the Self 49 (1997), p. 329.

普通人的隐私，又使侵犯公众人物隐私的代价更小。有人认为，类似影视娱乐明星等公众人物，他们占有广泛的网络资源，普通匿名用户的言论难以对其造成影响。但现实是，网络中崛起了一大批影响力和网络资源绝不逊于明星的匿名用户以曝光隐私为业，并煽动了大量网络用户的非理性判断。当一个开放的网络环境中允许匿名地进行信息的生产和传播，这意味着人们不必对内容负责，这种自由极易遭到滥用。

（二）网络的片面性

我们常常面临的问题是互联网究竟为人们提供了更多选择，还是限制了人们的选择。通常人们希望通过网络交往获取更多公众人物的信息，但事实上许多信息经过网络的发酵，早已失去了本来面目。加之网络媒体缺乏传统媒体的严谨性，信息的生产和舆论的走向经常被少数"网络大V"控制，不仅真实性难以保证，更易煽动起网民的极端情绪，网络舆论正逐渐发展成为一种"私刑"。

（三）网络的不确定性

网络界于虚拟和现实的模糊地带常常使我们面临诸多的不确定，也使隐私曝光和造假更加容易。一般来说，假消息的盛传可以通过事后辟谣加以补救，对人的影响在一定程度上尚可弥补。但隐私的过度曝光给个人带来的影响却是一次性的，可以说几乎没有补救的余地，毕竟已公开的信息无法重新变回隐私。这也就导致对公众人物隐私的保护很难得到救济。

传统"二元隐私理论"认为社会分为"公共领域"和"私人领域"，范围相对固定，无论以任何方式，一旦信息被暴露给公众，便再无隐私可言。而公众人物更是常常处于"公共"和"私人"区域的中间地带。在商业利益的驱动下，人们对于隐私信息的心理门槛逐渐降低并呈现工具化倾向，许多影视娱乐明星自愿将个人隐私和八卦信息作为获取热度的筹码，由此导致人们在特殊环境下对自愿和非自愿的判断愈发模糊：一是如何界定和保护公众人物的纯私人领域。一般认为家庭住所、健康状况、情感生活和个人通讯属于绝对的私人领域，不应该被探悉和侵扰，但这却往往是娱乐信息的基本来源。二是公众人物在开放的公共领域是否存在隐私权益。如出席公共活动、电视访谈或真人秀节目中接私人电话或进行私人交谈。三是是否应当认可公众人物作为"普通人"身份的隐私。"公众人物"只是一个身份标签，其既有公众人物生活的一面，也有普通人生活的一面。是否应保证其作为普通人正常进行的购物、看病、交友、出游等日常活动不被偷拍、围观或打扰。

四、公众兴趣的合理性探讨

流行观点认为，公众人物隐私权范围小于普通人的理由有四个方面，分别是公共利益、公众兴趣、利益均衡和自愿原则。本部分重点对公众兴趣及其合理性问题进行探讨。

（一）公众兴趣是否为"公众"兴趣

公众兴趣（public interest），英文也可译为"公共利益"，但两者的逻辑含义不同。公众兴趣通常指社会中大多数人的主观欲求，"公众"被视为个体的集聚。美国消费主义理论认为，公众兴趣客观上是公共利益的一种。因为市场化逻辑下公共利益常常被等同为"消费者利益"，由此媒体满足消费者的需求，寻找公众兴趣可被认为是实现公共利益的行为。但一旦承认了消费者的主权并单纯考虑其主观欲求，极易造成市场和公共利益的双重失灵，因此客观上公众兴趣与公共利益存在一定差别。根据使用与满足理论，传统媒体时代受众是信息的主动接受者，他们通过社会条件和个性特征产生需求，并且通过接触媒介或其他手段使自己的需求得到满足，一旦媒介满足了受众的需求就会在受众心中形成良好的媒介形象。因此，在市场化模式下许多媒体为了占领市场，往往主动了解并满足公众的兴趣。

但和传统媒体时代相比，网络媒体时代信息储存量巨大且传播速度快，因此用户产生需求——接触媒体——需求得到满足的过程几乎是瞬时的，所获得的信息往往大大超出实际需要。大多数人认为，是公众对于明星隐私的追捧激发了娱乐媒体不遗余力地挖掘和报道，但调研数据结果显示人们对于信息的获知往往是被动的。网络媒体和商业推手对于人们获取信息的引导和控制空前加强，娱乐信息则更多地充当了人们打发时间的工具，甚至很多人对于信息的真实性也抱着无所谓的态度。因此，在资本和算法控制网络空间，"公众兴趣"是否仍旧是"公众"兴趣？人们对于信息的被动获知已经远远超过了主动寻求，公众需求整体趋于麻木，对于公众人物隐私的热情也大大降低。而娱乐媒体以"公众兴趣"之名深挖明星隐私的行为，实则更可能是为了实现娱乐圈中的利益角逐。

（二）什么是合理的公众兴趣

"八卦"本身是一种很好的基础交流方式，能迅速超越各种社交圈的界限，增强不同团体和个人之间的亲密感。但它往往基于一个未经证实的信息，并且传播者通常不需要对真相负责，从而日渐成为人们一种快餐式的消遣。① 网络时代，娱乐八卦常常占据着公众兴趣的焦点，但是不是所有的"八卦"都属于合理的公众兴趣。"合理"意味着合乎道理或事理，现代语境下通常指合乎法律、道德或社会规律，更多表现为符合整体社会规范和社会公共利益，而娱乐八卦则表现为个体或大众对于公众人物私人事项欲知的心理需求，本身并不一定符合公众合理的关切。人们对于信息价值的追求往往取决于信息本身，公众的好奇心并不会使八卦

① ［美］丹尼尔·沙勒夫：《隐私不保的年代》，林铮颢译，江苏人民出版社2011年版，第68～72页。

产生新闻价值，而媒体的主要责任在于向社会传递有价值的信息，发挥对社会的监测和引领作用，而不是不加分辨、极力迎合公众的各种趣味。因此，笔者看来合理的公众兴趣本身应该是符合公共利益的，有益、有用、有趣应该成为媒体信息选择和传播的衡量标准。

当然，这并非意味着媒体对于公众人物的私人事务无权报道。一直以来，无论媒体形式如何更迭，其主要责任始终是满足社会知情权，进行强有力的舆论监督。而"知"的权利和"隐"的权利本身都应该让位于社会公共利益。公众人物因其特殊的知名度和影响力，不仅能够引领社会潮流，同时他们和其所扮演的角色也往往能成为整个社会的榜样，是社会公信力的化身，对一定时期社会价值观和社会风尚起到引领和塑造作用。因此，一旦他们的行为公然违反了社会规范，逾越了道德甚至是法律的界限，媒体和公众的挖掘、报道、热议甚至批评也应属于"合理的公众兴趣"范围内，公众人物负有"适当的容忍义务"。但媒体和公众舆论监督的目的重在警示教化，而并非裸露隐私细节，因此传播过程中应该隐去那些非必要的、单纯制造噱头迎合公众兴趣的隐私细节，尊重和维护公众人物基本隐私权的底线。

五、现阶段保护公众人物隐私权的重点

权利的平等性是法律永恒的价值，不应该有一种权利天然优于另外一种。因此即便公众人物的隐私范围应该限缩，但隐私权的固有价值基础是不可动摇的。尊重、保护公众人物的隐私权既是对传统二元隐私观的反思和突破，也极有可能打破公众隐私被网络侵蚀的不可控局面。

（一）制度层面

公众人物的隐私权与公众知情权、媒体舆论监督权经常面临冲突，原因在于公众知情权和舆论监督权是在保证"知"的权利，而隐私权是在保证"隐"的权利，本质上两者均具有人权属性。但要想保护公众人物的隐私权就必须纠正一个重要误区，即公众知情权和舆论监督权本身并不能成为限制公众人物隐私权的合理依据，公众人物只有在更广泛的公共利益面前才负有适当的容忍义务。同时，那种认为在一切情况下公众人物的私权利都应让位于公共利益的想法也是片面的，其本质上违背了法治的基本内涵和民主社会的发展方向。

同时在司法实践层面我们发现，公众人物的隐私权诉讼整体数量较少，原因在于一方面，诉讼会使事件的影响力进一步扩大，对其中隐私细节的传播不仅更难控制，而且还会形成巨大的社会舆论压力，给当事人带来更大的困扰；另一方面，更多的隐私事件常常直接影响当事人的社会评价，从而多转化为名誉权诉讼，并要求原告当事人举证媒体具有"实际恶意"，间接增加了诉讼的难度。但无论诉讼结果如何，以上两点无疑都会导致当事人隐私的进一步扩散的结果。因此，要想在制度层面真正构建起保护公众人物隐私权的框架，应该尝试更多非诉讼形式的纠纷解决机制，以调节为主，建立严格的保密责任，有效限制隐私细节的扩大，减少社会舆论对诉讼的干预和影响，从而鼓励更多的公众人物积极捍卫自己的隐私权利。

（二）社会层面

随着网络的普及和各种新兴媒体形式的出现，网络舆论的力量不断发展壮大，越来越多的网民热衷于通过网络平台表达自己的意见和看法，并常常在寻求认同的过程中形成非理性的舆论压制，人们称其为"网络暴力"。最常见的网络暴力如"人肉搜索"，通过搜集匿名知情人所提供的隐私信息，将网络中的道德审判转向现实生活，常常给当事人造成严重的伤害。网络暴力的形成基本包括两个阶段，起初人们总是对违背社会规范的行为提出批评，进行道德审判；后期逐渐失控，演变成无节制的隐私搜索和恶言相向。由于"法不责众"，其爆发又兼具偶然性，所以很难检测和控制，但毋庸置疑，它对公众人物生活的破坏力是巨大的，而且是永久性的。一旦公众人物的私人事务被公开，那么此后无论其姓名再以任何缘由出现都会自动形成一张强大的链接网，使他们再次成为舆论的焦点。因此，在社会层面，根治网络暴力、净化网络环境无疑对保护公众人物的隐私起到至关重要的作用。

（三）主体层面

保护公众人物的隐私权，不仅是公众人物自己的事，也需要各主体之间相互配合，明确各自的责任。首先，媒体应该积极地承担自己的社会责任，正确地行使舆论监督权。我们必须意识到，网络交往越发达，就越需要媒体进行有价值的舆论引导。而真正在市场中遴选出的、具备核心竞争力的媒体也一定是有品质、有温度且有底线的。特别是娱乐报道，应严格止于公众人物的隐私，严格抵制各种炒作和造假行为，树立起自觉自省的文化意识。其次，公众人物应善于保护自己的隐私，勇于捍卫自己平等合法的隐私权益。现实生活中，更多公众人物面对自己隐私被侵犯大多采取漠视态度，这在一定程度上纵容了侵权行为的持续发生。只有公众人物自身提高防范意识，正确意识到保护自身隐私的重要性，拒绝隐私交易，宣示自己的隐私主权，才能真正制止侵权行为。最后，网络服务提供商在为用户提供更便捷、全面的信息服务的同时，也应对自己所提供的信息负责，建立起初级的信息筛选机制，用技术手段将明显涉及公众人物或其他用户隐私细节的信息严格挡在网络传播之外。同时，应该建立起相关网站的隐私争端解决机制，一旦公众人物发现自己的隐私信息在流通并予以告知，网站能第一时间采取必要措施予以处理。

隐私是保护和支持我们在民主社会中所拥有的众多自由和责任的关键。因此，对于社会各主体隐私权的保护，重点在于每一位社会活动的参与者都能树立起正确的隐私意识。事实上，隐私归根结底是一种选择：在不关乎他人利害的前提下人们可以公开地袒露个人的信息、公开地表达自我，但在没有当事人授意的情况下挖掘或公开他人隐私信息、侵扰他人的生活安宁，就构成了对他人隐私自主权的侵犯。这既是保护普通个人隐私权益的合法基础，也应该成为保护公众人物正当隐私利益的基本原则。

参考文献：

1. 魏永征. 新闻传播法教程［M］. 北京：中国人民大学出版社，2012.

2. ［美］路易斯·布兰代斯等. 隐私权［M］. 宦盛奎，译. 北京：北京大学出版社，2014.

3. 李新天，郑鸣. 论中国公众人物隐私权的构建［J］. 中国法学，2005（5）.

4. 洪波，李轶. 公众人物的判断标准、类型及其名誉权的限制：以媒体侵害公众人物名誉权为中心［J］. 当代法学，2006（7）.

5. ［美］丹尼尔·沙勒夫. 隐私不保的年代［M］. 林铮颉，译. 南京：江苏人民出版社，2011.

6. 邵志择. Public Interest：公共利益抑或公众兴趣——市场化媒体的两难选择［J］. 新闻学，2012（1）.

7. 陈杏兰. 从使用与满足理论看传播"爆款"——以王宝强离婚事件扩散为例［J］. 传媒，2016（19）.

8. 郑瑜. 公众兴趣与公众利益［J］. 当代传播，2006（6）.

9. 郭玉坤，贺天洋. 公众人物隐私权的价值与边界［J］. 法制与社会，2014（29）.

10. 朱丽. 网络暴力舆论的特征和成因分析［J］. 新闻界，2010（6）.

11. 范玉吉，杨心怡. 公众人物的隐私权限度与娱乐新闻的伦理构建——从"宝马离婚案"谈起 [J]. 采写编，2016 (6).

12. 特蕾沙·M. 佩顿，西奥多·克莱普尔. 大数据时代的隐私 [M]. 郑淑红，译. 上海：上海科学技术出版社，2017.

13. Pridmore S. How do we know who we are? A biography of the self [J]. American Journal of Psychiatry，1999，156 (2).

14. Richard A. Epstein，The Legal Regulation of Genetic Discrimination：Old Responses to New Technology，74B. U. L. Rev. 1，1994.